完璧主義の罠

THE PERFECTION TRAP

資本主義経済が招いた新たな災厄

THOMAS CURRAN
トーマス・クラン
御舩由美子 訳

光文社

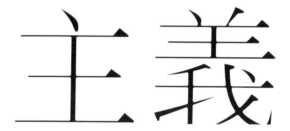

ジューンに

完全に統合された社会の内部で何が原因であったのかを求めても無駄である。原因があるとすれば、それは当の社会そのものなのである。

テオドール・アドルノ『否定弁証法』

［テオドール・W・アドルノ著『否定弁証法』木田元／徳永恂／渡辺祐邦／三島憲一／須田朗／宮武昭訳、作品社、1996年］

プロローグ

資本主義社会では誰もがみな、完璧という幻想で紡《つむ》がれた文化のなかで生きている。広告板も、映画も、テレビも、コマーシャルも、ソーシャルメディアも、完璧な人生とライフスタイルの画像や動画であふれかえっている。そのどれもが誇張した現実を描く、いわばホログラム映像だ。そのホログラムのなかでうごめく虚構の粒子が、わたしたちを見境なくあおりたてる。このとおりの完璧な姿でいるかぎりは幸せになれるし成功もできるけれど、この姿から遠ざかると人生は台無しになってしまうぞ、と囁《ささや》きながら。実際に、この考えは社会の隅々まで行きわたって、わたしたちを夢中にさせている。そして、あらゆる人の心に深く根を下ろし、完璧主義に向かわせている——いつまでも消えない不安を通して。その不安とは、自分が持たないもの、理想とは違う自分の外見、達成できないことによって生まれる不安だ。

ところが、その不安、つまり自分には欠けているものがあるという意識に縛られながらも、わたしたちは、むしろその縛りを好んで受け入れているようにも見える。たとえば、採用面接で、自分の弱点は完璧主義だと言う人がいる。財界や政界、スポーツ界、芸術分野の成功者たちは、完璧主義のおかげで、その成功を手にしたと考えている。著名人やライフコーチは、いかにして完璧な人間になって利益を得るかを指南する。実際に今の社会では、仕事の成功やお金を稼ぐこと、ステータスを手に入れること、「いい暮らし」をすることなど、わたしたちが良しとすることの多くが完璧主義の強力な原動力になっている。つまり、どんな代償を払ってでも成長しつづけ、もっと手に入れることへの執着だ。

そして、その代償はどんどん大きくなっている。自分以外の誰もが何の苦労もなく完璧さを手にしているように見えるため、わたしたちは自分に不満を抱き、「欠けている」という意識のなかでもがき、完璧さを求めて奮闘する。しかし、心の底では、そんな生き方は正常でも自然でもないとわかっている。完璧な人間など誰もいないし、完璧になれるはずもないと。そして、頭では認識できなくとも、心では完璧主義という鎧《よろい》のずっしりとした重みを感じている。

だが、どんなに重かろうと、わたしたちはその鎧をまといつづける。なぜなら鎧を脱いで、美しく不完全な自分を受け入れることがあまりに難しいからだ。それは今の社会において「すばらしい」ものや「よい」ものとは何か、という最も基本的な前提と対峙《たいじ》することであり、その社会でのあるべき姿に背を向けることになるからだ。これまで、このような内省を国はおろか、個人が行ったことがあるだろうか？

わたしたちがともに完璧さの罠から抜けだそうとするなら、まさにこうした内省を行わなければならない。本書は、そのような結論にたどり着いたわたしの旅路をたどるものだ。この旅は、くすぶりつづける疑問への答えを求める瞑想のような形ではじまり、紆余曲折《うよきょくせつ》を経てひとつの答えを導きだした。つまり完璧主義とは、ひとつの経済システムが生みだした、人間ががむしゃらに限界を超えようとする心理だ。本書では、この考えをもとに13の章を設け、完璧主義とはどういうものか、それが人間にどのような影響をおよぼすのか、それがいかに急激に広がっているか、なぜ広がっているのか、そこから逃れるにはどうすればいいのかを解説する。

論拠としては、公式、非公式のデータソースをともに採用した。たとえば心理学の研究論文、臨床医のカルテ、経済学のデータ、精神分析や社会学の仮説などだ。また、どちらかといえば社会心理学者のエビデンスよりも、身のまわりの実情をエビデンスとして信頼した。それについて許しは求めない。わたしは紛れもなく数字を重視する人間だ。統計値も重く受け止める。睡眠時間以外のほとんどは、そうしたものを学生にたたき込むことに費やしている。とはいえデータだけでは、現実の世界で確かな答えを見つけることはできない。生身の体験にも目を向けなくてはならない。データだけでは数値、グラフの曲線、無数の推定値のひとつ、といった単なる抽象的概念しか導きだせないからだ。

本書について、あらかじめ断っておきたいことがふたつある。ひとつは、解説するにあたって心理学や経済学、社会学を引き合いにしてはいるが、それぞれを深く掘り下げるのではなく、わたしやほかの人物の実体験に紛れ込ませる形で、根拠の信頼性を示している点だ。もうひとつは、より重要な点として、そうした実体験を語るときに本人の身元を偽ったり、状況をアレンジしたりしたことだ。ようするに名前やジェンダー、場所、時間を変えたり、架空の場所を設定したり、複数の発言をひとりの発言として紹介したり、逆にひとりの発言を複数の発言として紹介したりしている。こうした措置によって、読者が内容の信憑性に疑問を抱く危険はあるにせよ、脚本家の独創的なプロットほどではないと思う。それぞれの体験をアレンジしたとはいえ、そのときにわたしが見て、聞いて、経験したことに対する感覚や意味は正確に伝わるように心がけた。

なぜなら――もちろん、わたしが完璧主義者だからだ。わたしが本書に望むものがひとつあるとすれば、それは、ひとりの完璧主義者から別の完璧主義者への癒《いや》しの置き土産となることだろう。わたしを含めた多くの人の完璧主義について、また、それが健康や幸福におよぼす影響の研究成果を知れば知るほど、わたしたちの問題の本質は同じだとわかる。いうまでもないが、完璧主義がもたらす苦悩は、人それぞれ違う。それでも、その苦悩の出所はまったく同じなのだ。つまり、自分は「欠けている」せいで他者から軽視される、あるいは「欠けている」せいで愛されない、という思い込みだ。このふたつは表現の違いこそあれ、意味は同じだ。このような思い込みはたくさんの場で植えつけられるが、そのなかで世界じゅうどこにでもある場所が完全無欠のホログラム映像であり、それがわたしたちを囲い込んで消耗させている。

あなたが本書を読んで、心が癒されることを願っている。完璧主義があなたにあたえる影響や、完璧主義がどこから生まれるのかを理解してほしい。それは、あなたのせいではないし、あなたは今のままで十分だ。それを知って、心の安らぎを得てほしい。あなたの属している文化が、どれほど「自分は欠けている」と思わせようとしても。本書を、ありのままの自分を受け入れるためのツールにしてほしい。人間の限界を受け入れ、もっと心が満たされる生き方を望める社会と政治を追求するきっかけにしてほしい。

いいかえるなら、本書を読んで、あなた自身やあなたが暮らしている社会について、もう少しだけ知ってほしいと思う。その知識を得て、あなたも、あなたの不完全さも、人間ならではの目をみはるような煌《きら》めきとして受け入れ、そこからあふれ出る比類なき喜びをもっともっと味わってほしい。

2022年9月
イギリス　ロンドンにて

目次

第1部　完璧主義とは何か

第1章　わたしたちのお気に入りの欠点
あるいは完璧さにとりつかれた現代社会

「わたしは完璧主義者。だから自分をぎりぎりまで追い込める——自分以外の人に対しても。それが成功した理由のひとつでもあると思うの。自分の仕事を本当に大切にしているからよ」

ミシェル・ファイファー

作家のナサニエル・ホーソーンは、1843年に『あざ』という小説を発表した。この話のなかで、エイルマーという高名な科学者が、ジョージアナという娘を妻に迎える。ジョージアナはまさに100点満点の女性だったけれど、左頬に生まれつきの小さな痣《あざ》があった。完璧主義者のエイルマーは、妻の清らかな顔にうっすらと残るその痣が気になって仕方がなく、彼女の顔を見ても、唯一の欠点であるその痣ばかりに目がいってしまう。ホーソーンはそれを「雪の上の真紅の染み」と表現している。

エイルマーにとって、ジョージアナの痣は「重大な欠陥」なのだ。痣を忌み嫌う気持ちは、やがてジョージアナにも伝染し、ジョージアナ自身もエイルマーがつくりだした歪《ゆが》んだ自分のイメージを嫌うようになる。そして、エイルマーのすぐれた科学の才能によって、「どんな危険があろうとも」その欠点を取りのぞいてほしいと懇願する。

そして、痣を消す計画が立てられる。化学に精通したエイルマーは、薬品をさまざまに調合して、痣が消える比率を探る。彼は昼夜を問わず研究に没頭するが、薬はなかなか完成しない。ある日、エイルマーが実験に夢中になっているときにジョージアナは夫の研究記録を読んで、夫が過去の研究で何度も失敗していたことを知る。ジョージアナは思う。「彼はたくさんの成功を収めてきたけれど、そのうちの最も輝かしい成功でも、彼が本当にめざした結果からすれば、ほとんどは失敗だったのだ」

やがて「ユリイカ！」のときが訪れて、エイルマーは奇跡の薬を完成させる。すぐさまその

「天の泉から汲んだ水」を飲み干したジョージアナは、精根尽きて気を失ってしまう。翌日、彼女が目を覚ますと、頰の痣はすっかり消えている。成功したことに歓喜するエイルマーは、今や完全無欠となった妻に言う。「これで、きみは完璧だ」

しかし、この小説はバッドエンドで幕を閉じる。エイルマーの薬はジョージアナの欠点を消し去ったものの、その成功は彼女の命と引き換えだった。痣は消えた。けれども、そのあとすぐにジョージアナもこの世から消えてしまったのだ。

ホーソーンが『あざ』を執筆して間もなく、別のゴシック小説家エドガー・アラン・ポーも、やはり背筋も凍る悲劇を通して完璧主義者の心理を描いている。それは『楕円形の肖像』という短編小説で、ある深手を負った男が、イタリア半島の廃虚の古城で身体を休めようとするところからはじまる。従者は男の傷の手当てをするが、出血がひどく手の施しようがない。男はもはやこれまでと悟って、古城のとある寝室にこもる。

意識が朦朧《もうろう》とした状態で、男は震えながら寝台に身を横たえる。そのとき、壁に掛けられたいくつもの絵画に目を奪われる。枕元には、絵の解説文をつづった小さな書物もある。燭台を持ち、蠟燭《ろうそく》の灯《あか》りでページを照らしたとき、寝台の柱の向こうに楕円形の額が掛かっていることに気づく。若い女の肖像画だ。男はその絵に魅入《みい》ってしまう。彼は本のページをめくり、その絵の解説文を見つける。

その絵の女性はある画家の妻で、その画家は才能に恵まれながらも人間的には問題があった。

妻は「類《たぐ》いまれな美貌の娘」だったけれど、夫は自分の芸術をきわめることに執着し、妻にはまったく関心がなかった。ある日、画家は妻の肖像画を描きたいと考え、彼女に頼んだ。ようやく夫とゆっくり時間が過ごせると思った妻は、素直に引き受ける。そして高い小塔の暗いアトリエに入り、夫がこの世の美を永遠にとどめようと筆をふるうあいだ、辛抱強く座りつづける。

ただしエイルマーと同じく、この画家も完璧主義者だった。「彼は自分の仕事に栄誉を求め、来る日も来る日も、昼も夜も、その絵を描きつづけた」それから数週間が過ぎる。画家は絵を描くのに夢中で、妻が衰弱していることに気づかない。「彼は、うら寂しい小塔を不気味に照らす光が、妻を弱らせ精気を奪っていることに気づかなかった。妻のやせ衰えていく姿は、夫以外誰の目にも明らかだった」

それでも妻は、夫の完璧主義を黙って受け入れた。夫のほうは、妻の姿を寸分たがわず写しとるのに夢中で、やがては肖像画しか見なくなった。「彼はキャンバスに色を塗りながら、その色がすぐ目の前にいる妻の頬から吸い取られていることに気づかなかった」さらに数週間が過ぎる。画家の妻は、日に日に衰弱していく。そしてある日、最後のひと筆を加えて傑作を完成させた画家は叫ぶ。「これこそ命そのものだ!」

画家が妻のほうを向くと、妻はすでに息絶えていた。

このホーソーンとポーの作品を2023年のレンズを通して読むと、とても平静ではいられない。なぜなら、今の世の中と気味が悪くなるほど似ているところがあるからだ。ホーソーンのジョージアナは、完璧な肉体を得るために美容外科手術を受けて死亡したり後遺症を患ったりする人々と重なる。ポーの画家も、家族や友人との時間を犠牲にして商談をまとめたり契約を交わしたりする、昼夜働きづめでストレスのたまった銀行員や弁護士を思わせる。

ただし、ここで注目すべきは、類似点より相違点かもしれない。かつてジャクソン流民主主義時代のアメリカでは、完璧主義は人気のあったゴシックホラーでよく用いられた題材で、まわりから冷笑されるような、絶対に避けるべきものだった。ところが完璧主義に注目する心理学者によれば、現代はちょっと違うらしい。むしろ、もてはやされるものになっているというのだ。今や誰もが完璧さを求め、称賛し、そのために懸命に努力し、全力を尽くしているという。

もちろん、わたしたち現代人は、ホーソーンのエイルマーや、ポーの画家のような盲目的な求道者ではない。長時間労働や犠牲となる私生活、自分に課す重いプレッシャーなど、完璧主義の二次被害に気づいている。だが、問題は、そこにあるのではないだろうか。現代社会では、完璧主義とは自己犠牲によって手に入れた成功の象徴であり、現実を覆い隠して偽りの姿を誇る勲章といっていい。

採用面接で自分は完璧主義者だとアピールする人が多い理由が、まさにこれだ。こうした人生の明暗を分ける審判の場合、たいていの人はさんざん頭をひねる。面接官にどう評価してもらいたいか。自分が投資に値する人間だと納得させるには、どんな仮面をつければいいか。

いっぽう、面接官は容赦のない反対尋問を続け、最も命取りとなる質問をぶつけてくる。「あなたの最大の弱点は何だと思いますか？」それに対する答えは決まっている。社会的に容認されそうな弱点。自分がその仕事に適任であることを証明する弱点。それがあることが望ましいとされる弱点。「わたしの最大の弱点ですか？」それを見つけようと、自分の性格を深く探っているふりをしながら、わたしたちは答える。

「完璧主義の傾向があるところだと思います」

この答えは言い古されている。調査によれば確かに、よくある答えは「わたしは、どちらかといえば完璧主義者です」というもので、これは採用面接で手あかがつくほど繰り返されている決まり文句だという【1】。決まり文句とはいえ、どうしてそう答えるのかよく考えてみれば、これが自分の適性をアピールするのにもってこいの言葉だとわかるだろう。結局のところ、勝者がすべてを手にする経済システムの熾烈《しれつ》な競争社会では、平均点を思わせる言葉は間違いなく禁句だ。ある程度のレベルで満足することは、野心や向上心に欠けているのと同じだ。雇い主が完璧未満のレベルを求めるわけがない。わたしたちは、そう思っている。

また、社会も完璧未満を求めるわけがない、とわたしたちは思っている。ホーソーンやポーの時代と違い、現代社会では完璧主義は必要悪であり、称賛される弱点であり、わたしたちのお気に入りの欠点なのだ。こうした文化のなかで生きているわたしたちは、その文化にのめり込みすぎてしまい、いかにそれが不合理な文化であるかわからなくなっている。だが、よく考えてみよう。先ほどのホーソーンとポーの話は、完璧という目がくらむほどの高みにのぼりつめようとする生き方には代償がつくという、ぞっとするような警告だ。完璧主義は、本当にわたしたちのためになるのだろうか。今なぜ、それが広がりを見せているのだろうか。それに対して、わたしたちはどう対処すればいいのか。本書では、そういったことを明らかにしていきたいと思う。

では、まずは理性的になろう。なぜなら理性的になれば、完璧主義をもてはやすことがまるきり不合理だとわかるからだ。そもそも定義からして不合理だ。完璧になることなど不可能だからだ。完璧は測定できない。また、えてして主観的だ。いつか死ぬ運命にあるわたしたちには永遠にたどり着けないゴールだ。矯正心理学者のアッシャー・パフト（Asher Pacht）も、こんなジョークを残している。「本当の意味での完璧は、死亡記事と弔辞にしか存在しない[2]」完璧は人を惑わすものであり、それを追い求めても徒労に終わるだけだ。達しようとする場合、その代償はきわめて大きい。完璧は到達不可能なレベルであり、そこに達しようとすること自体、無意味だ。達しようとする場合、その代償はきわめて大きいものになる。

それなら、なぜわたしたちは完璧をめざして努力することが唯一の成功の道だと思うのだろう？　また、そう思うことは正しいのだろうか？

これらの問いに答えを出すために、２０１３年1月17日までさかのぼってみよう。革張りの肘掛け椅子に、ランス・アームストロングが動揺した面持ちで座っている。その背景は、どこか古風な読書室を思わせる。アームストロングは脚を組んでいるが、呼吸は乱れ、両手は膝と顔をせわしなく行き来している。まるで今、自分が出演している対談番組が、アメリカで記録的な高視聴率をはじきだすのを直感的にわかっているかのようだ。

インタビュワーのオプラ・ウィンフリーは、百戦錬磨の司会者だ。たいていのインタビュワーと違い、彼女は相手と真正面から向き合わない。アームストロングが彼女を見るには、わざわざ首を回さなければならない位置に座っている。いくつか簡単な質問のあと、ウィンフリーはさっそく本題に入り、ある告白を引きだそうとする。意図的に間をとり、手元のメモから顔を上げ、アームストロングと目を合わせて冷静に問いかける。ツール・ド・フランス7連覇は、運動能力向上薬を使って勝ち取ったのですか、と。

「はい」とアームストロングは答える。そして、薬物を常習的に使っていたことを認める。

ウィンフリーは、アームストロングに説明をうながす。そこで視聴者は驚くような言葉を聞くことになる。ふいにアームストロングの態度が変わる。背筋を伸ばし、顎《あご》を上げる。この瞬間をずっと待っていたように。そしてウィンフリーの目を見据え、きっぱり言う。「自分が優位に立つためにやったのではありません」つまり、ドーピングに手を染めたのは、単に競技を公平なものにしたかったからだという。「そういう文化がありました」と彼は挑戦的に言う。「競争の激しい時期でした。わたしたちは全員大人であり、全員が自分の選択をしたのです」

ようするに、アームストロングがドーピングをしたのは、ほかの選手もみなドーピングをしていたからだった。

自分がどうふるまうかは、他者がどうふるまうかに影響される。わたしたちは自分が鳥のように自由で、唯一無二の人間だと思いがちだ。確かに、周囲の大多数の人間とは違うだろう。けれども本当のところ、わたしたちは唯一無二などではない。アームストロングの告白でわかるとおり、わたしたちの基本的な本能は、群れのなかの羊と同じで周囲に引きずられやすい。人から避けられたり、集団のなかで仲間はずれにされたり、追放されたりすることを、わたしたちは決して望まない。そのため毎日、意識的にも無意識にも、自分のふるまいを慎重に調整しながら、社会が容認する「正常」な範囲を逸脱しないようにしている。

わたしたちがどのように考え、何を感じ、どうふるまうかは、個人の神聖なる意思決定ではなく、社会の風潮が決定している。わたしたちが働いたり、子どもを育てたり、勉強したり、ソーシャルメディアに投稿したりするときに、恐れや疑いに心を占領されていたら――今の時代、わたしたちの心はそうした感情に占領されている――群れに引きずられやすくなる。そして、群れのふるまいが明らかに不健全でも、アームストロングと同じく群れに同調してしまう。そのため、自分以外の誰もが完璧に見えれば、完璧こそが成功の道だと考えるのはしごく理にかなっている。

こうした文化から逃れるのは難しい。近年の研究によると、完璧ではないことに対して誰もが不耐性じみたものを持っているらしい。仕事や成績、外見、子育て、スポーツ、ライフスタイルなど、すべてにおいてその傾向が見られるという。その差異は、精神分析家カレン・ホーナイの言葉を借りれば「量的なものにすぎない」[3]。人よりいくらか不耐性が高い人もいれば、いくらか低い人もいる。そして、ほとんどの人はその中間にいる。いってみれば完璧スペクトラムだ。そして中間層、つまり平均的な不耐性はどんどん高くなっている。どれほど急激に高まっているかについては、あとで述べよう。ここでは、集団で完璧さを追い求める現象の背後にあるものについて、また、それを懸念すべきかどうかについて語りたい。

わたしは大学の准教授で、全世界で完璧主義を研究する数少ない研究者のひとりでもある。何年ものあいだ、完璧主義のあらゆる問題に取り組んできた。たとえば、完璧主義の特徴を定義する、完璧主義と相関するものについて調べる、完璧主義が現代社会を象徴していると考えられる理由について考察する、といったことだ。そうした取り組みのなかで、たくさんの臨床医や教師、経営者、親、若者から話を聞いた。そこから見えてきたのは、完璧主義がまったく新しい時代精神であることだった。

それを確信したのは２０１８年にシェリルという女性から、電子メールの招待状が届いたときだ。シェリルはＴＥＤを代表して、ある打診をしてきた。カリフォルニア州パームスプリングスで近々開催される講演会《カンファレンス》で、スピーチをしないかというのだ。ＴＥＤの会員が、完璧主義というテーマに大きな関心を寄せているという。「会員の皆さんは実生活のなかで、ご自身やお子さん、職場の同僚の完璧主義的な傾向を目にしています」そこで、わたしに完璧主義とは何か、それがわたしたちにどんな影響をおよぼしているか、なぜそれが広がっていると思うのかを語ってほしいという。「喜んでお受けします」と私は返信した。そして、その月のうちに、ＴＥＤのスピーチライターと12分のスピーチ原稿を練りあげた。タイトルは『わたしたちの完璧への危険な執着』にした。

　そのスピーチをやり遂げたことは誇らしく思うものの、タイトルには不満を抱くようになった。いかにも個人に問題があるようなタイトルだからだ。まるで責任はわたしたちに——完璧さに執着するわたしたちにあるかのように。本書を執筆するなかで、つまり考えを整理して適切な長さの文章に置き換え、それを調整し、磨きをかけ、読みやすいものにするという手ごわい作業に没頭するなかで、思考から不純物が取りのぞかれていった。そして、自分でも気づかなかった思考の穴を発見した。それからデータや周囲の状況のなかで、なぜか見過ごしていたり、見えていなかったりしたことに目を向けはじめた。

　ようするに、完璧主義への執着は個人の問題ではない。間違いなく文化の問題だ。まわりの世界が解釈できる年齢に達したとたん、わたしたちはそこらじゅうに完璧主義を発見するだろう。テレビや映画、広告板、パソコンやスマートフォンの画面。親が使う言葉、ニュースの伝え方、政治家の発言、経済システム、社会制度や一般的な慣例。わたしたちのあいだに完璧主義が広まっているのは、社会が完璧主義を広めているからだ。

TEDのカンファレンスが開催されるパームスプリングスに向かうフライトは、ヒースロー空港の新築の第2ターミナルから出発する。この第2ターミナルは、エリザベスII世にちなんでクイーンズ・ターミナルとも呼ばれている。1955年に、エリザベスII世が旧ターミナルの完成式に立ち会ったのだ。それが2009年に取り壊され、新たに30億ポンドをかけて国際的な玄関口が建設されたというわけだ。

クイーンズ・ターミナルは、息を呑むような商業ベースの建造物だ。『ガーディアン』紙のジャーナリスト、ローワン・ムーアによれば、中央エリアの待合所は「コヴェントガーデンの屋根付きのマーケットのサイズ」ほどもある。乗客の目に映る景観も、それと同じだ。建築家のルイス・ヴィダルは、「広場や大聖堂を思わせる広大な集合スペース」と表した。クイーンズ・ターミナルを歩いていると、確かに非日常的な空間に迷い込んだ気分になる。カーブや直線を描いた通路が広大な建物の隅々までめぐらされ、色鮮やかな広告板がそこかしこに掲げられ、壁一面の窓ガラスが荘厳な空気を醸しだす。

この建物のなかでは、本物と偽物の境界線は曖昧《あいまい》だ。その原因は広告にある。クイーンズ・ターミナルの広告は現代の基準から見ても、とりわけ企業独特の技巧が感じられる。IBMの「感染症を出し抜け」は、パンデミックのさなか、搭乗口に向かって歩く賢明な乗客に呼びかけるものだ。いっぽうマイクロソフトは、彼らのクラウドが「混乱を秩序に」転じることができると告げている。そしてHSBCは、CO2を排出する企業に投資していることは棚に上げて「気候変動に国境はない」と環境保全を訴えている。

だが、このクイーンズ・ターミナルのマーケティングでいちばん目を引くのは、ライフスタイル・ブランドだろう。ある広告板は、スーツを品よく着こなした身ぎれいな男性が抜群に便利なカーシェアリング・アプリのおかげで、どこでも行きたいところに悠然と移動する姿を描いている。別の広告板では、高価なスーツケースを手に満面の笑みを浮かべたビジネスウーマンが、いわゆる最高のおもてなしをする航空会社の快活な接客係に迎えられている。広告板だけではない。最高級のファッションブランドの直売店。名前からしていかにも最高のコーヒーが飲めそうなパーフェクショニスト・カフェ。このターミナルは、わたしたちがこぞって礼讃するもの——誇張された、ありえない完璧な人生と、完璧なライフスタイルの小宇宙だ。

まさに、そのパーフェクショニスト・カフェの席に座っていたわたしは、ターミナルのそこかしこから醸しだされる理想主義の幻影について考え込まずにはいられなかった。建物の外に広がる現実の世界を思えば、ここは美と機能性に満ちあふれたまやかしの国にほかならない。だが、そのまやかしにすぐに気づく人はそういないだろう。スーツ姿の身ぎれいな男性が広告板からこちらを見下ろして微笑んでいても、そんな格好で駐車場まで歩くこと自体、非現実的だ。なにせ駐車場はターミナルから30分も離れているのだから。笑みを浮かべるビジネスウーマンだって、セキュリティチェックの長蛇の列に並んだり、そのあとで出発時間の遅れを知らされたりしたら笑ってなどいられないはずだ。

では、パーフェクショニスト・カフェのコーヒーはパーフェクトなのか？　じつのところ味うんぬん以前に、それは温かくない。やがて、搭乗ゲートの案内が表示される。ところが、ゲートはターミナルのいちばん端にあるので、エスカレーターで下りて誘導路を2キロメートルも歩く羽目になる。ようやくたどり着いたはいいが待合スペースに空席はなく、不機嫌な顔をした乗客が列をなして、奥の通路のほうにのろのろと進んでいる。疲労感に襲われ、強い酒が欲しいと思いながら、どうにか空席を見つけて腰を下ろす。そして自問する。この講演は、オンラインでもよかったのではないだろうか。

ここでひと息ついて、よく考えてほしい。このターミナルから醸しだされる理想の人生は、あきれ返るほど現実とかけ離れている。あこがれのライフスタイルを謳《うた》うキャッチフレーズ。絵に描いたような完璧な男女のイメージ。大西洋を颯爽と横断する旅。そのどれもが空港だけでなく、文化全体にそうした隔たりがあることを示唆している。家、休暇、車、フィットネス習慣、化粧品、ダイエット、子育ての情報、ライフコーチ、生産性ハック、そのほかありとあらゆるものにそれがある。わたしたちは、決して到達できない完璧さを映しだすホログラムの社会で生きている。欠点のない理想の姿を手に入れようと、人生やライフスタイルを常に更新しつづけている。だが、欠点のないものなど、この世には存在しない。

わたしたちは、ただの人間だ。そして心の奥底では、どんな人間でも過《あやま》ちを犯し、欠点があり、消耗しうる生き物だということを、認めたくないほどに理解している。しかし、このホログラムの文化によって現実感覚を掻《か》きまわされるほど、人間ならではの不完全性と闘ったり、自然界の緩やかな流れに逆らったりすることを強《し》いられ、叶わぬ夢を追いかける完璧主義の罠にとらわれてしまう。健康は損なわれ、幸福感も得られず、ただ自分の無力さを呪う。こうした完璧主義の悪影響については、あとで述べよう。今はクイーンズ・ターミナルに戻って、わたし自身のお気に入りの欠点との闘いについて、少しだけ語らせてほしい。

さて、もう一度パーフェクショニスト・カフェのところからはじめよう。フライトの時間までしばらく待たなければならなかったので、わたしはノートパソコンを開いて、特に人気のあるTEDのスピーチに目を通しながら、くたびれた神経をなだめようとした。ちょうど準備運動のようなもので、かなりたくさんのスピーチを見たはずだ。さまざまな講演者を観察しながら、そこに秘密の法則を見つけようとした。卓越した講演者は、これ以上ないほど自信がみなぎっていた。まるで語ることが食べたり飲んだりするのと同じ、ごくありふれた営みであるかのように。わたしには自信など露《つゆ》ほどもなかった。おじけづいてステージに上がれなかったらどうする？　暗記した言葉を忘れてしまったら？　大勢の聴衆の面前でパニックになったら？

わたしのような完璧主義者は、考えすぎることで不安に対処するところがある。考えすぎるとかえって不安を増長させることも忘れ、起こりうることをすべて想定しておけば、頭のなかが整理されて冷静になれる気がするからだ。実際に、考えすぎたせいでプレゼンを台無しにしたことは一度もない。とはいえ、完璧にやれたこともなかった。まだ29歳の若造で、しかも大きな不安を抱えながら、わたしはＴＥＤの会員のあいだで評判の「ソートリーダー」としてカリフォルニアに向かっていた。そのＴＥＤの大きな赤くて丸いステージの上で、わたしは５０００ドルの参加費にふさわしい人物に見えなくてはならなかった。

わたしの大きな悩みのひとつは、成功のとなりに心地よく座っていられないことだ。心の底では成功など自分にはふさわしくないと思っており、他人に褒められても素直に受けとれず、ただ運がよかっただけ、あるいは偶然のおかげだと考えてしまう。こうした劣等感、つまり「自分は欠けている」という考えが、おそらく完璧主義の最も有害な面かもしれない。常に上をめざして努力を続けていると、失敗したときはもちろん、たとえ大きな成功を収めても虚しさばかり覚えてしまうのだ。そして虚しさだけでなく、完璧主義は自分の思いが叶わないという現実も突きつける。完璧主義者にとって、成功は底なし沼だ。成功を追い求めることで自分を消耗させていく。そのいっぽうで「自分は完璧か？」という肝心の問いへの答えは、いつも地平線の彼方にある。

そして地平線と同じように、近づいても近づいても、そこにたどり着くことはできない。

常に「自分は欠けている」と思うことは、自分を罰しながら生きるようなものだ。たとえ成功しているように見えても、賢明にふるまい自他ともに慈《いつく》しんで生きたいと心から願っていても、「自分は欠けている」と考えるかぎり、心は決して満たされない。そして人と距離を置き、面倒なことは避け、やがては人づきあいが苦手で信頼性に欠ける、いわゆるコミットメント恐怖症の人間になる。不安を抱え、パニックを起こし、精神の安定は薬の力でしか得られなくなる。劣等感にさいなまれ、自己批判ばかりして、自分はいったい何者なのかと思い悩む。自分の存在意義を証明する成功を追い求めて、がむしゃらに努力することを繰り返しながら。心の奥底では、そんな成功など信じていないのに。

日々の生活や成果において完璧をめざすことは、自分から自分を遠ざけるようなものだとわたしは思う。極端な場合、自分をすっかり見失ってしまう。

パーフェクショニスト・カフェで生ぬるいコーヒーのカップを手に、人のせわしない往来をながめながらわたしは考えた。父親と一緒に働いたほうがよかったかもしれない。父の働く建築現場で、同じ作業員として。ドリルで穴を開けたり、木材にやすりをかけたり、レンガを積んだりして生計を立て、地元の女の子と結婚し、質素な家を持ち、そこそこの車を買い、子どももふたりほど持って。かりにそうだったら、大学の学位を複数取得することも、ラッセルグループ［イギリスの研究型国立大学24校で構成されるトップレベルの名門大学群。イギリス版アイビーリーグとも呼ばれる］の教授になることも、TEDの講演者として招かれることも、本書の執筆を依頼されることもなかっただろう。それでも昼夜を問わず働いたり、恐れから不安にさいなまれたりすることもなかっただろう。ひょっとしたら、あの決して届かない地平線の彼方が垣間見えたかもしれない。

いや、やはりそれは不可能だろう。イギリスの精神分析学者ジョシュ・コーエンも問うている。消費者をおびやかす完璧主義の幻想をまぬがれる人間が、この現代社会にいるだろうか？［4］

現代人すべてになじみのある罠に、わたし自身もある程度とらわれていると思っている。何のために完璧を求めつづけるのかわからないまま、「自分は欠けている」という思いに足をとられているのだ。仕事に終わりはなく、消費に歯止めはかからず、自己改善の要求は、きりなく続く。もちろん完璧主義には遺伝的な要素もある。子どもの頃の厳格なしつけやトラウマ的な経験にも関係しており、その影響は大きい。そうした影響を受けるいっぽうで、わたしたちは文化からも完璧をめざすことを要求されつづけているのだ。

ランス・アームストロングは、ジレンマに直面した。クリーンなまま最下位になるか、それともドーピングをして首位を争うか。「そういう文化がありました（中略）わたしたち全員が自分の選択をしたのです」そのときのアームストロングの選択は、彼に栄光をもたらした。そのほかの選手は、ただ薬物の危険性にさらされただけだった。命を落とした選手さえいた。いったい何のために？　アームストロングの主張どおり、どの選手もドーピングをしていたのなら、この熾烈な競争は、特に誰かの成功だけに貢献することもなく全員の命を危険にさらしたといえるだろう。

今、同じように熾烈で破壊的な競争が、もっと広い文化のなかで繰りひろげられている。見渡せば無限の完璧さばかりが目につくような世界にいたら、最も受け入れがたいのは、自分が単なる人間にすぎないという事実だ。そうなると、人生はお気に入りの欠点をアピールする終わりなき裁判になる。そして常に疲弊し、虚しさを抱え、不安にさいなまれる。いつも精いっぱいのことをしているのに――努力を怠らず、健康療法やライフハックを実行し、リテール・セラピーで心を癒し、自分をフィルターにかけ、隠したり、取り繕ったり――それでも、理想の自分は手に入らない。ようするに群れの法則が、「このままで十分だ」と思うことを許してくれないのだ。

これが、現代のホーソーンやポーの物語の読み方だ。つまり今の世の中では、どんな人間もエイルマーや画家のようになる運命《さだめ》にある。だが、本当にそうだろうか。わたしは確信が持てない。むしろ別の登場人物――忘れられた女性たちになれるのではないだろうか。このふたりの女性のように、わたしたちも不完全な自分に満足できるはずだ。ちっぽけな傷さえも躍起になって消そうとする威圧的な力が、わたしたちの弱みや欠点、足りないところをことさら大きく取りあげて咎《とが》めたりせず、ただありのままに存在することを許してくれさえすれば。

完璧主義という文化の罠に深くとらわれればとらわれるほど、わたしたちは生きる活力を吸い取られてしまうだろう。ではそろそろ、このわたしたちのお気に入りの欠点について、真剣に話をしよう。まずは、それが実際にどういうものなのか、どのような影響をおよぼすのかを見てみよう。

第2章　そのままで十分だと言ってくれ
あるいは完璧主義が単に高い基準を持つことではない理由について

「私がひとりの人間になる過程のどの瞬間においても、私という人間は、私を愛する人や愛そうとしない人たちとの関係によって決まる」

ハリー・スタック・サリヴァン【1】

トロント市のユニオン駅から歩いてすぐのところに、ラファティーズというガストロパブがある。このおしゃれな店は、いつも常連客でにぎわっている。昼間は白いシャツにダークカラーのネクタイをしめたビジネスマンがコーヒーを飲み、夜は買物帰りのエレガントでセンスのいい身なりをした客が、流行の華やかなカクテルのグラスを傾けている。表のテラス席からは、にぎやかな交差点が一望できる。歩道を急ぎ足で行き交う人々。青と赤を繰り返す信号。近づいては西へ東へと走り去る路面電車。

それは2017年の夏の、よく晴れた日の夕暮れだった。そのラファティーズのテラス席で、わたしは高名なふたりの教授——ゴードン・フレットとポール・ヒューイット——とともに冷えたビールを楽しんでいる。ゴードンとポールは、自分たちの研究の経緯について、わたしに語ってくれている。ゴードンは、いかにも研究者らしいいでたちだ。格子縞のシャツの裾をチノパンツのなかにたくし込み、靴は履き心地がよくて実用的なウォーキングシューズ。それが茶目っ気のあるやさしい顔と相まって、地元のツアーガイドのように見える。そして、まさにそのツアーガイドのように、熱弁を振るっている。

いっぽうポールは、沈思黙考型だ。物静かで内省的な彼は、純真さと気難しさが同居しているような人だ。かけている丸眼鏡は最新流行で、真っ白なシャツには皺《しわ》ひとつなく、夕日を受けてかすかに輝いている。ポールは必要なときにしか話さないけれど、一旦口を開けば、まるで重大な事実にとりつかれたように弁舌を振るう。いかにも、もの思いに沈む心理学者といった感じで。

そしてまさしく、それが彼だ。

このように、ふたりは正反対のタイプだが、同じゴールを共有している。ふたりは30年以上にわたり、完璧主義の仕組みの解明に取り組んできた。また、その完璧主義を自分の診療室や講堂で頻繁に目にする理由を探している。ふたりの話を聞きながら、わたしは彼らにとってこの研究が仕事以上のものだと感じた。かぎりなく私生活に近い、いわば子どもをもうひとり育てるようなものだ。その日わたしがトロントにいたのは、この巨匠たちが完璧主義について語る講演会に参加したからだ。わたしは、彼らの献身的な取り組みに興味を引かれ、もっと理解を深めたくて、そのパブに同席していた。

ポールは、これまでの道のりを振りかえりながら淡々と語っている。ふたりがひたむきに打ち込んできた神聖な使命は、現代の学術研究の基準からすれば、いくらか異色だということも承知しているようだ。彼は言う。「このテーマにすっかり惚れこんでしまってね。とても手放せなかったんだ」１９８０年代半ば、ポールは新進の臨床心理学者として、学校や職場、子育てでストレスを抱えて心を病《や》んだ患者の治療に取り組んでいた。ポールには、その患者たちの症状が、完璧に物事をやり遂げなければ、というこだわりと関係しているように思えた。当時のカルテからは、彼が完璧主義をたちの悪い病《やまい》だと考えていることがうかがえる。ポールは、よどみなく語る。「完璧主義は負のスパイラルを誘発する。それを逆方向に変えるのは、きわめて難しい」

そして、こう続ける。「ところが、完璧主義を有害なものだと考える学者はひとりもいなかった。少なくとも完璧主義そのものに害はないと見られていたんだ」

「いまだにその見方は変わらないな」すかさずゴードンが、訳知り顔の笑みを浮かべて言う。

「でも変えるべきだ」

ふたりは、心理学の分野で完璧主義が長らく真剣に扱われてこなかった、あるいは軽んじられてきたことに対して、さりげなく不満を訴えている。完璧主義の研究は通俗心理学でしかなく、安楽椅子で精神分析を語るようなものだ、という考えが主流のようだ。完璧主義は問題になりうるが、それは真面目さの度が過ぎると問題になるのと同じであり、深刻にとらえて体系的に研究するメリットはない、ということだ。

これは紛れもない事実だ。というのも、精神医学のバイブルともいうべき『DSM−5−TR精神疾患の診断・統計マニュアル』では、完璧主義はとりたてて懸念すべきものとして扱われていないからだ。[2] 診断基準で完璧主義が言及されることはほとんどなく、強迫性障害（OCD）に関わる多くの症状のひとつとみなされるケースが多い。

この問題について、ゴードンが説明する。「主流派は、完璧主義について、ものすごく狭いとらえ方をしているんだよ。しかし、われわれは完璧主義にたくさんの顔があることを知っている。そのなかにはOCDと関係あるものもあり、ないものもある。しかも完璧主義は強迫的なタイプだけでなく、あらゆる軽度な精神疾患のなかに見られることもわかっている」

ポールが身を乗りだして、わたしを見据える。「そのとおりだ。じつをいうと完璧主義は、たいていの人が思っているよりも幅が広いんだ。完璧主義か完璧主義じゃないか、という問題ではなく、これはスペクトラムなんだ。われわれが完璧主義の話をするときは、一部の人、あるいは特定の誰かが完璧主義かどうかという話じゃなく、すべての人の話をしているんだ。ようするに誰もが大なり小なり完璧主義なんだよ」

ポールは続ける。「われわれが調べた結果、完璧主義は幅も深さも相当なものであることがわかっている。それでもコンセンサスが今のままでは、そこに切り込むのは容易ではないだろうね」

ポールは診療室で患者を診察しながら、完璧主義を完全に理解するにはそうした幅と深さを考慮しなければいけないことを知った。そのため、完璧主義のタイプを特定したり、尺度を設定したり、検証したりすることが、ポールとゴードンの画期的な研究の基盤となった。そして、それについて知ること、つまり完璧主義についてあらいざらい知ることが、わたしがトロントにいる理由だった。

ポールの言う幅と深さとは何なのか？　なぜ、それが重要なのか？　この問いに答えるには、過去にさかのぼらなくてはならない。最初にポールが、この奇妙な特性を調べはじめた頃まで。ポールはこう説明した。「たいていの人は、完璧主義とは非常に高い基準を持つことだと思っている。ところが患者を診察しはじめてから早い段階で、単純にそうとはいえないことがわかったんだ」彼のカルテを見ると、確かに症状が複雑に入り組んでいることがわかる。それは個人的な基準や自発的なプレッシャーの枠をはるかに超えていた。

「完璧さにこだわる人たちを、数えきれないほど診察したよ。どの患者も到達できないような高い基準を自分に課し、それに夢中になっていた。ところが、そうした基準を他人から課されたと思っている人もいた。また、自分のまわりの人に課している人もいたんだ」

完璧主義には複数の顔――自分に課すもの、社会から課せられるもの、他者から課せられるもの――がある。これがポールの説だ。完璧主義が単に高い目標や基準を課すものではないとすれば、いったい何なのか？「調べていくうちに、どんどんわかってきた。完璧主義は、単に努力することとはまったく違うってことがね。試験でいい点をとるとか、ピッチャーが豪速球を投げるために練習に励むとか、そういったのとは明らかに違うんだ。これは世界観そのものだ――自分をどうとらえ、他人の行動や発言をどう解釈するかを定義するものなんだ」

それを聞いて、わたしは目から鱗《うろこ》が落ちる思いだった。そして、自分自身の完璧主義に思いを巡らせた。それまで完璧主義といえば、懸命に励んだり、献身的に、あるいは精魂込めて物事に取り組んだりすることだと思っていた。わたし自身も、かなり高い基準を自分に課して、自分は完璧主義者なのだと思っていた。だが、もっと深く考えてみれば、ただ基準が高いだけでは大きな問題にはならない。そもそも、わたしのような人間が、なぜそんなに高い基準を設けるのか。そこに問題がある。ポールによると、完璧主義者は社会にとって価値があると認めてもらいたいがため、そのような試練を自分にあたえるのだという。彼は言う。「完璧主義は他者との関わりのなかで生じる。この単純な事実を認めないかぎり、完璧主義はずっと誤解されたままだろう」

この話を聞きながら、わたしは亡くなった祖父を思い出した。祖父は多くの点で、ポールの言いたいこと、つまり高い基準を持つことと完璧主義とはまったくの別物だということを伝えるのにうってつけの例だ。子どもの頃、わたしは腕のいい大工だった祖父のかたわらに座り、ただの棒切れが手すりや椅子、窓枠などの実用品に変わっていく様子を、目を丸くしながら何時間もながめていた。

わたしは、祖父の技能に驚嘆した。日曜日が来るたび、団地を飛びだして祖父の家に行き、その手仕事を食い入るように見つめていた。祖父は廃材を正確に測って裁断し、木片のひとつひとつに丁寧に掘り込みを入れて形を整え、慎重にしるしをつけ、軍隊のような正確さでのこぎりを挽《ひ》き、接合部の凹凸をかちっとはめた。それから木ねじで固定し、軽くサンドペーパーをかけ、最後に磨きをかけた。祖父のつくるものはいつも完璧なフォームで、表面は吸いつくようになめらか、まさに非の打ちどころのない機能的なアート作品だった。

こうしたものが、きわめて高い基準を持つ人の特性であることは間違いない。しかし、これは完璧主義者の特性ではない。祖父は作業が終わると、丹念にこしらえた木工品を集め、それを新たな所有者のもとに送りとどけた。だが、評価や5つ星を求めてぐずぐず居座ることはせず、あっさりと立ち去った。祖父がそうした木工品を世に送りだしていたのは、それを使い、その品物のよさを味わってくれる人のためだった。祖父にとっては、認められたり褒められたりすることより、自分のこしらえたものを必要とされることのほうがはるかに重要だったのだ。

完璧主義とは自分のなかの基準ではなく、他者から期待されていると感じる基準であり、他者の承認を求める気持ちがまったくない人は完璧主義者ではない、というのがポールの持論だ。もちろん、祖父の作品がいつも申し分のない出来栄えだったわけではないけれど、それでも祖父は必ず完成させた。現代の忌まわしき3つ星レビューなど、おそらく祖父にとっては何の意味もないだろう。たとえ意味があっても、否定的な意見を言う人は必ずいる。その程度のことだったはずだ。祖父が自分の作品に全力を尽くすかぎり、謝罪したり承認を求めたり、もしくは企業が言うように常に自己改革したり「前よりうまく失敗」したりする必要など感じなかった。祖父は自分の技能に誇りを持ち、万が一継ぎ目にニスの塗り残しがあったり、木ねじの先が木材からちょっぴり突き出たりしていても、自分の皺や坐骨神経痛と同じく避けて通れないものとして受け入れただろう。

それが高い基準を持つということだ。それだけであれば不安はともなわない。だが、完璧主義の場合、その高い基準に不安がともなう。ポールが言う完璧主義とは、あたえられた仕事や外見、子育て、人づきあいなどを完璧にすることではないし、高い基準を掲げて努力することでもない。もっともっと深いものだ。つまり、自分自身を完璧にすることだ。もっと正確にいうなら、不完全な自分を完全にすることだ。それは自分の欠点や短所、欠けているものをひとつ残らずまわりの人たちに隠し、防御モードで生きていくことにほかならない。

このような完璧主義のとらえ方は、わたしにとって画期的だった。「自分は欠けている」という意識がきわめて強く、そうした欠点を社会から隠して生きることが完璧主義だと考えれば、献身的に打ち込んだ末に手に入れた成功の金メダルとは明らかに違う。そこのところが誤解されている。わたしには几帳面《きちょうめん》だった祖父と同じ血が流れているけれど、祖父の几帳面さとわたしの完璧主義は別物、つまり祖父とわたしはまったく別のタイプだ。そのため、わたしたちふたりは、それぞれまったく違った目で世の中を見て、まったく違った言葉を胸の内でつぶやきながら生きるのだ。

完璧主義者について、たぶん最も大きな誤解は、彼らの主な関心が自分の才能を発揮することにあるというものだ。とはいえ、まわりを困惑させがちなナルシストとは違い、完璧主義者は自分が完全無欠だとは夢にも思っていない。だから完璧をめざして、そこに到達しようと努力する。それは世界に何かを残すためではなく、自分に才能があるように見せるためでもない。自分がめざしたものに到達しさえすれば、恐れから解放されるためだ。その恐れとは、自分は不完全だから他者から重要視されない、あるいは不完全だから愛されない、という同じタイプの恥にもとづいている。

この恥にもとづいた恐れにこそ目を向けるべきだろう。ある行動の根底には感情があるという点は、完璧主義を語るうえで見過ごされやすいからだ。恥は、「自分には愛されたり認められたりする価値がない」という自己意識的な感情だ。自分は完璧ではないから拒否された、あるいは無視されたと思ったときに、この恥という感情が生まれる。恥は棘《とげ》だ。その棘は自分という存在のあらゆる面を刺し、他者との関わりのなかで自分をどうとらえるかに影響をおよぼす。完璧主義者の完璧への執着が、わたしの祖父のような几帳面なタイプの自尊心とは比べものにならないほど強いのは、この恥が原因だ。執着は自分という人間の本質にまで影響をあたえ、自分は不完全な人間に見えるに違いない、という思考につながる。

それまでのわたしは、磁器よりももろい自尊心を支えるため、並はずれた成果や、他者からの承認を求めつづけていた。だが、祖父に、そのような悩みの種はなかった。自分が腕のいい職人であることを自分自身や他人に証明したい気持ちはあっただろう。それでも謙虚に、忍耐強く、世間の変わりやすい意見に惑わされまいとしていた。完璧主義のレベルは、他者との関わり合いと関連していることに留意してほしい。ポールの説、つまり完璧主義は単に高い基準を自分に課すことではない、という考えを理解するには、他者との関係は絶対に見過ごせない要素だ。

ようするに、完璧主義には対人的な性質がある。それが唯一の性質といっていい。これは自己肯定感の問題であり、個々の内面から生まれるのではなく、社会のなかで他者との関わり合いを通して生じる。それは、こんな内なる声ではじまる。「わたしは魅力に欠ける」「あまり格好がよくない」「豊かとはいえない」「スマートな体型とはいえない」「あまり健康ではない」「知性が足りない」「生産性に欠ける」そして辛辣な結論で終わる。「だから、わたしの欠点が表に出れば、まわりの人はそれに気づくだろう。そして、わたしを容認できない人物として見るだろう」このような意識により、完璧であることが条件の不安定な関係をつなぎとめようとして、本当の自分を隠すために全力を尽くすのだ。

ポールとゴードンは、１９８０年代後半にヨーク大学で出会った。ふたりとも博士号をとったばかりで、どちらも心理学の教鞭を執《と》ることが決まっていた。うつ病の診断にたずさわる若い学者だったゴードンは、ポールの初期の完璧主義の研究に魅了された。その後、ふたりは協力し合うようになり、親交を深めていく。「わたしはずっと完璧主義に関心があってね」とゴードンは言う。「それで、ポールと共同で研究するチャンスに飛びついたんだ……ふたりで完璧主義の特性を特定して尺度を定めれば、科学的な裏づけがとれると考えたんだ」

ふたりは、その数年前にポールがつくった質問紙、つまりアンケートによって研究をスタートした。質問項目は「わたしは完璧になろうと努力する」とか「自分に欠点があってはならないと思う」など、完璧主義的な思考や感情、ふるまいに関するもので、回答者は「あてはまる」や「あてはまらない」などの回答を選ぶ。質問項目は、完璧主義の患者がポールに語った典型的な思考や感情、ふるまいにもとづいていた。ポールは言う。「患者の話を聞くにつれて、完璧主義がどういうものかわかってきた。彼らの言葉に注意深く耳を傾けて、それをもとに基本的な特徴を反映させた質問紙をつくったんだ」

そして、ゴードンがそこに加わった。ゴードンのパーソナリティ心理学の知識、活力、熱意をうまく融合させながら、ふたりは研究を進めた。それからの数年はアンケート調査をまとめ、それをもとにさまざまなサンプルをつくり、精選し、修正し、削除し、また精選することの繰り返しだった。そうした骨の折れる作業を続けたのち、ようやく納得のいくものができあがった。完璧主義の構造を見事に反映したものだ。ゴードンは言った。「検証の仕事をやり終えて、完璧主義の核となる特徴をまとめた理論の枠組みが完成したんだ」

ふたりが明らかにした理論を正確に伝えるには、図で説明するほうがわかりやすい。図1を見ればわかるように、この理論は多面的だ。完璧主義は、単に高い目標や基準によって生じる思考や感情、ふるまいではない。そのような枠には収まりきらない。たとえば自分自身に過剰な要求をしたり、過剰な自己批判をしたりする側面や、他者が自分に完璧さを求めていると考えたり、自分が他者に完璧さを求めたりする側面がある。

完璧主義にそうした複数の側面――個人と社会、自己と他者――があることを認識したポールとゴードンは、その理論を「多次元完全主義モデル」と名づけ、1991年に『ジャーナル・オブ・パーソナリティ・アンド・ソーシャル・サイコロジー』誌に論文を発表して世界じゅうに知らしめた[3]。このモデルから何がわかるだろうか？　完璧主義とは、自分が不完全であり、その不完全さを周囲に隠しておくべきだという信念にもとづいた、現代特有の世界観だということだ。その信念には完璧主義のさまざまな側面があり、その側面にそれぞれ違った特性がある。

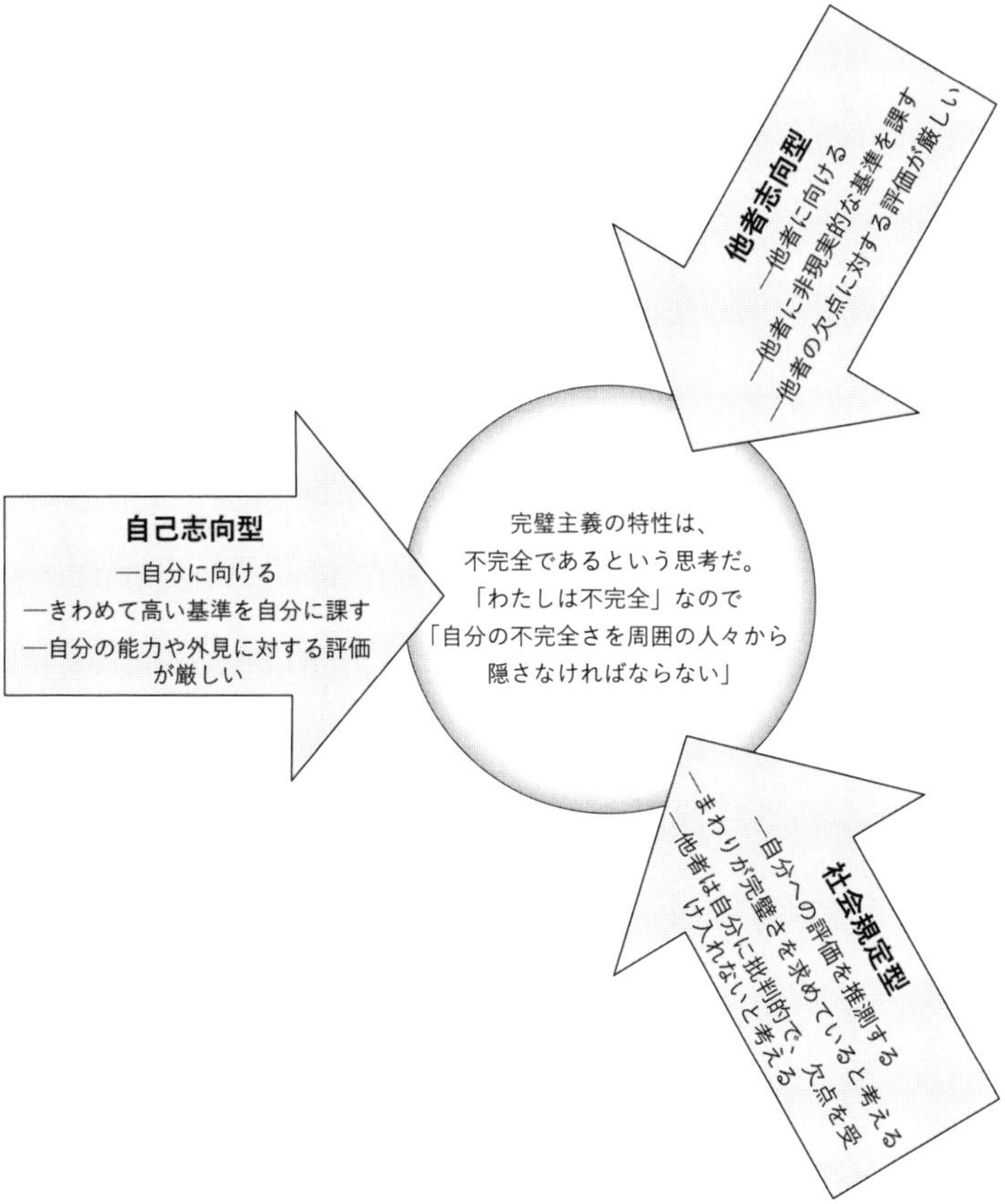

図1　ポール・ヒューイットとゴードン・フレットによる多次元完全主義モデル

こうした複数の側面をポールとゴードンが発表したことによって、完璧主義の新たな研究の幕が開いた。完璧主義は、ただ高い基準を持つという個人的な志向ではなく、他者との関わりのなかで生じている、という観点が生まれたのだ。では、それぞれのタイプを、具体的な例をまじえて解説しよう。

自己志向型の完璧主義は、自分に完璧さを求めるものだ。この場合、自分は完璧であるべきで、完璧以外の何ものでもあってはならない、という意識にもとづいた行動をとる

完璧主義のイメージを思い浮かべたときに、真っ先に浮かぶのが、この「自己志向型の完璧主義」ではないだろうか。たとえばワーカホリックの同僚や、度を超えるほど熱心な学生が、これに当たる。ポールとゴードンは、自己志向型の完璧主義の特徴を「完璧であろうとする内的な衝動とプレッシャー」と定めた。これは意欲をかき立てはするけれど、その意欲も最後には「完璧のみがゴールであり、完璧以外の何ものでもあってはならない」という重い義務となる。

この自己志向型のプレッシャーがどういうものか端的に表しているのが、自転車競技の選手ヴィクトリア・ペンドルトンのケースだ。ペンドルトンは1世代にひとりといわれるほどの名選手で、オリンピックや世界選手権でたびたびメダルを獲得しているイギリス人アスリートだ。このペンドルトンは、自分の成功を決して認めないことでも有名だ。2008年に、彼女は『ガーディアン』紙のジャーナリストのドナルド・マクレーとの対談で、自転車競技を「終わらない闘い」だと表した。[4] たとえ優勝しても、その達成感は長くは続かないのだという。「みんなに言われます。わぁ、すごい。今年は最高の年だね。世界選手権で2回も優勝して、オリンピックで金メダルもとるなんて。でも、わたしは思います。確かにそのとおりだ。でも、どうして今も満足できなくてプレッシャーを感じるんだろう、と」

おそらく自己志向型の完璧主義の最も際立った特徴は、「まだ不十分だ」という感覚を引き起こす激しい競争心だろう。ところが、この激しい競争心は、ある種のパラドックスを生む。奇妙にも、強い自己志向型の完璧主義者は、失敗や他者の承認を失うことを恐れて、競争からしり込みする傾向があるという。ポールは言う。「成功しなければ、という気持ちと、失敗したらどうしよう、という恐れの板挟みになってしまうんだ。自己志向型の完璧主義者の根底には、そうした葛藤がある。まわりから尊敬されたい、受け入れてもらいたい、という思いで努力しつづける。そのいっぽうで、自分の不完全なところをさらして恥をかくのは何としても避けなければ、と思っている」

このような矛盾する思考によって、自己志向型の完璧主義者は、完璧にやり遂げることと自己批判との板挟みになる。そして自分で自分を妨害するようなふるまいをする。つまり考えすぎたり、物事を先延ばしにしたりするのだ。

さらに、自己志向型の完璧主義者は、他者が思いもしないような独特のふるまいをする。つまり、成功してもそれを軽んじ、苦闘していればそのことで自分を卑下《ひげ》してしまうのだ。彼らが完璧をめざして執拗に自己改善を繰り返すのは、想像上の欠点をそのまま信じ込んで、それが自分の本当の姿だと考えているからだ。

ペンドルトンには、この傾向がありありと見られる。彼女は自尊心のため、高い基準に極端にこだわっていると思われる。彼女の内面では、その基準を満たすだけの力が自分にはまだまだ欠けている、という自己批判が繰り返されている。先ほどのマクレーとの対談で、ペンドルトンは自転車競技を通して「〔自分が〕何かをとても上手にできることをただ証明したい」と言った。「まだそこまでいっていません。少なくとも自分にとっては。今よりもっとうまくできると思っています。もっと楽に、もっと戦略的な走りができるはずです。自分がいるべき場所には、まだほど遠いんです」

のちにペンドルトンは、この対談のときの自分は「不安な人間」で「感情的」で「自己批判的な完璧主義者」だったと認めている。当時のペンドルトンからは、セルフ・コンパッション〔ありのままの自分を受け入れて慈しむ気持ち〕がまったく見られない。これは、強い自己志向型の完璧主義者によくある傾向だ。また、ポールが患者との面談でたびたび目にしているものと同じだ。つまり、恥と反芻《はんすう》思考だ。苦しんでいる完璧主義者には、このふたつがよく見られるという。ポールの無数のカルテが明らかにしているのは、自己志向型の完璧主義者が自分の歪んだイメージを膨らませていることだ。そのイメージは「単に自分を好きになれないことを通り越して、自分を嫌悪するまでになってしまう」とポールは言う。

向上心が旺盛な若者を教える立場にあるわたしは、悲しいことに、この自己嫌悪を数えきれないほど目にしている。そのなかでも際立っていたのが、アンという学生だ。アンもペンドルトンのように野心的で、努力家で、才能にあふれていた。ところが、どれほど成果を上げても、それを惨《みじ》めな失敗だと考えていた。わたしとの面談では、いつもこんなことを言った。「最上級の学位をとるだけでは不十分です」「努力が足りませんでした」「自分やまわりを失望させています」

アンのような完璧主義は現代の学生にはありがちとはいえ、彼女の場合は極端に思えた。もし彼女の心の声が聞こえたなら、こんな感じではないだろうか。「他人よりたくさん努力しているのにそれだけの結果が出ないのなら、わたしは頭がいいわけでも才能があるわけでもないのだ」アンのような自己志向型の完璧主義者には、努力すること自体が賢くもなく才能にも恵まれていない証拠になる。完璧でなければいけないという思いが、大嫌いな自分の欠点をより大きく見せてしまうのだ。

つまり彼らは、勝てないゲームを強いられているような気持ちでいる。そして完璧になって、欠点があることの恥ずかしさやきまり悪さから解放されたいと思っている。「完璧に見せようとして欠点を矯正したり隠したりするのは、自分を疲弊させる生き方だ」とポールは言う。「自分の心に休息をあたえたり、慈しみを持って内面を見つめたりする余裕が一切なくなってしまう」

社会規定型の完璧主義は、周囲の期待に応えようとするものだ。この場合、他者が自分に完璧さを求めているという信念にもとづいた行動をとる

完璧主義は、単に高い基準を持つことではない。そして、社会を起点とした非常に有害な側面もある。ポールとゴードンは、これを「社会規定型の完璧主義」と呼んでいる。このタイプの人は、常にまわりから完璧さを求められている、と思い込んでいる。そして、たとえ達成不可能な基準でも、それに達していないと他者から厳しい判断を下されると思っている。

ポールとゴードンによれば、社会規定型の完璧主義者は、常にまわりから審判を受けているという幻想にとらわれているという。その結果、いつも他者の基準にしたがって期待を裏切らないように努める。こうした幻想にとらわれていると、行く先々で自分の欠点に対する批判的な声が聞こえてしまう。とりたてて害のない意見でさえ、その想像上の欠点を咎められていると解釈してしまう。彼らの内面では「みんなが求めるとおりにふるまえ、求めるとおりの姿を見せろ、求めるとおりにやれ」という声が響いている。みんなが自分に完璧さを求めていると思い込んでいるのだ。

社会規定型の完璧主義は、自己志向型と似ている。ただ社会規定型の場合、完璧でなければいけないという思考は、外からのプレッシャーによって生まれる。自分が不完全だと手厳しい評価を下されるという思い込みによるプレッシャーだ。そのため、他者からの保証と承認を得るために完璧になろうとするが、その他者が知りもしない人たちであることも多い。完璧という幻影をふりまく社会では、自分が評価を下されているという信念が常につきまとう。そんなはずがないのに、だ。このタイプの完璧主義は、他者の要求を解釈するレンズにすぎない。それが本当に要求されているのであれ、思い込みであれ。

わたしの教員養成大学時代の友人のネイサンは、社会規定型の完璧主義者だ。ネイサンは物静かで、謙虚で、生真面目で、成績もよかったけれど、落ち込みやすく、不安から情緒が不安定になることも多かった。彼のようなタイプの学生は、その大学では珍しかった。そのため、まわりからしょっちゅう「ひやかし」を受けていた。たいていは聞き流していたが、内心では傷ついていたと思う。

最近、そのネイサンとまた連絡をとり合うようになった。ネイサンの物事を完璧にやり遂げる静かな熱意は、いまだ健在だった。彼が金融業界で高い地位にあることを知って、わたしは当然だと思った。ところが、彼は自分を敗退者のように感じていた。もちろん出身とは関係ない――彼の出身を思えば、それは予想外の成功だった。ネイサンが自分を敗退者だと感じるのは、周囲の人間が自分よりはるかに優秀だという思い込みのせいだった。「みんなずば抜けて優秀で、途方もなく高いハードルを課すんだ」と彼は言った。「ぼくには無理だよ。だが、彼らは自分たちがやれるのに、どうしてぼくはやれないのか、と思ってる」

わたしは言った。「きみはちゃんとやってるはずだよ。でなきゃ、きみをここまで昇進させるわけがないじゃないか」彼は、わたしの言葉がわからないようだった。わかっていれば、すぐに否定しただろうから。「常にもっとうまくやることを期待されているんだ」と彼は言った。「たとえ目標を達成しても、まだ足りない——達成すれば達成するほど、さらに上をめざすことを求められている」

ネイサンは学生時代と変わらず、不安にとりつかれていた。常に監視されているような感覚があり、まわりよりも劣っていると思われるのを恐れていた。だが今、彼を苦しめているのは強烈な企業文化であり、そのなかで内面の弱さをさらけ出すことを学生の頃以上に恐れていた。

これと同じ恐れをよく目にするのが、ショービジネスの世界だ。有名人は常にまわりから注目され、理想的なパフォーマンスと外見を維持するプレッシャーから逃れられない。多くの有名人が完璧主義者を自認している理由が、まさにこれだ。彼らの話を聞けば、決まって社会規定型特有のプレッシャーによるものだとわかるだろう。

デミ・ロヴァートは、その好例だ。ロヴァートは才能に恵まれたパフォーマーで、すばらしい成功も享受している。だが、その成功には想像を絶するほどの代償がともなった。２０１７年のドキュメンタリー番組『シンプリー・コンプリケイテッド』では、その代償が赤裸々に描かれている。ロヴァートは子どもの頃から「完璧主義者だった」という。「本気で〝ベスト・オブ・ザ・ベスト・オブ・ザ・ベスト〟になりたいと思っていました」10代の頃、ロヴァートはディズニー・チャンネルの映画『キャンプ・ロック』に出演した。ところが、華やかなスポットライトを浴びた代償は高くついた。「有名になるにつれてプレッシャーを感じるようになりました。自分を魅力的に見せることや、自分が歌いたい歌よりもみんなが聴きたがっている歌を歌うことにです」

有名人でいることのプレッシャーについて、彼女はこう語っている。「成功しなくては、というプレッシャーがありました。だから、いつもチャートの順位ばかり気にしていました」プレッシャーについては、２０１１年のＭＴＶのジェームズ・ディンとの対談でも触れている。「到達できないような基準を満たすことには、たくさんのプレッシャーがともないます」とロヴァートはディンに言った。「魅力的で、頭がよくて、スリムで、才能があって、人気者でいるためには。わたしたちの多くは、誰にとっても最高でなければいけないと思っています」[5]

自己志向型と同じく、社会規定型の完璧主義者も、想像上の欠点を修復しようとしながら生きている。だが社会規定型の場合、最大の動機は他者の期待に応えて受容、愛、承認を得ることだ。ポールは言った。「相手のニーズが満たされないと彼らは動揺し、大きなダメージを食らう。社会規定型の完璧主義者は、まわりから自分の欠点を永遠に隠しつづけようとする。だからこそ苦しむんだ」

ロヴァートの自己分析は、この言葉を裏づけている。社会規定型の完璧主義は、生活のなかにとてつもないプレッシャーを生みだす。他人の顔色をうかがい、懸命に別の人間、つまり完璧な人間になろうとしながら日々生きている。「それは強い無力感をもたらすプレッシャーだ」とゴードンは言う。

他者志向型の完璧主義は外に向けられる。この場合は、他者が完璧でなくてはいけないという信念にもとづいた行動をとる

ポールとゴードンが特定した完璧主義の最後の側面は、「他者志向型の完璧主義」だ。これは友人、家族、職場の同僚など、他者に完璧さを要求するものだ。「他者」とは身近な人を意味するが、必ずしもそうとはかぎらない。彼らの怒りのターゲットは、一般人にも向けられる。ゴードンによれば、このタイプの場合、自分があらゆる物事の基準だという思いが強いほど、相手もその基準を満たすべきだと考えるという。

このタイプの完璧主義者は、簡単に見つかる。相手が自分の基準を満たさないと、すぐに腹を立てるからだ。こうしたふるまいは人間関係を壊しかねない。他者に完璧さを要求して批判すると、必ず衝突が起きる。たとえば、要求の厳しい上司や口うるさいコーチ、批判的な友人と喧嘩したときにどうなるか想像してみよう。丸く収まることなど、まずないと思う。

このタイプの完璧主義者が他者に到達不可能な基準を課すのは、自分の想像上の欠点を埋め合わせるためだという。これは、フロイトが「投影」と呼ぶものだ。ポールは言う。「このような人物は生まれつき自意識が強い。他者志向型の完璧主義は彼らにとって、自分から注意をそらす無意識の手段なんだ」

これを聞いて、わたしは初めてアルバイトをしたときの上司を思い出した。タミーという、郊外の会員制フィットネスクラブを経営していた年配の女性だ。上品ではないけれど身だしなみはきちんとしていて、仕事に一生懸命取り組んでいた。当時18歳だったわたしは、見習いの管理人として雇われた。わたしは、その仕事にずっとあこがれていた。ところが、そのあこがれもすぐに消えた。タミーは自分の完璧主義のせいで苦労していたが、その苦労をいつも部下に負わせていた。彼女は短気で、神経質で、威圧的だった。わたしが彼女の思うとおりに仕事をしないと――それはよくあることだったが――たちまち怒りだして、あらゆることに疑いの目を向けた。ジムの床をつぶさに点検し、拭《ふ》き残しや汗じみが少しでもあれば、仕事がいい加減だと非難した。当時はそうした威圧的な態度にむっとしたものだが、今はタミーが自分自身に腹を立てていたのだとよくわかる。彼女にとって、わたしのミスは自分のミスのリマインダーだった。自分の中途半端な仕事を許容できないのと同様、わたしの中途半端な仕事も許容できなかったのだ。

そして実際に問題が起きたとき、タミーは怒りを爆発させた。ある日、プールの設備が故障して、塩素が規定量より多く水中に流れ込んでしまった。わたしはプールのチェックを任されていたため、タミーはわたしのところに飛んできて説明を求めた。見るからに動揺していた彼女は卑語を叫び、運動で息を切らしている顧客たちの前で、何かあったら訴えるとわたしを脅した。ちょうどそのときメンテナンス作業員が到着し、わたしの責任ではないことをタミーに説明した。

彼女は一瞬、わたしに詫《わ》びるべきか迷ったが、結局は仕事に戻るようにそっけなく指示しただけだった。わたしは仕事には戻らず、そのままそこを立ち去った。

誰でも、タミーのような完璧主義者に思い当たるはずだ。たぶん最も悪名高いのは、スティーブ・ジョブズだろう。ジョブズは1996年に業績が悪化したアップル社に復帰して建て直し、今日の時価総額1兆ドルの多国籍企業への道筋をつくったことで広く評価されている。2011年にジョブズが死去したとき、CEOの座を引き継いだティム・クックはこう述べた。「アップルは（中略）創造の天才を失いました」続いてオバマ大統領が声明を発表した。「世界は〝先を見通す人《ビジョナリー》〟を失いました」

確かにジョブズは先を見通す天才だったけれど、この男が複雑な内面を抱えていたことが、ウォルター・アイザックソンによる伝記で詳しく語られている。「彼の人生や性格には、どうにもめちゃくちゃな部分がありますが、それが真実ですから」とジョブズの妻、ローレン・パウエルはアイザックソンに語っている〔ウォルター・アイザックソン著『スティーブ・ジョブズⅠ・Ⅱ』井口耕二訳、講談社、2011年〕[6]。『アトランティック』誌のジャーナリスト、レベッカ・グリーンフィールドは、ジョブズの複雑な人間性を探り、彼が完璧主義者だったことを伝えている[7]。グリーンフィールドは、マルコム・グラッドウェルが『ニューヨーカー』誌に書いた逸話を紹介している。ジョブズがニューヨークのホテルの部屋の装飾について、厳しい基準を求めた話だ。「完璧主義は、ジョブズを苦しめた疾患だ」とグリーンフィールドは記している。

「ニューヨークで記者の取材を受けるため、彼はホテルのスイートルームにやって来る。そして夜の10時にもかかわらず、ピアノの位置が悪い、このイチゴではだめだ、花はどれも気に入らない、カラーでなくてはいけない、と言い張るのだ[8]」

他者志向型の完璧主義者の典型だったジョブズは、力を示す手段として完璧主義を利用した。ある友人がアイザックソンにこんなことを言っている。「他人の弱点をピンポイントで把握できるのがあの人のすごいところです。どうすればかなわないと思わせられるのか、どうすれば相手がすくむのかがわかってしまうのです」〔ウォルター・アイザックソン著『スティーブ・ジョブズⅠ・Ⅱ』井口耕二訳、講談社、２０１１年〕。『ゴーカー』のライアン・テイトがジョブズの元同僚たちにインタビューしたときも、同じような答えが返ってきた。彼らの記憶のなかでは、ジョブズは「無礼で、横柄で、非友好的で、意地が悪く」、従業員を巧みに操って鼓舞《こぶ》するタイプの上司だったという[9]。

こうした人たちの話から、ジョブズは単にかっとなりやすい意気盛んな経営者というわけではなかったことがわかる。『ニューヨーカー』誌のグラッドウェルの記事には「彼は部下を大声で怒鳴りつける」とあり、アイザックソンによる伝記では、ＰＲアシスタントの女性のスーツを「ひどすぎる」と言ったという話も紹介されている。ようするに「彼は完璧という基準に達していないものは受け入れられなかった」のだ。そして、自分がその不可能な基準に達していないと、グリーンフィールドの言葉を借りれば「他人に八つ当たりした」という。

ジョブズの人物像に関しては、たくさんの逸話がある。外から見れば成功者でも、完璧主義のせいで自己評価が低くなり、それが恐れとなり、そのせいで他者を頻繁に叱責《しっせき》してしまうのだ。ジョブズのような他者志向型の完璧主義者には、どんな犠牲を払ってでも勝つという姿勢が見られる。それはそれでいいだろう。だが、自分の優位性がおびやかされるとたちまち怒りを噴出し、場合によってはひどく攻撃的な行動に出る。「これでは調和のとれた温かい人間関係を育むことはできないだろう」とポールは言う。

ペンドルトン、アン、ネイサン、ロヴァート、タミー、ジョブズ――こうした人たちだけが特別なのではない。きっと、わたしは完璧主義者の側面や苦悩をたくさん集めたアンソロジーを書けたはずだ。ここで彼らの人間性に光を当てたのは、完璧主義の深さと幅、複数の側面を理解するには、こうした人たちの経験が役立つからだ。彼らには、完璧であるべき、という思いがある。その思いは完璧主義のタイプによって、異なる表れ方をする。

完璧主義の3つの側面は、それぞれ独立したものとして説明されることが多い。わかりやすい説明ではあるが、単純化しすぎてもいる。というのも自己志向型、社会規定型、他者志向型の完璧主義は、それぞれが完全に独立しているわけではないからだ。むしろパレット上で水彩絵の具が混ざり合うように、ポールとゴードンのモデルは、それぞれが少しずつ重なっている。たとえば3つのうちのひとつだけレベルが高い、もしくはふたつのレベルが高い、または3つすべてのレベルが高い、というように。

スティーブ・ジョブズを例にとろう。先ほど述べたように、彼は要求の厳しい人間で、他者志向型の完璧主義にありがちな態度で同僚に怒りをぶつけることがあった。レベッカ・グリーンフィールドによると、彼は「ごく日常的なタスクでさえ完璧にやらないと気が済まなかった」という。彼女はこの傾向を、アイザックソンによる伝記から逸話を引用して解説している。ジョブズが洗濯機の購入を検討していたときの話だ。

「どこを重視してどこはあきらめるのか、トレードオフを家族で検討した。デザインの話が多かったけど、僕ら家族がどこに価値を見出すのかという話も多かった。1時間半ではなく1時間で洗濯が終わることを一番重視するのか。服の肌触りがとてもソフトで長持ちすることを一番重視するのか。水の使用量が4分の1ですむことを重視するのか。こういう話を夕食のたび、2週間くらい話し合ったよ」［ウォルター・アイザックソン著『スティーブ・ジョブズⅠ・Ⅱ』井口耕二訳、講談社、2011年］

「洗濯機ひとつ決めるのに、これだけの神経を使うとは」とグリーンフィールドは苦笑交じりに記している。個人と他人の境目が曖昧な完璧主義の例として、ジョブズはうってつけだ。彼の頭のなかで、その区別はないのだ。彼がちょっとしたミスをするたびに自分を厳しく責めるなら、他者がそれと同じ苦しみから逃れられるわけがない。

とはいえ完璧主義者が、みんなジョブズのような態度を示すわけではない。わたしの場合、インポスター症候群のように、たいていは内に向かい、自分の欠点が人目にさらされるのを気に病んでしまう。いっぽう、デミ・ロヴァートの完璧主義は、たいていは外から来るもので、常にプレッシャーを感じている。ようするに、わたしたちは見事なほど複雑な生き物であり、それぞれが抱える状況も多種多様なのだ。そのため、完璧主義者のタイプは無限に存在する。ポールは言った。「通常、ひとつの側面だけが際立って見えるが、だからといってほかの側面と関連した思考や感情、ふるまいがないわけではない。じつのところ典型的な完璧主義者は、すべての側面のレベルが高いんだ」

完璧主義はどのタイプであろうと、自分は不完全だという決して消えない不安を出発点としている。

自己志向型、社会規定型、他者志向型の作用は複雑に絡みあっている。それが、ポールとゴードンが完璧主義をスペクトラムとして扱う理由でもある。「われわれが考える完璧主義の構造は、クモの糸みたいなものなんだ」ゴードンは説明する。「糸はすべて同じクモの巣の一部だ。だが、糸の伸び方は、完璧主義の構造によって人それぞれ異なる」

クモの糸がどのように伸びるかは、その人が完璧主義のスペクトラムのどの位置にいるかによる。たとえば、自己志向型のレベルの高い人がいれば、他者志向型と自己志向型のレベルが低い

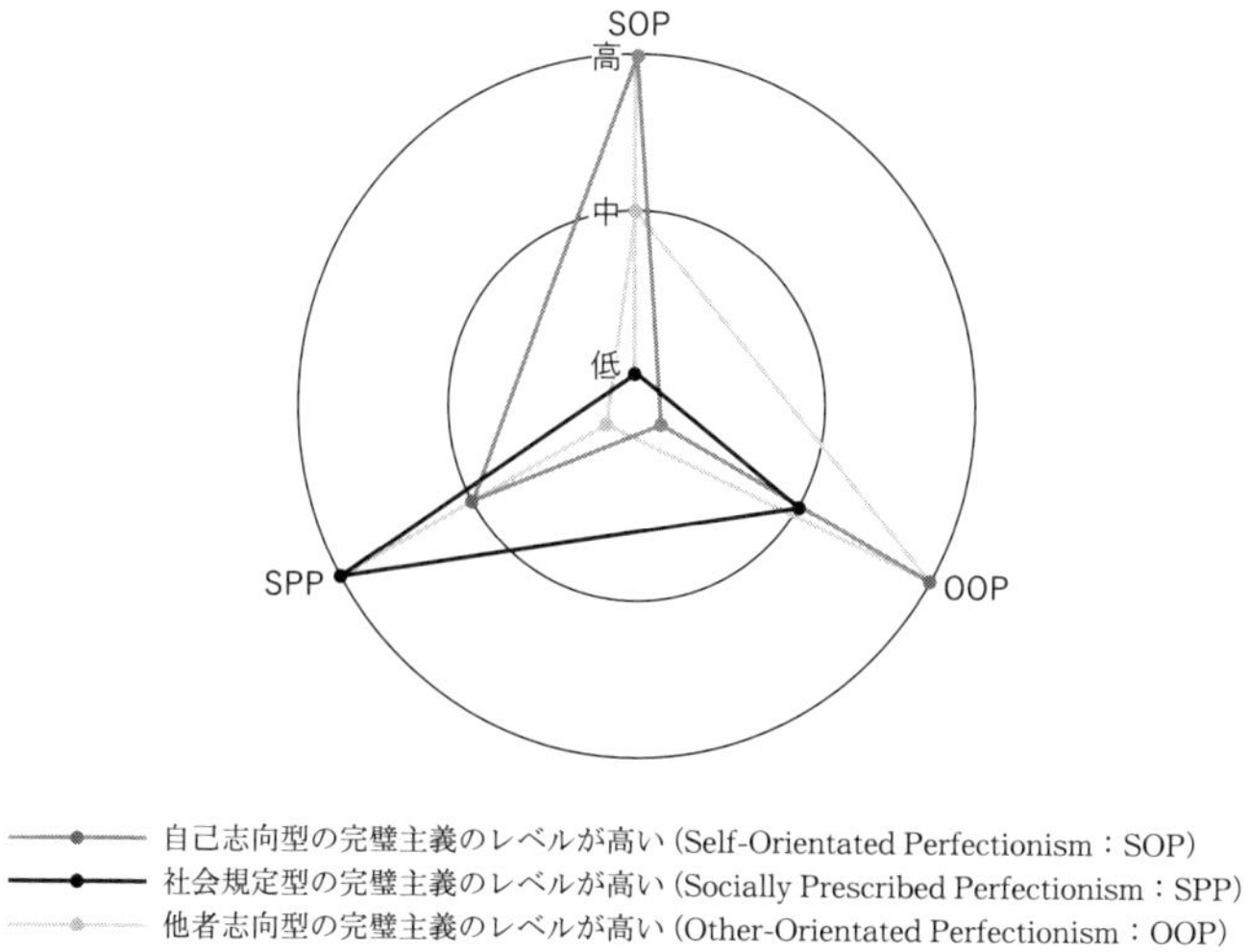

図2　自己志向型、社会規定型、他者志向型の完璧主義のスペクトラムのスコアにもとづいた図

人もいる。このクモの巣を図で表してみよう(図2参照)。

もちろん、自分の完璧主義の糸がどのように伸びているかを知るには、完璧主義を測定するツールが必要だ。そのため、ポールとゴードンは研究をスタートさせたとき、真っ先に完璧主義の尺度《スケール》を開発した。これは、すでにポールがつくっていた質問紙をもとにつくられた。その「多次元完全主義尺度」は筆記によるアンケートで、自己志向型、社会規定型、他者志向型に関する45の質問項目に答える形式になっている。回答者は、「まったくあてはまらない」から「かなりあてはまる」までの7段階のうちひとつを選ばなければならない。

ここで、ポールとゴードンによる尺度の簡略版を使って、あなたが各スペクトラムのどこに位置するか確かめてみよう。それぞれの質問に「まったくあてはまらない」「あてはまらない」「あまりあてはまらない」「どちらともいえない」「ややあてはまる」「あてはまる」「かなりあてはまる」のどれかで答えよう【10】(図3参照)。

ひとつのグループ、あるいはふたつのグループ、または3つすべてのグループで「あてはまる」や「かなりあてはまる」が多かったら、おそらくあなたはそれぞれの側面のレベルがかなり高いだろう。「あまりあてはまらない」から「ややあてはまる」のあいだが多ければ、たぶんスペクトラムの中間のどこかにいる。「あてはまらない」や「まったくあてはまらない」が多かったら、おめでとう。あなたが完璧主義者である可能性は低い。

このように完璧主義の性質には個人差があり、ひとつかふたつの側面のスコアが高いからといって、本書で述べていることがそっくりあてはまるわけではない。ポールとゴードンは、あらゆる完璧主義的な思考、感情、ふるまいを網羅して、この尺度を開発した。そのなかで、かなりあてはまるものもあれば、あまりあてはまらないものもある。完璧主義の何よりおもしろい点は、ひとりとしてまったく同じタイプはいないことだ。

ポールとゴードンは、この尺度を研究ツールとしても開発した。つまり、完璧主義のスペクトラムのどこに位置するかをピンポイントで特定できるのだ。このシンプルなツールを活用すれば、ふたりの研究室《ラボ》だけでなく、世界じゅうの研究室がほかの分野、たとえばメンタルヘルス、人間関係の質、学校や職場でどれだけ励んでいるか、といったことが見きわめられる。こうした尺度

自己志向型の完璧主義

1. ＿＿＿＿ わたしにとって重要な物事は、完璧にやらなければいけない。
2. ＿＿＿＿ 失敗したり、基準に達していなかったりすると自分を責めてしまう。
3. ＿＿＿＿ いつも非常に高い基準を自分に課している。
4. ＿＿＿＿ 自分が完璧に見えなかったり、物事を完璧にできなかったりすると、強い罪悪感と羞恥心を感じる。
5. ＿＿＿＿ 完璧をめざして努力する。

社会規定型の完璧主義

1. ＿＿＿＿ 他者は、わたしが失敗したり基準に達していなかったりするとすぐに非難しようと待ちかまえている。
2. ＿＿＿＿ わたし以外の人はみんな完璧で、わたしも同じように完璧でなければ彼らから批判される。
3. ＿＿＿＿ わたしの身近な人たちは、わたしが完璧でないと受け入れてくれない。
4. ＿＿＿＿ わたしが物事を完璧にしないと、他者から怒られる。
5. ＿＿＿＿ わたしが完璧であることを、みんなが求めている。

他者志向型の完璧主義

1. ＿＿＿＿ 他者の成果が基準に達していないと我慢できない。
2. ＿＿＿＿ 他者が全力を尽くしていないときは、それを指摘する。
3. ＿＿＿＿ 誰もが、自分にとって重要な物事は完璧にやるべきだ。
4. ＿＿＿＿ 身近な人が失敗したり期待に応えなかったりしたときは批判すべきだ。
5. ＿＿＿＿ わたしは、基準の低い人たちに囲まれていたくない。

図3　それぞれの質問に「まったくあてはまらない」「あてはまらない」「あまりあてはまらない」「どちらともいえない」「ややあてはまる」「あてはまる」「かなりあてはまる」のどれかで答えよう

を活用した調査がこれまで長年にわたって行われており、抽象概念や論文、メタ分析などの知見がどっさりある。そのおかげで、次のような切迫した問いに対して、目をみはるような答えが明らかになっている。完璧主義は、メンタルヘルスにどのような影響をおよぼすのか？　成功するためには、完璧主義は不可欠なのか？　完璧主義はどこからもたらされるのか？　それでは、さっそくそれらの研究が明らかにしたものを見てみよう。

第2部

完璧主義は、わたしたちにどのような影響をおよぼすのか

第3章　わたしたちを殺さない試練
あるいは完璧主義が心に深刻なダメージをあたえる理由

「午前中はずっと、この上ない満足感に浸りながら書いていた。でも変な話だ。自分の書いたものに満足するわけなどないし、6週間、ことによると数日でそれを嫌うことをいつも知っているからだ」

ヴァージニア・ウルフ【1】

ポールとゴードンの話に聞き入っていたわたしは、2杯目のビールのグラスを傾けながら思いを巡らせた。そして、ある問いが生じた。わたしたちが完璧主義から受ける影響とは、具体的にどのようなものなのか？　というのも、完璧主義の罠にとらわれる多くの人間のひとりが、ほかならぬわたしだったからだ。なぜ、ふたりは完璧主義をこれほど深刻にとらえているのか。なぜ、ふたりの教えに目を開かれながらも、この会話が不穏な方向に向かうことを確信してしまうのか。それを知りたかった。

わたしは、ふたりに訊いた。「完璧主義には、どんな問題があるとお考えですか？」精神的苦痛の下には完璧主義が潜んでいる――それがふたりの持論だった。ポールが言った。「今、どうしてこれほどたくさんの若い人が苦しんでいるのか知りたければ、完璧主義に目を向ける必要がある」

あとで気づくことになるが、まったく彼の言うとおりだった。ポールとゴードンが完璧主義を測定する尺度を開発したことがきっかけで、多くの研究者はうつ病や不安症、過食症、自殺などが完璧主義に起因するものかどうか調べはじめたという。「この尺度ができたことで、完璧主義を体系的に研究できるようになったんだ」とゴードンは言った。「そうした研究によって気が滅入るような実態が見えてきた。悲しいことにね」

ゴードンの言う研究とは、ほとんどが相関研究のことだ。相関研究を行う場合、研究者は多次元完全主義尺度のほかに、不安症やうつ病などの判定結果を使用する。ポールとゴードンの説が正しいと仮定して説明しよう。この場合、不安感が非常に大きい人は完璧主義のレベルが高くなり、逆に小さい人だと完璧主義のレベルは中程度で、不安感がほとんどない人は完璧主義のレベルも低くなる。このような形を正の相関関係という。ようするに、完璧主義の尺度によるスコアが高いと、不安のスコアも高くなるのだ。

いうまでもないが、相関関係イコール因果関係ではない。それでも、ふたつのデータが同じような変化の形を示していれば、そこには何かしら意味がある。「われわれのラボだけでなく、世界じゅうのラボで同じ発見が繰り返されている。精神的・感情的な苦痛、ネガティブな思考パターン、自分の体型への不満などが、完璧主義と正の相関関係にあることをね。きわめて強い相関が見られることもある」とポールが言った。

ふたりが特定した完璧主義のなかでも、自己志向型はいちばん複雑だ。研究結果を見ると表面的には害がなく、自己肯定感やポジティブな感情を高めることを示唆している。ところが、本人が抱える苦痛はそれと矛盾する。彼らは自分の価値を成功と結びつけ、たとえ成功しても満足感が続かないために苦しむという。この心理は、前の章で取りあげたヴィクトリア・ペンドルトンと同じものだ。[2]

何百という研究が、自己志向型の完璧主義と、自己肯定感や幸福感などのポジティブな要素との相関関係を示している。ところが、うつ病や不安感、絶望感、体型の悩み、拒食症などのネガティブな要素との相関関係も同様に見られる。[3] 自殺念慮の一因になるという憂慮すべきエビデンスまであるものの、それ自体の効果量《エフェクトサイズ》はかなり小さい。つまり関連がないとは言いきれないけれど、ほかの要素のほうがもっと重要なのだ。[4] 自己志向型の完璧主義がもたらす悪影響は、近年のメタ分析ではっきり裏づけられている。不安症と正の相関があり、うつ病の増加が予測されることがはっきりしているのだ。このような影響は、一度の研究だけではわからないこともある[5]ため、こうした分析結果は重要だ。

いっぽう他者志向型の完璧主義は、おもしろいことにそのほとんどが対人関係という文脈で研究されている。しかし、この場合にも、やはり懸念すべきさまざまな問題が発見されている。他者志向型の場合、極度の執念深さや称賛への過剰な欲求、他者への敵対心と関連しており、利他の精神の低さやコンプライアンスの意識の低さ、信頼性の低さなどとも関連性があることが多くの研究で示されている。[6][7][8][9] 他者志向型は、親しい人との関係にも悪影響がおよびやすい。これは性生活の問題につながる。パートナー間の衝突が多いほど、性的な満足度は低くなるという。[10][11]

このように自己志向型と他者志向型の研究成果からは、厳しい実態が浮かびあがってくる。だが、ポールとゴードンが何より懸念しているのはこのふたつのタイプではなく、社会規定型だ。社会規定型のレベルが高い人の質問紙の回答によく見られるのは、強い孤独感、将来への不安、他者への承認欲求、人間関係の質の低さ、頭のなかであれこれ反芻したり気に病んだりしがちな傾向、他者に自分の欠点を知られることの恐れ、自傷行動、肉体的な不健康、生活の満足度の低さ、常に自己肯定感が低い、といったものだ。[12] また、精神的な苦痛も抱えやすい。相関研究では、強い絶望感や拒食症、うつ病、不安症の傾向がよく見られる。そして自己志向型と同様に、自殺念慮と相関している。だが、社会規定型のほうは、相関の程度がかなり強い[13]。

自殺行動を研究している心理学者ローリー・オコナーは、自殺が社会規定型の完璧主義と関連しているという説を唱えている。「自分に基準を課すことは、必ずしも危険とはかぎりません。むしろ危険なのは、他者から期待されている、という思い込みです」とオコナーは『サイコロジスト』誌で語っている。「他者の期待に応えられなかったと考える場合、それが自己批判的な反芻として内在化する可能性があります。失敗を責めて絶望する自己批判的なサイクルにはまり込む人もいるでしょう[14]」しかるべき介入がないと、このサイクルは悲劇的な形で終わる可能性があるとオコナーは考える。

問題はそれだけではない。社会規定型と自己志向型が結びつくことで、複合的な悪影響が生じる。ゴードンの説明はこうだ。「うつ病でも、不安症でも、自己肯定感の低下でも、反芻思考でも、体型の悩みでも――どんな結果でも、高レベルの社会規定型と高レベルの自己志向型が組み合わさると非常に危険で、影響が桁違いに大きくなってしまうんだ」こうした複合的な悪影響は、無数の研究によって裏づけられている。つまり、社会規定型の完璧主義による精神的苦痛が、自己志向型の完璧主義によってさらに増大するのだ[15]。

完璧主義は、強迫的な欲求や執着心の原因である以上に、もっと一般的な心の苦しみの原因になっていると思われる。いいかえれば、完璧主義者はもとより精神的な弱さを抱えており、それが増大しやすいのだ。そして、心に潜むその弱さというレンズを通して物事を見ている。それが、あらゆるメンタルヘルスの問題を招いてしまう。だからこそポールとゴードンは深く憂慮しているのだ。ふたりは、不安症や体型への不満、気分の落ち込みなどは、完璧主義がおよぼす心の苦しみが引き起こしていると確信している。こうした症状は、今や不吉なほど増えているようだ。

それがわかったところで、大きな驚きはないだろう。結局のところ、そこに苦しさがなければ、自分の欠点は完璧主義だ、などという言葉は出ないだろうから。だが、完璧主義がもたらす苦しみがどれほどのものか、わたしたちは本当にわかっているのだろうか？　そもそも、なぜその苦しみはそんなにも大きいのか？　完璧主義があらゆるメンタルヘルスの問題と相関していることは明らかだが、その理由を深く掘り下げるにはまだ早い。その前に、いくつかの神話を破壊する必要がある。まずは、現代文化のきわめてうさんくさい格言を片づけよう。

われわれを殺さない試練が、われわれを強くする。このフリードリヒ・ニーチェの言葉は、近年、ひとつの格言として定着している。あなたも学校の廊下、体育館の更衣室、大学の図書館の壁の落書きや、マグカップ、Tシャツ、車のバンパーのステッカーなどでよく見かけるはずだ。ポップスターのケリー・クラークソンは、このフレーズを大ヒット曲『ストロンガー』のサビの部分で使っている。この歌のテーマは、辛いことがあっても自分の力を取り戻して立ち直る、というものだ。フロイトも言っているように、生きているかぎり苦しみは避けられない。ところが最近は、苦しみには人生を変える魔法のような力がある、という意味合いで、このニーチェの言葉が使われている。

そして社会もやはり、藁《わら》にもすがる思いで、この魔法の力を信じたがっている。わたしたちは、自力でやり遂げる、という幻想のなかに投げ込まれ、成功したければ苦労や競争に耐えるべきだ、苦しみを受け入れるべきだと教えられる。書店に行って自己啓発書のコーナーをながめれば、「ポジティブ・シンキング」や「回復力《レジリエンス》」が身につくと謳う本がいくらでも見つかる。ライフコーチのソーシャルメディアも、同じようなメッセージでいっぱいだ。「日々、努力を惜しむな」「苦難を乗り越えろ」「楽して得るものなし」

そのどれもが、おまえは常に成長しなければいけない、いつでもポジティブでいろ、逆境を生き抜け、という現代の社会的通念を表している。不運に見舞われても負けてはいけない。転んでも立ちあがれ、次はいい結果が出るように努力を続けろ。苦しみのごく一般的な形——不安や混乱、気疲れ、悲嘆、辛い出来事による憎しみや悲しみは、弱さや怠惰、やる気のなさと同義語のように扱われている。人間は強くあるべきだ、妥協してはいけない、何も恐れるな。スーパーヒーローか、意気地なしか、その2択しかないかのようだ。

苦しみに対してこのような見方があるからこそ、社会は完璧主義と精神的苦痛が相関していることに対して呑気に構えているのだと思う。完璧主義には苦しみがつきものだと思われている。なぜなら苦しみとは破壊的なものではなく、充実した人生を過ごすための秘訣だという思い込みがあるからだ。つまり、われわれを殺さない試練が、われわれを強くするのだ。

ポールとゴードンは、わたしたちが考えているような、ケープを羽織った十字軍などではない。そして、わたしもふたりの意見に賛成だ。完璧主義は、わたしたちが考えているような、ケープを羽織った十字軍などではない。みずからを犠牲にする不屈の精神などではない。これは、みずからにハンディキャップを負わせる常軌を逸した状態だ。それが、ニーチェの格言が必然的に行き着くところだ。誰も語りたがらないけれど、それこそが引きこもりがちで苦しみにさいなまれ、不眠症だったニーチェ自身が経験したものだ。

では、完璧主義がわたしたちの人生をどれだけ支配しているか、実際に見てみよう。何か問題に直面したときに、それがどれほど深刻な結果を招くかを。わたしが完璧主義に打ち負かされたときの話をぜひ聞いてほしい。

わたしが以前につき合っていた女性はエミリーといい、みんなからはエムと呼ばれていた。でも、わたしは違った。たぶん、高校時代の初デートのとき以外、彼女を名前で呼んだことは一度もなかったと思う。一緒に暮らした数年のあいだ、わたしは彼女を「ハニー」と呼んでいた。わたしが突然「エム」、または「エミリー」などと呼びでもしたら、彼女はきっと何かとんでもなく困ったことが起きたと思ったことだろう。

そして、わたしがひどくうろたえて「エミリー」とメールを打ったときが、まさにそれだった。

「どういうことなのか説明してほしい」

「6時半には家に帰れると思う」と彼女は返信してきた。「そのときに何もかも話すから」

ところが6時半になっても、エミリーは帰ってこなかった。そのため、わたしは新鮮な空気でも吸おうとアパートメントの中庭に出た。そのときのくすんだ陽光も、芝生に伸びる長い影もはっきり憶えている。暑い夏の夕暮れどきの独特の匂いも。ご近所さんたちは夕食の支度の真っ最中で、わたしもそうする時間だったけれど、何も考える気になれず、ましてや料理なんてとてもする気になれなかった。

ふいに、エミリーの車が視界に飛び込んできた。車は左折してゲートを抜け、スロープを下ってアパートメントの地下の駐車場に消えた。わたしは建物に戻り、階段を上がって部屋に入り、そこで彼女を待った。

エミリーは、すぐには車から降りなかった。いつもより長くそこにとどまっていた。彼女には厄介な問題が起きていることがわかっていた。なぜなら、ある晩、彼女の携帯電話にわたしの知らない番号から着信があり、画面にメッセージが表れたのをわたしが見てしまったからだ。それはいかにも恋人に送るような文句だった。エミリーは、悪ふざけの多い同僚のただのジョークだと言った。わたしはその言葉を信じた。彼女を愛していたからだ。ところが、そのあとすぐ、今度はもっとあからさまなメッセージが届いた。その時点で、ちゃんとした説明が必要だと彼女は気づいたはずだ。

エミリーが鍵を回す音がして、ドアが勢いよく開いた。彼女はコートや鍵を掛けながら、少しのあいだ廊下をうろうろしていた。廊下を歩いてわたしのいる居間に来たとき、わたしは彼女が荒く息をしていることに気づいた。

エミリーは、ソファに浅く腰かけているわたしの前にひざまずいた。彼女が首をうなだれて深く息を吸い込むと、わたしも同じように息を吸い込んだ。これから聞く言葉がそれほど辛いものではありませんように、立ち直れなくなるようなものではありませんように、と願いながら。エミリーは、例のメッセージについて説明しはじめた。夜、飲みに出かけたときに知り合った男性が送ってきたのだという。

「わたしたち、一緒にお酒を飲んで、話をして――」

途中で声を詰まらせたエミリーは、そこで口をつぐんだ。その沈黙が、次にどんな言葉が来るかを告げていた。わたしは目を逸《そ》らし、手のひらににじんだ汗を拭いた。悪い予感で、手のひらは薄紫に染まっていた。

「いろいろあって、そのあと彼の家に行ったの」エミリーは、言葉を絞りだすようにして続けた。

それから気持ちを落ち着けようとして、一旦間を置いた。わたしは次の言葉を待った。エミリーは、わたしにとどめを刺すような告白はやめたのかもしれないと思いながら。彼女がそうしたがっているのはわかったけれど、わたしは最後まで続けるように迫った。

「わたしたち寝たの、トム。ごめんなさい」

解放感がエミリーに勇気をあたえたようだった。彼女は話を続けた。そして、わたしたちがしばらく遠距離恋愛を続けていた頃、何人かの男性と深い関係を持ったことを打ち明けた。これまでずっとうしろめたさに苦しんでいたらしい。エミリーは、思い出せるかぎりのことを話そうとしていた。

そうすることが正しくてフェアだと思ったのだろう。その時点で、わたしは自分には聞く権利があることなどすっかり忘れていたし、教えてくれなんて言わなければよかったと深く後悔していた。あのとき、心が折れそうな瞬間に、わたしたちは若い頃の最も大きな苦しみを味わっていたと思う。受け入れがたい真実、不名誉、恐れ、胸が張り裂けるような苦しみを。

エミリーは最後の告白の途中で、予想外のことをした。話の途中で口をつぐみ、わたしに手を差し伸べてきたのだ。

わたしは、その手をとらなかった。だが、本当はそうしたかった。わたしたちは若かった。ただ間違いを犯しただけだった。

すべてを打ち明けたのち、エミリーは胸の鼓動を抑えようと深呼吸した。そのあと、どうなったかは漠然としている。思い出せるのは深い悲しみと、身じろぎもせずに座っている自分、そして目の前にひざまずいたエミリーが息を殺し、絶望的な表情でわたしを見ていたことだけだ。

完璧主義者に潜む弱さは、何か問題にぶつかると必ず表面に顔を出す。その状況にさらされればさらされるほど、完璧主義がもたらすダメージも増大する。そして、そのダメージから抜けだせなくなり、自分のもろさや弱さ、欠点ばかりに目がいってしまう。そうしたものに心を占領されれ、精神的な余裕は一切なくなり、次に訪れる物事に対処できなくなってしまう。わたしは若くて未熟な時期に、このような胸の張り裂けるほどの試練を経験した。とはいえ、それは人間なら誰でも経験する苦しみであり、山あり谷ありの人生にそうした苦しみはつきものだ。ところが、あるとき突然、何の予告もなくそうした出来事が起きると、完璧主義者は必ずといっていいほど、自分のまわりの何もかもが崩れ落ちるような感覚に陥ってしまうのだ。

エミリーの告白を聞いた翌朝、わたしはシャワーを浴びて、冷たい水に全身をさらした。疲れた顔にひんやりとした水しぶきを受けると、ほんのつかの間、息を吹き返したような心地になった。前の晩は一睡もできなかった。一晩中、恐ろしい想像で自分を痛めつけ、エミリーを失うことを嘆き、自分を責めていた。たぶん、それまでの人生で最も絶望し、最も打ちひしがれて見えたはずだ。それでも、わたしはバスルームから出て身体を拭き、服を着て職場に向かった。

そして、いつもと同じようにデスクについた。何ごともなかったように打ち合わせに出席し、電子メールに返信し、同僚たちとおしゃべりをした。だが、心のなかでは恨みと悲しみが吹き荒れていた。わたしは、エミリーに隠しごとなど一切したことはない。それなのに彼女は、最も残酷なやり方でわたしを裏切ったのだ。彼女の告白は、自分のあらゆる欠点に目を向けさせた。もはや、それを嫌悪するだけの理由は十分にあった。わたしは、自分を責めた。どうしてこんなことになるんだ。外見に魅力がないのか。それとも体型が貧弱だからか。男としての魅力が足りないのか。自分があまりに情けなかった。自尊心は、ぼろぼろだった。

このように、完璧主義はストレスを増幅する。自分の欠点に敏感になり、入念につくりあげた完璧な仮面を必死で取り戻そうとする。完璧主義者はストレスフルな状況に出くわすと、自分が他者からどう見えるかが気になりだす。自分がどう評価されるか、あれこれ考えてしまう。また、自分がこうあるべきと考える理想的な人間ではないことがひどく気になってしまう。研究者が実験を行う場合は、必ず被験者をストレスフルな状況にさらす。たとえば人前でスピーチをしたり、競争で負けたり、といった状況をつくるのだ。そうした実験の場合、動揺や罪悪感、羞恥心《しゅうちしん》のレベルがどれも非常に高いのは、決まって完璧主義のスコアも高い被験者だという。[16]

ところが、苦しんでいるにもかかわらず、完璧主義者は驚くほど涼しい顔をしていられる。どんなに深刻なストレスに直面していようと、どんなに辛辣な自己批判にとらわれていようと、ずっと何食わぬ顔で完璧な姿を装っていられるのだ。研究によれば、完璧主義のレベルの高い人は、挫折を経験しても屈せずに努力しつづける傾向にあり、とりわけ仕事に極端にのめり込む様子を見せるという。[17] 彼らは自分が頑張りつづけないと、あるいは少なくとも頑張っているように見えないと、周囲から拒絶されたり非難されたりするのではないか、と恐れているのだ。

エミリーとのことがあってから、わたしは苦しんでいたものの、どうにか平静さを保っていた。それは、正反対のこと、つまり自分の弱さをさらけ出して、傷を癒す時間を自分にあたえたときのまわりの反応を思うと恐ろしかったからだ。わたしは、エミリーとのことを誰にも言わなかった。悲しみを押し殺し、不名誉な思いも周囲に隠していた。誰にも秘密を打ち明けず、誰にも助けを求めなかった。研究によると、完璧主義のレベルの高い人は、ストレスや苦悩をほとんど表に出さず、精神科医の診察を受けたり治療を受けたりすることもめったにないという[18]。彼らは自分の問題をできるだけ深く心の奥にしまい込んで、問題など何もなかったかのようにふるまう。そして平静でいるための手段として、いっそう完璧主義にのめり込む。

しかし、これは逆効果だ。苦しみに逆らえば、かえってストレスを長びかせ、あらゆる生活の場に悪影響がおよぶという救いのない沼にはまってしまう。苦しみに逆らう目的は、他者に見せたい完璧なイメージを維持することにある。ところが、それには代償をともなう。心に傷を抱えながら完璧な人物像を維持するのは、もはや苦行でしかないからだ。

その結果、さらに疲弊して燃え尽きてしまう。そして人生は、ただ完璧な人物像を維持するための闘いでしかなくなる。恐れをくすぶらせながら、顔に笑顔を貼りつけて元気なふりをしても、そうした偽りの姿はもろくて、いつかは壊れる磁器のようなものでしかない。ストレス、逆境、失敗は何度も訪れ、審判は永遠に終わらない。彼らは、そこから抜けだせない自分を責める。そして、ある日、張りつめた糸が切れるように、自分のなかで何かがはじける。そして、それまで堰《せ》き止めていた不安が、どっとあふれ出す。

初めてパニック発作に襲われたときのことは、決して忘れられない。それはエミリーと別れて3カ月か4カ月ほど過ぎた頃だった。彼女と別れた理由は、誰にも話していなかった。あくまでもふたりの問題だったからだ。そのとき、わたしはオフィスにいた。午後、いつものようにパソコンの前に座り、3杯目のコーヒーを飲んで眠気を払いながら、徹夜で取り組んだ仕事の続きをしていた。

視界のなかに、どこからともなく白い閃光が現れた。はじめは目に小さなゴミが入ったときのように、隅にぼんやりと見えていただけだったけれど、ゆっくりと真ん中に移動して視界全体を覆い、焦点が合わなくなった。理由はわからなかった。今でもわからない。ただ聞いた話では、そうした閃光は極度のストレスから来る一般的な症状で、身体が不安に対処しようとして、さらなる不安をつくりだすためらしい。

とにかく、そんなことは一度も経験したことがなかったので、わたしはパニックに陥った。息ができなくなった。両手が震えはじめた。胸の鼓動が速くなってきた。わたしはデスクを離れてキッチンに飛び込み、少し水を飲んだ。だが、何の効き目もなかった。休憩室に行き、ソファに横たわった。心配してついてきた同僚たちが戸惑いながら見守るなか、わたしは数秒ほど目を閉じて、指で脈を確かめ、何度か深呼吸した。

そこから出たほうがいいのはわかっていたけれど、まわりから注目されるようなことはしたくなかった。

心臓の鼓動は収まらなかった。さらに深呼吸を繰り返して、どうにか鎮めようとした。ところが逆効果だった。まるで胸から飛びだすかと思うほど、さらに激しく鼓動しはじめた。あらゆる感覚が一緒になって震えているような気がした。重苦しい空気がさらに重苦しくなり、喉が詰まり、肌にぴりぴりとした痛みが走る。わたしは、あえぎはじめた。はじめは静かに、そして突然、何か恐ろしいものが憑依《ひょうい》したように、制御できないほど激しくあえいだ。

それがパニック発作の奇妙なところだ。抑えようとすると、かえってひどくなる。パニックがさらなるパニックを呼ぶのだ。不安が恐れに変わり、真っ暗な運命のただ中にいるような気がしてくる。混乱し、おびえながら自問する。どうしてこんなに胸の鼓動が激しいのか？　どうして止まらないのか？　自分は死にかけているのか？　考えても考えても、答えは見つからない。

一瞬、身体の緊張が緩んだ。

外に出るなら今だ、とわたしは思った。そして階段を駆け下り、心配する同僚たちが後ろについてきているのもかまわず通りに飛びだした。外気のなか、わたしは油っぽいコンクリートの上で屈み、両脚のあいだに頭を垂れて空気を吸い込んだ。まわりの何もかもが一瞬、消えたような気がした。そこにいるのは、パニックでぜいぜいと息をするわたしだけだった。

ついに意識を失うと思った瞬間、わたしは携帯電話を引っぱり出して救急サービスに電話した。親指が震え、通話ボタンの上で永遠に止まっているかに思えた。それから、よくはわからない何かの偶然によって、身体本来の感覚が戻ってきた。心臓の高鳴りは収まっていた。わたしは話せるようになった。

「心配要らないよ」わたしは見ている人たちに言った。「大丈夫だ」

大丈夫ではなかった。身体は震え、今にも崩れてしまいそうだった。あの恐ろしい時間のなかで、完璧主義は騒ぎ立てていた。辛いのは確かだけれど人生を変えるほどの試練ではない、と。エミリーとの出来事がもたらした絶望と不名誉は、危険なところまで増幅した。だが、そうした感情を抑えることでストレスが長びき、わたしの不安はあらゆる生活の場に広がるほど大きくなった。

その後、わたしは何度もパニック発作に見舞われた。今でも、ときどき発作がぶり返す。喉のこわばりや眩暈《めまい》、動悸、耳鳴りなど、あらゆる不可解な症状が生じ、それは絶望と不名誉のリマインダーとしていつまでも消えることはない。結局、わたしはうつ病を患っていた。そしてつかの間の平穏と、長びく無気力や緊張、強い倦怠感《けんたい》とのあいだを行ったり来たりした。ひどいときには倦怠感が強すぎてベッドから起きあがれず、校正やメールの返信などの単純な作業にも集中できなかった。

こうしたあらゆる症状を、わたしは自分の内面に棲《す》みついた敵だと考えた。男というものは辛い出来事から立ち直り、ストレスを克服できて当然だと思っていた。しかし、それは違った。パニック発作が手に負えなくなり、湧きあがる不安にも対処しきれなくなった。まさに絶望のどん底にいるような気持ちだった。もう二度と「正常」には戻れないかもしれない——そう思ったわたしは、心理カウンセラーに助けを求めた。カウンセラーの女性は、わたしが自己嫌悪や不名誉、悲嘆によって心に相当なダメージを受けていることや、わたしのなかの完璧主義がそうした感情を巧みに覆い隠し、増幅していることを教えてくれた。

このような気づきは、わたしのお気に入りの欠点に対するとらえ方を変えただけではない。わたしが今もここにいて、研究にたずさわり、本書を執筆し、完璧主義の危険性を広く知らしめる旅を続けているのは、その気づきのおかげなのだ。

わたしの知るかぎり、現実というものがなければ、わたしはまったくの無傷だっただろう。だが、問題はそこにある。人生は厳しく、時として残酷だ。この世界はテレビの画面に映しだされたり、空港の広告板に描かれたり、ソーシャルメディアに投稿されたりする画像のような夢の理想郷ではない。もっとめちゃくちゃで、人間を戸惑わせ、混乱させるようなものだ。金融システムはもとより不安定にできており、生活費はかさむいっぽうだ。不景気、自然災害、戦争、パンデミックはどこからともなくやって来る。人々は職を失い、わたしたちは誰かの心を傷つけ、誰かもわたしたちの心を傷つけ、大切な人はこの世を去る。それでも時間の矢は止まることなく、淡々と、速度を増して進みつづける。

挫折、いさかい、失敗、過ち、解雇、深い悲しみ、ドロップアウト――どれも人生にはつきものだ。わたしたちが計画する物事は、たいていはどこかしらで容赦ない抵抗に遭う。「まあ今回は仕方がない。でも次こそは」とわたしたちは自分に言い聞かせる。風向きや潮の満ち引きを変えることができないように、辛い現実も思いどおりにはならない。わたしたちは、これといった理由もなく、しばしば予想外の状況にとらわれて十字砲火を浴びる。それがわたしたちの宿命であり、その宿命をまぬがれる者は誰ひとりいない。

さらに完璧主義が、その宿命の十字砲火に、まるで冷たいコンクリートに熱いタールを塗るように不名誉を加える。この世界で起きる物事の多くは自分ではどうすることもできない。その事実を、わたしたち完璧主義者が受け入れることさえできたら、宿命を受容して、人生の軌跡を心穏やかに見ることができれば、どれほど健全だろうか。ところが、完璧主義者は自分に起きるあらゆる問題は自分に原因があると考えてしまう。そして挫折するたびに、それを自分が救いようのない欠陥品である証拠だと思い込む。

何か悪いことが起きても、完璧主義者はたいがい自分を慰めない。たとえば、多くの人が不利益を被る不公平な社会で生きているという事実を知っても、そこに慰めは見いださない。たとえ、何かに挑戦して失敗したり、物事に集中できなかったり、夜ぐっすり眠れなかったり、単にへまをやらかしたりすることが誰にでもあるという事実を知っても。誰かに嘘をつかれたり、無視されたり、騙されたりしても、セルフ・コンパッションは一切ない。そして心のもろさを隠し、完璧で、快活で、何があっても動揺しないポジティブな自分を装いつづけるために全力を尽くす。われわれを殺さない試練が、われわれを強くする、そう自分に言い聞かせながら。

そう考えれば、完璧主義者は最速のトレッドミルの上で走りつづけているようなものだ。息がとても苦しいのに、みんなが自分を見ているから、何としてでも足を動かしつづける。ふいに誰かが投げた布きれがベルトの上に落ち、それに足をとられてバランスを失う。よろめきながら立ちあがろうとするけれど、どうすることもできない――遠心力には勝てず、そこからはじき飛ばされてしまう。トレッドミルから放りだされたことがある人なら、その痛みがどれほどか知っているだろう。また、ベルトを止めずに乗ろうとするのが、どれだけ無謀かも。

ところが、完璧主義者はそうした敗北を受け入れたらまわりからどう見られるか、という恐れに心を占領されている。それが完璧主義者だ。だからこそ完璧への執着だけでなく、あらゆる心の病の症状を引き起こす危険因子になりうるのだ。

ニーチェの有名な格言に反して、完璧主義者は試練を経験するごとに強くなどならない。逆に弱くなっていく。治療せずに放置すれば、何度もダメージを受け、自尊心は蝕《むしば》まれ、無力感に陥っていくだろう。ひどい場合には、わたしのように絶望のどん底に落ちてしまう。完璧主義にこれほど深刻な害があることには、何の不思議もない。「完璧主義だからこそ人間には回復力《レジリエンス》がある、という仮説があるんだ」とポールは言う。「だが実際、完璧主義はレジリエンスとは相いれないものだよ――いわばアンチ・レジリエンスだ。完璧主義者は、ほんのささいなトラブルでも極端に不安になるし、まわりの目が異様に気になるし、心も折れやすい。専門的な助けを求めないかぎり、どうなるかは目に見えている。そうした心の弱さがとてつもない苦しみを生む。深く根を張っていつまでもなくならない苦しみだ」

第４章　わたしはやり遂げられないことをはじめた
あるいは完璧主義とパフォーマンスの奇妙な関係

「『完璧』は、人間の究極的な幻想です。世界には、簡単には存在しません（中略）あなたが完璧主義者だとすると、たとえ何をしようとも敗者であることは請け合いです」

デビッド・バーンズ【1】

［デビッド・Ｄ・バーンズ著『いやな気分よ、さようなら　コンパクト版　自分で学ぶ「抑うつ」克服法』野村総一郎／夏苅郁子／山岡功一／小池梨花訳、星和書店、２０１３年］

夜が深まるなか、ラファティーズのスピーカーからはありふれたテクノ音楽が流れて乾いたリズムを刻んでいた。ビールの酔いが回りはじめたわたしたちは、すっかり上機嫌だった。流行《はや》りの服に身を包んだ深夜の客がラファティーズになだれ込む前に、わたしは最後にひとつだけ、ある厄介な問題についてポールとゴードンの意見を聞きたかった。わたしたちのお気に入りの欠点の「お気に入り」という点についてだ。誰もが完璧主義を肯定的にとらえ、そのために限界を超えるほどの力を注いでいることについて、ふたりがどう考えているのか知りたかった。確かに完璧主義者は苦しんでいるかもしれない。だが、完璧をめざすからこそ、彼らは大きな成果を手にできるのではないだろうか？

成功とは、ありていに言えば報酬と実績をともに手に入れることであり、完璧主義の研究者のあいだでも何より争点となるところだ。そして今の時代、成功はおいそれと手に入らない。自分を犠牲にして苦しみに耐えながら努力を続けても、ほとんどの人はトップになれない。まさにゼロサムゲームであり、それが現代の経済システムの本質だ。わたしはポールに訊いた。「この社会で人よりも上をめざすなら、完璧主義もいくらか必要ではないでしょうか？」

当然ながら、ポールはこの質問に当惑しているようだった。これだけ話してもまだわからないのか、という顔をして。わたしはひるまずに続けた。「別の言い方をさせてください。完璧主義者を診察したあなたの貴重な経験と、あらゆるラボに蓄積されているデータが示しているのは、結局のところ完璧主義なしでは成功できない、ということではないでしょうか？」

これは議論の余地のある問題だが、ポールは曖昧な答えで結論を濁したりはしなかった。長年、彼は苦しんでいる完璧主義の患者に寄り添いつつも、客観的にそれを見てきた。いわば最前線にいる者として、完璧主義を肯定したり、それを採り入れたり、健全なものだと考えたりする理由が、ポールにはどうしても理解できないのだ。彼は言った。「確かに、よく聞くね。どこそこの業界で成功するには完璧主義は必要だ、というような発言を。『完璧をめざせば、すぐれた結果が出せる』そんな類いのことをね」

一旦口をつぐんでから、彼は続けた。「だが、まったく馬鹿げてる。この問題を放っておけば、きわめて有害な神話に免じて、そうした発言を許すことになる――成功するには完璧主義は欠かせない、という神話だよ」

ポールとゴードンによると、その神話が広まった責任はひとりの男にあるという。アメリカの心理学者、ドン・ハマチェクだ。1978年にハマチェクの論文が『サイコロジー』誌に掲載されたが、その論文は物議を醸し、いまだにポールやゴードンのような研究者たちに苦々しい思いをさせている。ハマチェクは、いったい何をしたのか？　じつは彼は、完璧主義を初めて健全なものと不健全なものに分けた研究者として脚光を浴びた人物だった。

ハマチェクの言う不健全な完璧主義とは、まさに本書で語っている完璧主義、つまり完璧なレベルのみに執着することだ。いっぽう健全な完璧主義は少し違う。ハマチェクの論文によると、それは「ベストを尽くして努力する」ことだという。つまり、熟練したアーティストや、わたしの祖父のように丹念な仕事をする労働者や職人が、彼の言う健全な完璧主義者だ。そうした人は、自己嫌悪に陥らずに高い目標を自分に課せる、しかも努力そのものに満足感を見いだせる、というのがハマチェクの持論だ。[2]

ハマチェクのこうした分け方に対し、ポールやゴードンをはじめとする完璧主義の研究者の多くが疑問を呈した。そのなかでもアメリカの心理学者トーマス・グリーンスポンは、とりわけ不快感をあらわにした。グリーンスポンは『健全と完璧主義は両立しえない（'Healthy Perfectionism' Is an Oxymoron!）』という論文を発表して、ハマチェクの言う健全な完璧主義は、完璧主義などではない、と説いた。そして「正確、適切、平均以上、そしていうまでもなく最高をめざすことかもしれないが、それは完璧主義などではない」と切り捨てた。[3]

矯正心理学者のアッシャー・パフトは、さらに踏み込んだ発言をした。1984年の『アメリカン・サイコロジスト』誌に掲載された論文で、完璧主義を説明するときには「健全」という言葉は使いたくない、と述べたのだ。パフトもポールやゴードンと同じく、完璧主義には精神疾患的な特徴があると考えた。そして「ある種の精神病理を説明するとき」以外は、完璧主義という言葉を安易に使わなかったという。[4]

「この種の異論は、今も完璧主義の論文のなかで盛んに叫ばれている」とゴードンが言った。「完璧主義者の欲動やあからさまな野心をプラスの要素だと考えるラボもあるが、わたしたちのように、そうではないと考えるラボもある」彼は続けた。「わたし個人は、グリーンスポンの意見に賛成だ。ハマチェクの言う健全な完璧主義なんて明らかにありえないね。手の届かないものをめざして努力するなんて、健全とは正反対の行為だよ。そんな努力をしても苦痛が蓄積するだけだ」

この論争をつきつめれば、見たところ論理的なふたつの仮説が浮かびあがる。だが、それらの仮説は、この分野で数十年にわたって決着がついていない。ひとつは、完璧主義が成功するための努力をうながす、というもの。もしこれが正しければ、もうひとつの仮説は必然的に、完璧主義が成功の可能性を増やす、となるはずだ。研究者は数十年にわたって、このふたつの説を両立させようと格闘してきた。そのなかで浮かびあがった複雑な実態を知ったら、あなたは目を丸くするかもしれない。

完璧主義が肯定的なものかどうかについては、長らく議論が続いている。だが、それについて語る前に、ある点についてはっきりさせておきたい。「ポジティブな」、あるいは「健全な」、または「正常な」完璧主義について語る場合、それは自己志向型の完璧主義のことだ。努力を惜しまず、エネルギッシュに取り組む野心的な特性は、このタイプだと考えられている。つまり、社会規定型や他者志向型の完璧主義とは違う。こうした特性がどの完璧主義のタイプにもあてはまると主張する研究者はいない。

多くの論文が、自己志向型の完璧主義とモチベーションとの関わりを伝えている。学校やスポーツ、職場などさまざまな場において、自己志向型の完璧主義はそれ自体が強いモチベーションとなり、労働倫理の強さと相関をなし、ごく日常的なタスクでも辛抱強く取り組む原動力となることが明らかになっている。[5][6] さらに、完璧主義が勤勉さの病的な形、つまり仕事中毒《ワーカホリズム》に向かわせることを示す強力なエビデンスもある。[7] 自己志向型とその厳しい基準についてはすでに述べたので、こうした発見を知っても驚きはないだろう。肝心な点は、それだけの労力がすばらしい成果につながるかどうかだ。

それに答えるため、学校での完璧主義を調べた研究を紹介しよう。わたしは完璧主義の研究をはじめた頃、完璧主義が中高生にあたえる影響について、かなり関心があった。ところが当時、完璧主義と中高生の学業成績との関係を報告する論文は、あまりなかった。そのため、近年いくつかの研究室がそうしたテーマ、つまり完璧主義がすぐれた成績につながるかどうかについて、本格的に調査をはじめたのを知って嬉しくなった。さらにごく最近、いくつかの研究グループが、その研究のメタ分析の論文を発表した。

そのひとつが、生徒をふたつの成績グループ――成績が上位の生徒と、下位の生徒――に分けた研究データを統合して分析したものだ。[8] もし上位の生徒が、下位の生徒より自己志向型の完璧主義のスコアが高ければ、理論的には自己志向型の完璧主義が成績を上げる要因だと考えられる。しかし14本の論文のデータを統合したところ、そのような因果関係は見られなかった。自己志向型の完璧主義のスコアと成績との関係を示すグラフのデータのばらつきを見ると、相関の度合いは約1パーセントだった。これは有意的にいえばごく小さな数値で、ある生徒の完璧主義のスコアから、その生徒が成績上位者になるかどうかを予測するのは不可能であることを示している。

では、別のメタ分析を見てみよう。これは学力をもとに独断的に生徒を分けたものではなく、完璧主義のスコアと学業評価、たとえば試験の点数や、成績平均値（GPA）などとの相関を調べた研究を統合したものだ。[9] 11本の論文が、自己志向型の完璧主義のスコアと学業評価が相関していることを伝え、すべてのデータを統合すると相関の度合いは約4パーセントだった。

さて、4パーセントというと何か意味があるようにも思える。このわずかな数字には、多少の意味はあるだろう。確かに九九を暗唱したり、重要な一節を憶えたりといった暗記学習ならじっくり取り組む必要があるため、自己志向型の完璧主義の傾向が強ければいくらか有利には違いない。しかし、そうしたわずかなメリットに対して、デメリットはあまりに大きい。心を病むリスクがあるからだ。

学業成績のエビデンスは一貫しないが、仕事の場合はどうだろうか？　高い能力が求められ、高いプレッシャーのある現代の職場において、完璧主義は能力を発揮するうえで明らかにメリットがある。近年、完璧主義と多様なパフォーマンス、たとえば生産性や産出量などの評価との相関関係を調べるメタ分析が行われている。[10] ただ、このデータには自己志向型だけでなくほかのタイプも含まれているため、読み解くのが少し難しい。それでも、結果は有益だった。10本の論文のデータを統合すると、自己志向型を含む完璧主義のスコアと仕事のパフォーマンスとの相関性は、まったくのゼロだった。この結果を見るかぎり、自己志向型の完璧主義と仕事の成功には、明らかに関連性がないと思われる。

これは当惑させられる結果だ。自己志向型の完璧主義者が徹夜もいとわず長時間労働に励み、瑣末《さまつ》な仕事にも全力を注ぐことを考えれば、すばらしい成果を手にして当然だ。ところが、実際は違う。メタ分析の結果は、成功のパラドックスをほのめかしている。つまり、完璧主義者が成功をめざして行うことが、逆に成功の機会をつぶしてしまうのだ。いいかえれば、完璧主義者はさんざん苦労してもたいして得るものはない、ということになる。この面食らうような事実をもっとよく理解してもらうため、カナダのパトリック・ゴドローの説を紹介しよう。

2018年のはじめ、わたしはパトリック・ゴドローの研究室で講演を行うべく、オタワにいた。パトリックはフランス系カナダ人の心理学者で、オタワ大学で完璧主義を研究している。たいていの教授よりもはるかに若く、わたしに言わせれば、かなりイケてる。いつもスタイリッシュな眼鏡をかけ、流行りのシャツとブレザーに身を包み、スニーカーを履いているが、それがすらりとした体型と日焼けした顔をこの上なく引き立てている。そして意見を言うときには、フランス系カナダ人特有のアクセントで堂々と主張する。

パトリックは自分のオフィスの前の廊下で、わたしを笑顔で迎えてくれた。そして、しばらく雑談をしたのち、講堂に案内してくれた。講演が終わって質疑応答の時間になると、パトリックが手を挙げた。彼は、完璧主義者が努力しても成功が続かない理由について、わたしがどう考えているか訊いてきた。わたしは答えた。「理由はたくさんありますが、主なものはメンタルヘルスの問題でしょうね。気分の落ち込み、うつ、不安などは、すぐれたパフォーマンスの妨げになります」

パトリックは椅子の背に身をもたせ、その答えについて考え込む様子を見せた。納得できないように見えたが、軽くうなずくと話題を変えた。

講演会が終わると、わたしはパトリックに夕食に誘われ、街なかのレストランに案内された。そこは名門料理学校ル・コルドン・ブルーのトレーニング・レストランだった。席に着くと、彼は質疑応答のときの話題を持ちだした。「じつは経済学者たちと話をしてるんですがね」とパトリックは言った。そして彼らとの会話から、完璧主義にも収穫逓減の法則があてはまるのではないか、という考えが浮かんだという。彼が頭に描いたのは、努力とパフォーマンスの逆Ｕ字型の関係だ。図４を見てほしい。

パトリックの考えでは、完璧主義者は肥料をあたえすぎた作物のようなものだという。最初のうち、作物は肥料をやるとたちまち化学物質を吸収して成長が進む。ところが、ある程度まで成長すると、肥料を追加してもあまり反応しなくなる。苗の頃には徐々に成長したのに、それと同じ量の肥料をやっても収穫の時期が近づくとほとんど成長しなくなるのだ。もっと成長させようと肥料を増やしても逆にそれが害になり、作物は弱ってしまう。成長を促進するどころか、正反

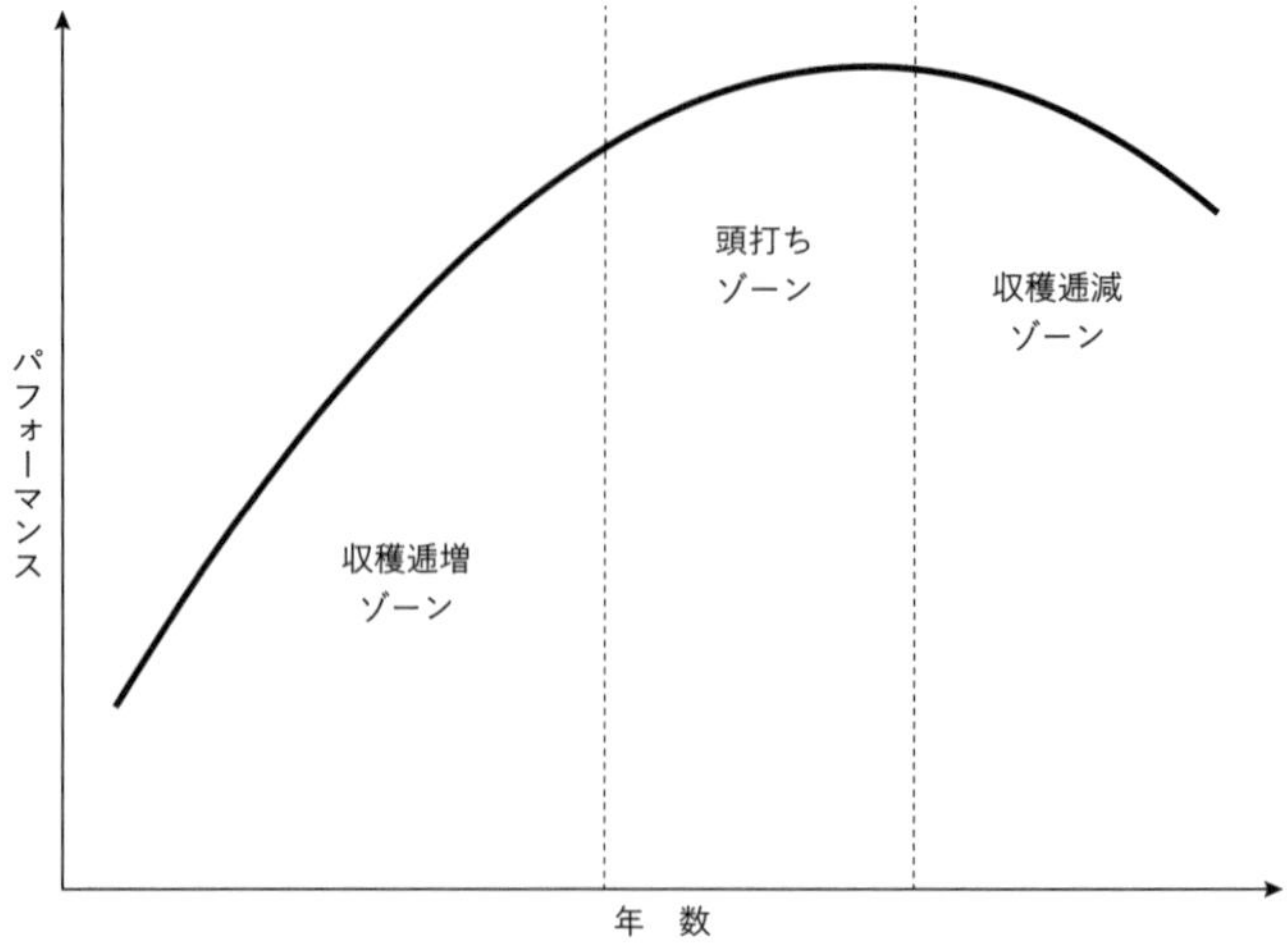

図４　パトリックの仮説による完璧主義と収穫逓減の関係を視覚化したグラフ
出典：ゴドロー（2019）【11】

対の効果を招いてしまうのだ。

　つまりパトリックが言いたいのは、人間の努力も作物のように限界がある、ということだ。永遠に上をめざそうとしても、いつかは必ず限界が訪れる。それを超えれば自分が壊れてしまう。努力してもパフォーマンスは向上せず、成果はゼロだ。その限界でやめず、さらに努力してもパフォーマンスが上がらないことに気づかなければ、収穫逓減ゾーンに入ってしまい、努力が裏目に出てしまう。完璧主義者はこのゾーンに入ってしまうことが多い。

　これは不条理な落とし穴だ。完璧主義者は過度の努力家だ。その努力が報われないにもかかわらず、やめることができない。いつまでも手を加えて繰り返す。必要以上に改良して修正しつづける――パトリックはそう説明しながら、見習いのシェフたちが協力しながらてきぱきと手を動かしているオープンキッチンに目をやった。わたしたちは、世界でも指折りの料理学校にいた。そこにいるシェフたちに求められる基準こそ、完璧だった。

パトリックが、こちらを振り向いて微笑んだ。確かに、彼らは完璧なものをめざしている。

「でも、コックだって完璧なホイップクリームをつくろうとしながら、泡立てすぎてバターにしてしまうかもしれません」

カナダの心理学者フーシャ・シロワは、このパトリックの説に賛同している。彼女は、完璧主義がパフォーマンスの妨げになるのは行き過ぎた努力のせいだけでなく、自己調整力が枯渇するからだと考えている。自己調整力は、精神的なエネルギーに少し似ている。エネルギーを補給するための行動、たとえば運動する、友人と楽しい時間を過ごす、ぐっすり眠る、といったことを犠牲にして根を詰めると、この力は枯渇する。それが燃え尽き症候群《バーンアウト》や疲労症候群、皮肉主義《シニシズム》、達成感の慢性的な低下につながる。研究では、完璧主義、とりわけ社会規定型は、バーンアウトと驚くほど関係性が強いという[12]。

完璧主義者が懸命に努力しても、非完璧主義者より成果を出せないのは、ひとつにはバーンアウトのためだ。彼らはろくに眠りもせず夜更けまで働き、休むべきときにも働き、友人と交流すべきときにも働く。それほど努力しても、その労力にふさわしい成果を手に入れることはほとんどない。そしてパトリックの言う頭打ちゾーンと収穫逓減のゾーンにはまり込んでしまう。そんな惨めな自分の姿に彼らは落胆し、さらに自信を失う。たとえ燃え尽きようとも自分に鞭打って努力を続ける彼らが、ろくに努力もせず十分に休息しながら自分と同じ目標を達成している他人の姿を見れば、さぞかし理解に苦しむことだろう。

夜が更けていくなか、パトリックとの議論のテーマは、健全な努力とはどのようなものか、というものに変わった。パトリックは、完璧《パーフェクト》ではなく優秀《エクセレンス》をめざすべきだと考えていた。「この場合、めざす基準はエクセレンスのみです」とパトリックは言う。「エクセレンスをめざす人は、エクセレンスに達した時点で目的を果たします[13]」

エクセレンス――ようするに、すぐれたレベルをめざす人は、完璧主義者と違って高い基準が満たされたときがわかる。そのとき彼らは、まだ不完全だという恐れを感じずに手放すことができるというのだ。

わたしは、このパトリックの説が気に入った。そこにはわたしの祖父のような、健全で真面目な努力家のイメージがある。すぐれたレベルをめざすことは、その昔ドン・ハマチェクが「健全な完璧主義」という誤った名前をつけたものとそっくりだ。

とはいえ、パトリックからエクセレンスの話を聞くにつれて、何かが違うという気もしてきた。何が違うのかはわからなかった。翌日、彼の話を思い返してみたが、やはりわからなかった。ところがロンドンに戻って、エイミーという臨床心理士の友人とコーヒーを飲んでいたとき、ようやく疑問が氷解した。

「パトリック・ゴドローは、パーフェクトじゃなくエクセレンスをめざすほうがメリットがあると考えてるんだ。彼の研究でもそれが証明されているらしい」とわたしはエイミーに言った。「これについてどう思う？」

「正しいという気もする」なにげなくサンドウィッチをかじると、エイミーは答えた。「でも、エクセレンスをめざすうちに、いつの間にか完璧主義に戻ってしまう危険はあるかも」

そっけない話しぶりから、彼女がパトリックの説には反対なのだとわかった。

「続けて」

「すぐれたレベルに達した時点で手放せるならいいの。かたくなに完璧にこだわるより、はるかに健全だから。でも、それが長期的な解決策になるかどうかはわからないな。すぐれたレベルだって十分にハードルは高いでしょう？　やっぱり自分を追い込んだり、プレッシャーを感じたりすると思う。何かをしていて、これじゃ全然だめだとか、こんなのは人並みだとか、そうした不安は必ずつきまとうはず」

「ようするにね」と彼女は続けた。「もしわたしが完璧主義者に、パーフェクトじゃなくてエクセレンスをめざしなさい、と言っても、それで仕事になるかどうかわからない、ってこと。患者を適当に納得させて帰すには都合のいい言葉かもしれないけど。でも本当にそれが解決策になるかどうかは疑問だな」

エイミーの意見を聞いて、頭のなかの霧が晴れてきた。パトリックの研究は、目標を少しだけ見直して、完璧ではなくすぐれたレベルをめざせば、メンタルヘルスの問題もなくパフォーマンスが向上することをはっきり示している。[14] 確かにそうだ。彼の説は筋が通っている。データも信頼できる。

しかし時間の経過とともに何が起きるかは、まだ議論の余地がある。それに、今は「決して満たされない」時代だ。常に買いたいものがあり、もっと金を稼がなければならない。積むべき経歴に終わりはなく、いつも新しい目標が現れる。すぐれたレベルをめざすとしても、そんな状況ならやはり前に進みつづけなければならないだろう。そして、何としても避けるべきはふたつの屈辱、つまり後退しているように見えることと、同じ場所にとどまっているように見えることだ。今の時代、このふたつは同じことかもしれない。

すぐれたレベルをめざし、そこに到達した時点で手放せるなら、明らかにそのほうが健全だ。ただ、〝すぐれた〟という言葉の定義は曖昧だし、ハードルが高いことに変わりはない。しかも、それを飛び越えるたびに新たに高いハードルが現れ、飛び越えるのがどんどん難しくなっていく。いいかえれば、すぐれたレベルをめざすにしても、失敗のジレンマはなくならない。そう考えたとき、完璧主義者の成功がどうして続かないのかがわかってきた。努力を続けても、これ以上は無理だというときがやって来る。そのとき完璧主義者は、敗北の痛みを何としても避けようとするからだ。

では、ここで完璧主義者の失敗に対する恐れに注目してみよう。それは彼らにとって、すばらしい成果につながる道路の全車線をふさぐ障害物といえるだろう。

人生に失敗はつきものだ。失敗がなければ、人生は確実に勝つワンラウンドの長期戦のようなものだ。そんな人生など誰も刺激を感じないはずだ。これを直感的に知っているのがスポーツのファンだ。贔屓《ひいき》のチームや選手が絶対に負けないのなら、わざわざ試合を観にいく人はほとんどいないだろう。

そう考えると、スポーツ競技は失敗を披露する劇場みたいなものだが、そのなかでも群を抜いておもしろいのが自転車競技かもしれない。たとえばツール・ド・フランスを思い浮かべてほしい。山岳ステージの最後には、いつも見ごたえのあるドラマが繰りひろげられる。テレビ中継のカメラは、苦しいレースを最後まで頑張り抜いた選手たちを映しだす。彼らはメイン集団から抜けだし、山頂のゴールめざしてラストスパートに入るところだ。脚はくたくたに疲れてこわばっている。軽やかでなめらかなペダルの回転はもはや見られない。みなテクニックを駆使する余裕などなく、肩は左右に大きく揺れ、ペダルを回す脚の動きは、まるで糖蜜のなかを漕《こ》いでいるかのように重い。

ところが、そうした集団のなかに必ずひとり、ほかの選手よりほんの少し余力のある選手がいる。呼吸は制御され、肩は岩のように揺るぎなく、脚はリズミカルによどみなくペダルを回している。頂上のゴールまであと１キロメートルというとき、彼はふいに自転車のギアを変える。そしてサドルから尻を浮かせ、最後の力を振りしぼってペダルを踏む。

すでにエネルギーを使い果たしたライバルたちは、焼けつくような脚の痛みに顔をしかめながら、これを見て苦悶する。だが果敢にも、ひとり前を走る選手の後ろにつこうとする。しかし脚は騙せても、心は騙せない。もうレースは終わったのだ。ゴールまで、あと100メートルだ。手はまめだらけ、ふくらはぎは乳酸がたまって痙攣《けいれん》を起こしている。ゴールインした勝者が大喝采を浴びている。残りの者たちはそれを諦めの境地で見やり、サドルに尻を下ろす。そして低くうなだれながら勝者の後を追うように、ひとり、またひとりとゴールインする。果敢な敗者たちの胸に苦い失望感が込み上げ、疲労感がさらに増す。

成功は、甘美で心地よいものだ。いっぽう失敗は、人間がどういうものかが、おもしろいほどあらわになる。完璧主義者が失敗するとどうなるかを、わたしたち研究者が見たい理由もそこにある。そのため、実験を行うときは到達不可能なゴール、つまり被験者が絶対に勝てない競争を設定する。そして被験者が負けたときに、どのような反応を見せるか確かめる。[15]

イギリスの心理学者アンドリュー・ヒルは、こうした実験を数多く行っている。最大の効果を得るため、彼はスポーツで味わう苦悶を再現する。そのひとつが自転車エルゴメーターを使って順位を競う実験だ。ヒルはボランティアを募り、4人ずつのグループに分けて、特定の時間までエルゴメーターを漕いでもらった。[16]そして、それぞれが何位であっても最下位だと教えた。つまり最悪の結果を出して失敗する状況をつくったのだ。

それから被験者たちに、どんな気持ちか訊いた。すると全員が、最初に研究室に入ったときと比べて強い罪悪感と羞恥心があると答えた。つまり、みなが苦い敗北感を味わっていた。そして罪悪感と羞恥心のレベルが特に高かったのは、自己志向型と社会規定型の完璧主義のスコアが高い選手だった。

完璧主義者がこうした挫折にきわめて弱い理由は、前の章で説明した。彼らの自尊心は、努力した結果に左右される。そのため、失敗すると必然的に周囲の目を極端に気にしてしまう。だが、それだけではない。彼らは心にも、またパフォーマンスにも大きな影響をおよぼす行動に出る。つまり、努力するのをやめてしまうのだ。

なぜなら、何もしなければ失敗もしないからだ。

ヒルは別の実験で、この奇妙なセルフ・ハンディキャッピングの心理を再現している。[17] これも自転車エルゴメーターを使った競争だったが、前述の実験とは違い、被験者が競ったのは自分自身だった。彼らは疑似体力テストを受けてから、決められた距離を特定のタイムで漕ぐように指示された。そのタイム自体には余裕があったので、楽に達成できるはずだった。彼らがその距離になるまで全速力で漕いだのち、ヒルは悪い知らせを告げた。つまりタイムをオーバーした、と伝えたのだ。

被験者たちの受難は、そこで終わらなかった。もう一度、この成功するはずのない挑戦をさせられたのだ。すると不思議なことが起きた。自己志向型の完璧主義のレベルが低い被験者は、二度目の挑戦も一度目と同じ労力で漕いだと述べた。また、どちらかといえば二度目のほうがわずかに力が入ったとも言った。いっぽう自己志向型のレベルが高い被験者は、その逆だった。もはや挑戦する気がなくなっていたのだ。一度目の走行で失敗したのち、彼らの意欲はすっかり失《う》せていた。この差分は、交互作用効果と呼ばれている。この二度にわたる挑戦の労力のスコアの平均値をグラフにしてみた（図5参照）。

この労力を差し控えるふるまいは、自己保存、つまり自分を守る手段で、完璧主義者にありがちだ。これまで述べたように、完璧主義の傾向が強い人は、高すぎる基準を達成しようとして過度に努力する。だが、問題はそこからだ。完璧主義者は達成するのが難しくなると恐れの気持ちが芽生え、また失敗するのではないかと考えて、それ以上の労力を注ぐ気が失せてしまう。そのため、負ける可能性が高くなると、自分の不完全さが他者に見えにくくなるように、挑戦するのをやめてしまう。

問題は、現実の生活がヒルの実験と同じではないことだ。たいていは、何も結果を出さずに自分のタスクを放棄することはできない。締切りは守らなければいけないし、上司は満足させなければならない。完璧主義者は、物事を完璧にやり遂げるには精神的にも肉体的にも多大な労苦をともなうことを知っている。わたしたちの脳は、それを考えるだけで痛みを感じる。しかし先ほどの実験の被験者とは違い、その痛みから逃れるためにタスクを放りだすわけにはいかないので、次の策を講じる。つまり、先送りにするのだ。

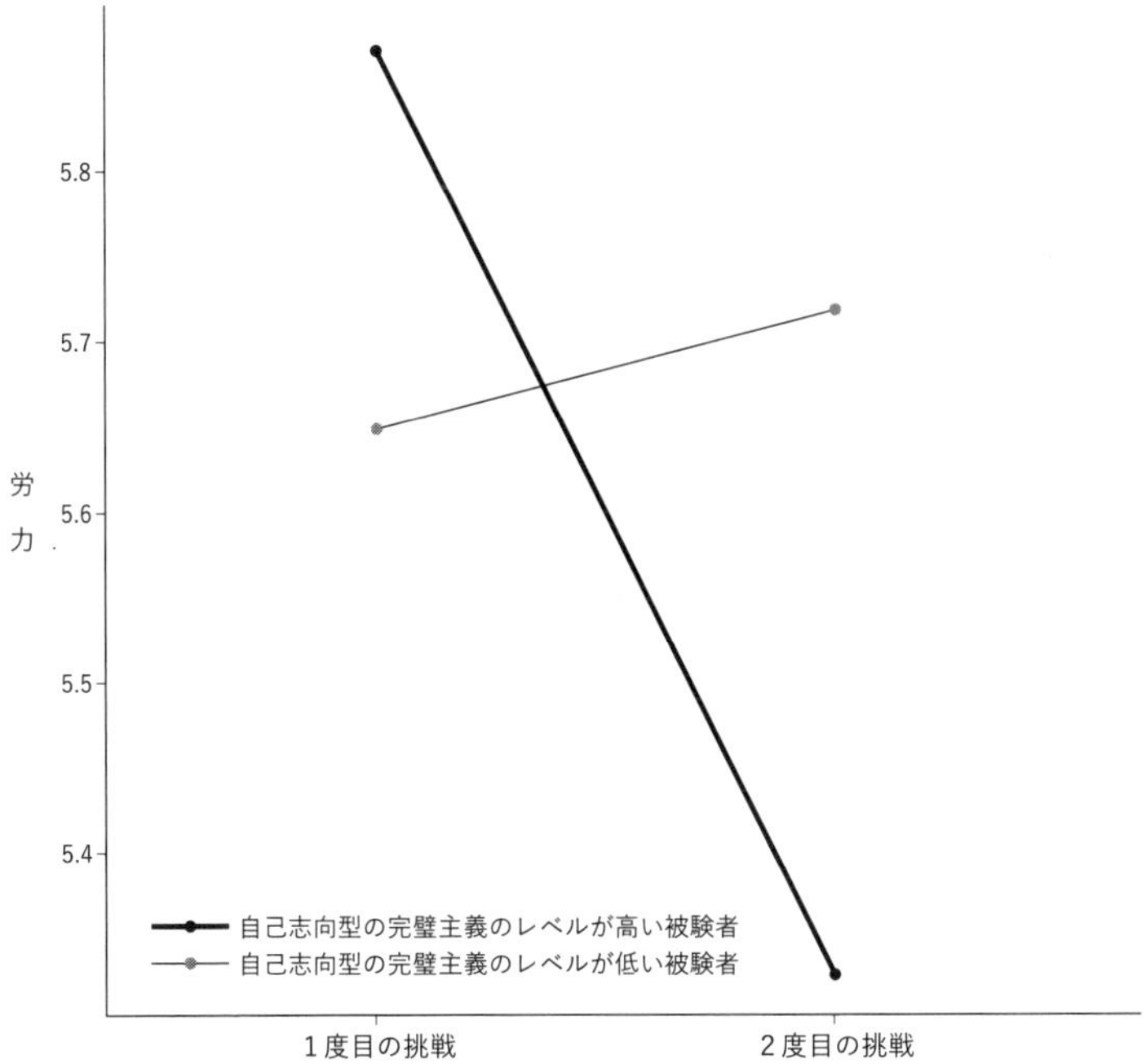

図５　労力のスコアと自己志向型の完璧主義のレベルの関係を表したグラフ
出典：ヒル他による実験（2010）

先送りは、タイムマネジメントの問題だと思われがちだ。だが、じつのところ、これは「不安マネジメント」の問題だ。先述したフーシャ・シロワは、この先送りの研究も行っている。彼女の調査によれば、完璧主義の傾向のある人が厄介なタスクをあたえられると、すぐに取り組もうとせず、ぐずぐずと先に延ばすのだという。たとえばソーシャルメディアをチェックしたり、ネットショッピングをしたり、ネットフリックスを一気見したり、ティックトックの最新のレシピ動画で見た料理をつくる、といったことをするのだ。それらはみな、やるべきことを避けるための行動だ。[18] だが、シロワは言う。そのあいだは脳のスイッチがオフになって気持ちが楽になるけれど、タスクは依然として残っている。たとえ必見もののドラマの5シーズン全部を見終えても。

先送りは状況を改善するどころか、完璧主義者の不安を増幅させてしまう。先送りをしているあいだもタスクはたまっていく。まだ書き終えていない本の原稿。未読の電子メール。手つかずのレポート。タスクが増えるごとに、それを終わらせるための労力も増えていく。それでもわたしたちは、あれこれ別のことに注意を向けながら、いつまでもぐずぐずしてしまう。クレームメールに返信せず、大きな課題になかなか着手せず、できの悪い作品はいつまでも提出しない。いいかえるなら、完璧主義者は、心理的な負担を被らずに苦労や困難、失敗に耐える手段として、先送りをしているのだ。だが時間が経《た》てば、結局はその負担を被ることになる。

努力するのをやめて放棄するにせよ、単に先送りをするにせよ、このセルフ・ハンディキャッピングが完璧主義者の成果を出せないもうひとつの理由だ。また、彼らは、働きすぎてバーンアウトしがちだが、その労力を目の前のタスク以外のものに注ぐこともある。成功の可能性の低いタスクを避け、成功の可能性の高いもっと簡単なタスクに逃げ込むのだ。知識型経済では、そのときどきに新しい発想が求められる。だが、このような資源の無駄遣いをしたら、完璧主義は現代の「モノとサービス」を生む手段と大きく矛盾してしまう。

完璧主義者は、失敗にともなう恥を避けようとするだけではなく、マイナスの評価を受けそうな状況に身を置くのも避ける傾向がある。そのため自分が評価される場所、たとえば任意の競技会や講演会、採用面接などでマイナスの評価を下される可能性が高いと、たいていは出席しない。これもまた自滅的なふるまいだ。なぜなら、そのために上級職に応募したり、昇進や昇給などを願い出たりしない傾向があるからだ。[19]

完璧主義が成功には不可欠だという認識が間違っている理由は、ここに挙げる以外にもさまざまある。

最初に行き詰まったところに戻ろう。完璧主義は、懸命に努力するためのモチベーションとなるのか？　もしそうなら、その努力が報われることを示すエビデンスは？　すでに述べたふたつの情報が、それに答えを出してくれている。ひとつは、完璧主義者は懸命に努力するが、その努力が過剰で、間違った場所に注がれる場合もあり、過労やバーンアウトに陥りやすいこと。もうひとつは、懸命な努力は完璧主義者の特徴ではあるものの、常に努力しているとはかぎらないこと。つまり彼らは困難な状況にぶつかると、ぎりぎりまで先送りにする傾向がある。このふたつのふるまい――不適切な過労と回避が重なると、成功のパラドックスが生じる。ようするに完璧主義者が成功する見込みはなくなる。

では、なぜわたしたちは、完璧主義者が成功するという神話を信じているのだろうか？　その答えは生存者バイアスにある。

生存者バイアスとは、人生の勝者のみを基準にした誤った思い込みだ。そして、わたし自身、多くの点でその罪を犯している。本書の第2章で、勝者の体験をいくつか紹介した。ヴィクトリア・ペンドルトン。デミ・ロヴァート。スティーブ・ジョブズ。なぜ彼らを例に挙げたかというと、彼らはトップにのぼりつめることに成功した著名人で、見るからに知性的で、大胆で、意欲的で、いうまでもなく高レベルの完璧主義者だからだ。しかし、彼らと同じ特徴を持った人はほかにも無数にいる。そうした人たちはスポットライトが当たることもなく、グラミー賞や巨額の資産、オリンピックのメダルなどの見返りを得ることもなく、懸命に努力をしながら大きな苦しみを味わっている。彼らの体験は表に出ず誰の目にも触れないため、わたしたちは「成功した」完璧主義者の体験に騙され、完璧主義こそが成功の秘訣だと思い込んでしまう。

こうした選択効果には警戒しなければならない。勝者だけを見て、完璧主義が大成功をもたらすと思い込んでしまうからだ。生存者バイアスはドン・ハマチェクを騙した。また、社会も騙された。そして、わたしたちは完璧主義を崇拝《すうはい》し、お気に入りの欠点と呼ぶようになった。

つまり、完璧主義が成功の秘訣だという神話を粉々に打ち砕くには、ポールとゴードンの視点でその特質を見なければならない。環境や身体的機能、頭脳、まったくの幸運などによって頂点にのぼりつめた少数の完璧主義者を見るのではなく、そんな目がくらむような高みまでのぼりつめなかった大多数の完璧主義者を見るべきだ。そうすればアンドリュー・ヒルが発見したように、違ったものが見えてくるはずだ。完璧主義者はバーンアウトするほど努力するけれど、ほぼ負けが決まっている場合は、その耐えがたい不名誉を避けるためなら何でもする——努力をきっぱりやめてしまうことも含めて。

完璧主義は、成功への切符などではない。逆に成功の足かせとなって、大きな苦しみと自己不信をもたらす。完璧主義の成功のパラドックスに対する答えは、完璧より少し前のエクセレンスをめざしても見つからない。挫折や失敗、思いどおりにならない物事など、人生で避けられないことを受け入れて初めて、その答えは見つかる。そうした人間ならではの体験のとなりに座り、穏やかな気持ちでそれをあるがままに受け入れることができれば、エクセレンスという救済策で名誉を回復する必要はなく、不名誉を相殺《そうさい》するために頑張る必要もない。これについては、あらためて述べよう。

今は、わたしたちの完璧主義へのこだわりについて、もうしばらく語りたいと思う。完璧主義が健全ではなく、わたしたちを成功に導いてくれるものでもないとしたら、なぜ、完璧主義者がかつてないほど増えていると感じるのだろうか？　そして実際に増えているのだろうか？

第5章　隠れたエピデミック
あるいは現代社会で完璧主義が驚くほど広がっていること

「完璧主義は広く蔓延し、心の病を引き起こしている。これは世界規模の問題であり、特に苦しんでいるのが若者たちだ」

ゴードン・フレット、ポール・ヒューイット[1]

ラファティーズで過ごす夜は、刻一刻と深まっていく。わたしは、ポールとゴードンが現代の文化についてどのような見解を持っているのか知りたいと思った。ふたりが完璧主義の研究をはじめた頃に比べると、社会はすっかり様変わりしている。学校や大学での競争は激化し、大画面テレビやタブレット、スマートフォンが四六時中、非現実的な理想のイメージを映しだす。どこにいてもアクセスできるソーシャルメディアは加工された完璧な画像であふれかえり、人々は目が覚めている時間の約4分の1を、そうした画像を見ることに費やしている。[2]

完璧主義の有害性や、完璧主義が成果に結びつかないという不可思議な事実についてポールやゴードンと話し合ったのち、ある疑問が浮かんだ。完璧主義者が増えている点についてはどうだろう？　ふたりは完璧主義が世の中に蔓延していると感じているだろうか？　そこで、ポールに訊いた。「あなたの診療室で、この症例は増えていますか？」

ポールは、わたしをまっすぐ見据えた。「これまでにないほどにね。一緒に働いている療法士《セラピスト》も大忙しだよ。どこの診療室でも同じ状況だ」

ゴードンも言った。「不安、心配、ストレスに苦しむ若者がかなり増えている。思うに、われわれは完璧主義のエピデミックのまっただなかにいるんだ」ゴードンはポールに視線を移した。「元凶は、とてつもないプレッシャーだよ。これは見過ごせない事実だ」

若者と過ごす機会があれば、誰でもゴードンの意見に賛成するはずだ。このプレッシャーによる若者の苦境を、全米教育協会（NEA）は「エピデミック」と呼んでいる。[3]児童心理療法士協会（ACP）は「静かな大惨事」と呼び[4]、英国王立精神科医学会は「危機」と呼んでいる。[5] 2017年にトロントで調査が行われ、小学校から高校までの生徒およそ2万5000人に「完璧でなければいけないと思うか」という質問をした。[6] すると、半数以上の生徒が、「思う」と回答した。これだけでも十分憂慮すべきだが、さらに不安をかき立てられたのは、小学生の34パーセントと中高生の48パーセントが、容姿をできるだけ完璧に見せるというプレッシャーを抱えていたことだった。

ガールガイディングUK［ガールスカウト運動を行うイギリスの慈善団体］が行った2016年の調査でも、同じ傾向が見られた。[7] そのデータによると、11歳〜16歳の女子の46パーセントと、同じく17歳〜21歳の女子の61パーセントが、自分は完璧であるべきだと考えていた。その5年前の2011年の調査では、それぞれが26パーセントと23パーセントだった。つまり、それぞれ77パーセントと165パーセント増えている。ポールとゴードンは、ごく最近のナラティブ・レビューのなかで、児童と青年のおよそ3分の1が高レベルの完璧主義者である可能性を示している。[8] もちろん若者すべてが、自分は完璧であるべきだと思っているわけではない。それでも、いったい何が起きているのか、といぶかるには十分なデータだ。

「雪崩《なだれ》はもう起きている」とポールは言う。「当分は、このケースの治療を続けることになるだろうね」晴れやかな気分とはほど遠い心持ちで、わたしたちは夜の談義を終えた。聞きたいことは十分に聞いた。それに20代ぐらいのしゃれた身なりの若者たちが、すぐ前をうろついていたからだ。目をしょぼつかせたわたしたちを見て、このオジサンたちはそろそろ席を立ちそうだ、とでも思っているのだろう。わたしはポールやゴードンと別れの挨拶を交わした。そして、ふたりが自宅方面の電車に乗るべく、トロントの夜に消えていく姿を見送った。

それ以来、ふたりとじかに顔を合わせる機会はないけれど、その夜の会話はいつまでも頭から離れなかった。エピデミックが起きている、という彼らの警告は、毎日わたしの目と耳によって裏づけられていった。その兆候は、すぐ目の前にあった。大学のキャンパスの廊下。同僚との雑談。ネットで見つけた理想のイメージを模倣したような友人のＳＮＳのプロフィール。そういうわけで２０１７年の冬、わたしは自分にある挑戦を課した。ポールとゴードンの警告が本当なら、その証拠をつかんでみようと思ったのだ。彼らの言うとおり、完璧主義の雪崩が本当に社会を飲み込んでいるのかどうか確かめてみたかった。

ただ、調査は簡単ではなかったので、ポールとゴードンの多次元完全主義尺度を少しアレンジして使うことにした。この尺度は１９８０年代後半にふたりが完成させて以来、何千もの研究プロジェクトで活用されてきた。そうしたプロジェクトの大半は、アメリカやカナダ、イギリスの大学生が対象だった。それらのデータは相関関係を調べるために収集されたものだが、わたしはその貴重なデータに年月の経過を反映させた。つまり、全データを統合して、年月の経過にともなう完璧主義のレベルの変化を見ようとしたのだ。

厄介な点は、さまざまな研究機関が収集した厖大《ぼうだい》なデータを拾いあげることだった。そこで、前述した研究者アンドリュー・ヒルの力を借りることにした。わたしたちはデータベースやリポジトリを手分けして検索し、大学生の完璧主義のスコアが記録された論文のデータをひとつ残らずすくい上げた。最終的には、ポールとゴードンの尺度で調べた1989年から2016年までのアメリカとカナダ、イギリスの学生4万人以上のデータが集まった。[9] そのデータを年代順に並べ、予備チェックを行ってから数値を分析した。

その結果、明らかになった実態に、わたしたちは呆然となった。確かに、完璧主義者は増えていた。しかも急激な速さで。

1989年には、平均的な若者の自己志向型と他者志向型の完璧主義は「高い」から「非常に高い」のあいだだった（被験者のほとんどが「ややあてはまる」か「あてはまる」と回答した）。社会規定型の場合は「低い」から「中程度」のあいだだった（「あてはまる」や「あてはまらない」と回答した被験者はわずかだった）。わたし個人としては、健全とはいいがたい結果だ。ただ、社会規定型のほうは、さほど悪い結果ではない。若者は、自分への期待やプレッシャーにそれほど負担を感じていなかったと思われる。

ところが、2016年に状況は一変する。自己志向型と他者志向型が少しずつ増えているのだ。これは非常によくない傾向だ。だが、わたしたちが本当に不安を感じたのは社会規定型だ。1989年には「低い」から「中程度」のあいだだったのが、2016年には「中程度」から「高い」のあいだに増えていた。この増え方をもとに未来を予測すると、人々がどこに向かっているかが見えてくる。わたしたちの試算によれば、2050年には自己志向型は「非常に高い」に達し（ほとんどの人が「あてはまる」と回答）、社会規定型は「高い」を超える（ほとんどの人が「ややあてはまる」か「あてはまる」と回答）だろう。

これは現代のみならず、未来の問題としても厄介だ。完璧主義と似た特性に、神経質やナルシシズムなどがあるが、こうした特性と違って、完璧主義の気質は年齢を重ねても解決しないらしい。それどころか、次第に悪化するというエビデンスもある。被験者を数年から数十年にわたって追跡した小規模な調査がたくさんあるが、それをまとめた大規模なメタ分析によると、はじめに完璧主義のスコアが高かった人は、歳《とし》をとるにつれて不安になりやすい、あるいは怒りっぽいといった気質がエスカレートし、誠実さは損なわれる傾向にあるとわかった【10】。

となると完璧主義は、年齢とともに悪化する自己成就《じょうじゅ》的予言のようなものだ。どういうことか説明しよう。完璧主義者が高い基準を満たせなかった場合、彼らは「努力が足りない」と考える。そして、それを埋め合わせようと、さらに高い基準を自分に課す。前回より努力すれば失敗が帳消しになると考えるのだ。ところが、そもそもの基準が高すぎるため、新たに基準を設けることは、また失敗する罠を自分に仕掛けるようなものだ。つまり、期待が膨らむばかりで成就はできないという悪循環が生まれ、年齢が上がるにつれて完璧主義の傾向もどんどん強くなっていく。

問題は、今のような傾向がずっと続くのか、という点だ。完璧主義は、これからも広がっていくのだろうか？　それとも峠を越えつつあるのだろうか？　この問いに答えを出すため、ヒルとわたしは試算したモデルに完璧主義の最新データを加えた。再度処理した結果、さらに厄介な問題があぶり出された。

自己志向型と他者志向型の完璧主義者は徐々に増えているが、そのペースは緩やかだ。今後も経過を注視しなければいけない

若者からデータを収集した年ごとの完璧主義のスコアをグラフにした。黒い点はアメリカ人のデータ、薄いグレーはカナダ人、濃いグレーはイギリス人のデータだ。点の大きさは、データを提供した学生の人数と比例している（つまり人数が多いと点も大きくなる）。年月の経過にともなう完璧主義のスコアの推移を表す近似曲線（直線）は、データポイントのできるだけ近くを通るように引かれている（図6、図7参照）。

この線を見ると、自己志向型と他者志向型の増加は緩やかだが、それでも注目に値する。注目に値するというのは統計学的に見て重要という意味で、いいかえれば増加は見て明らかであり、有意差がない、つまりまったく増えていないとはいいがたい。わたしたちのモデルの誤差範囲、つまり線の両側のグレーのエリアは、何も変化がない場合を表す水平の直線の上にかかっていな

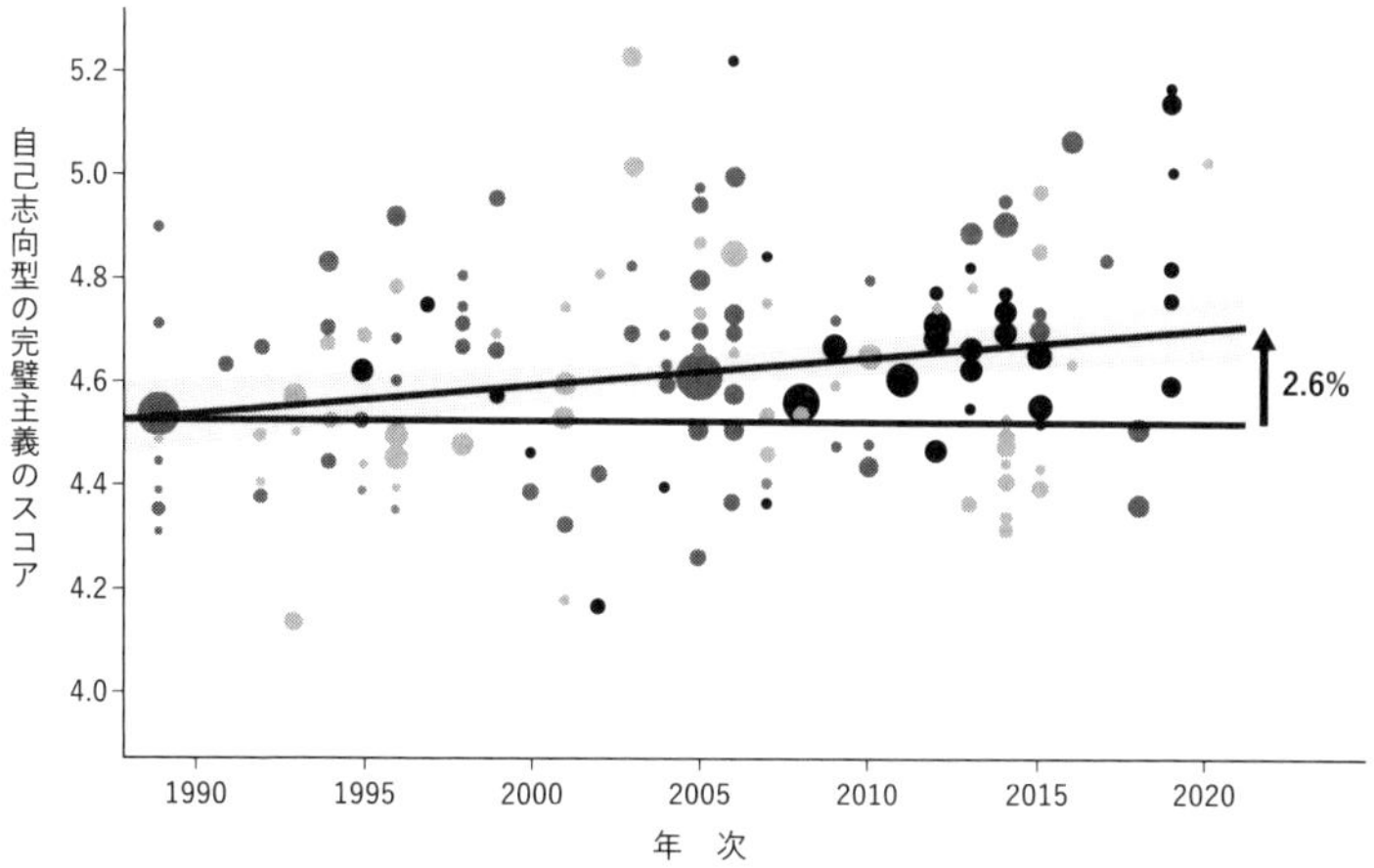

図６　データ収集年ごとの大学生の自己志向型の完璧主義のスコアの推移を表したグラフ

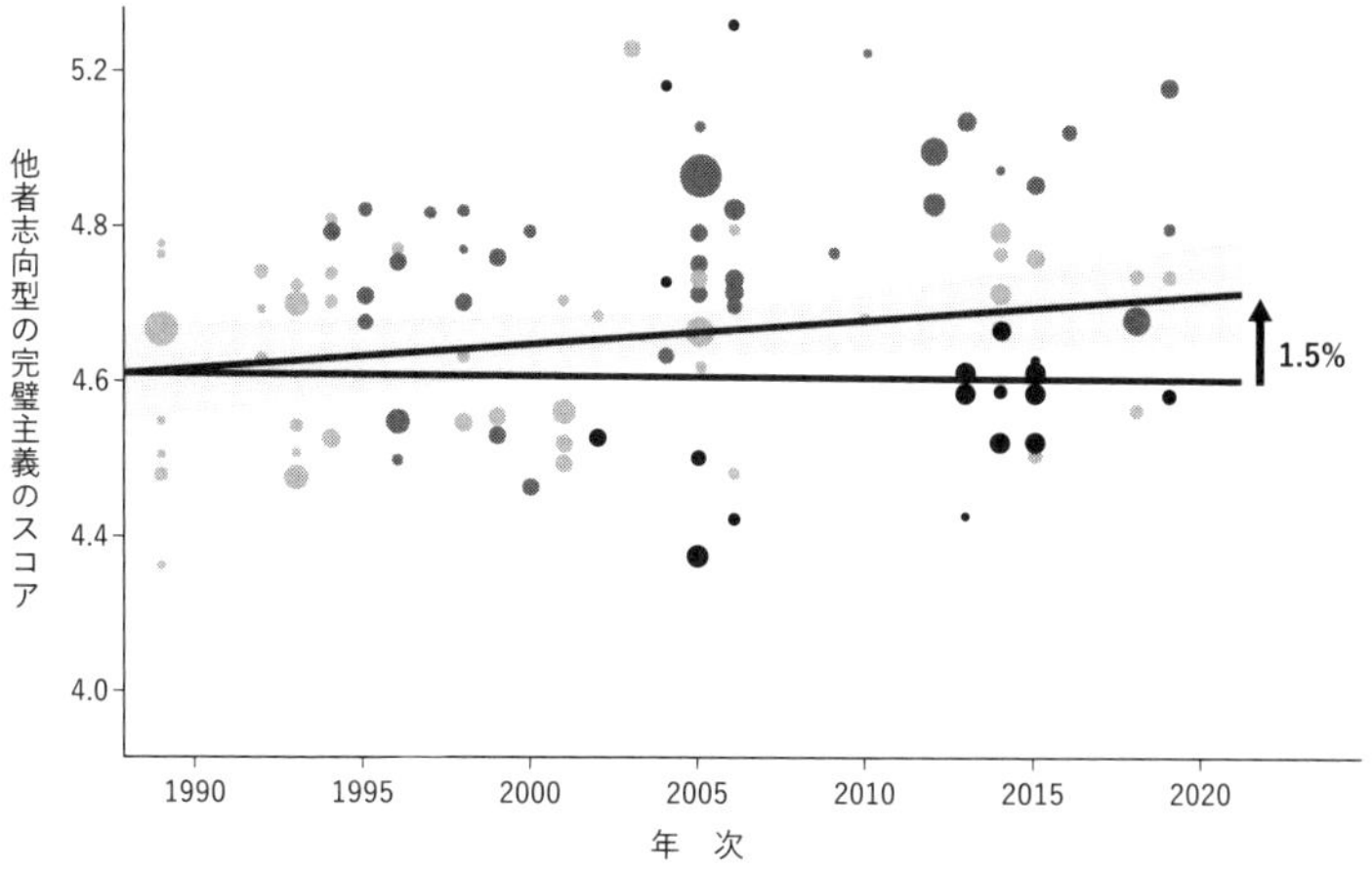

図７　データ収集年ごとの大学生の他者志向型の完璧主義のスコアの推移を表したグラフ

いため、まったく増えていないというのはありえないとわかる。

この増加の程度をどう見るべきか？　大ざっぱにいうと、現代の若者は１９８９年の若者と比べて、自己志向型のスコアは2・6パーセンテージポイント高く、他者志向型のスコアは１・5パーセンテージポイント高い。これはわずかな差に思えるけれど、ここでは狭い範囲に集中したデータを扱っていることを忘れてはいけない（たとえば「まったくあてはまらない」から「かなりあてはまる」までの7段階など）。たとえ差が大きくても微々たるものに見えるかもしれないのだ。

グラフ上のパーセンテージではなく、現代の平均的な若者が１９８９年の調査で回答したらスコアはどのくらいになるか、という視点で見直してみよう。そうすれば現代の若者と１９８０年代後半の若者との違いがよくわかるはずだ。現代の平均的な若者の自己志向型と他者志向型のスコアは、それぞれが１９８９年のスコアの56パーセンタイルと57パーセンタイルに相当する。つまりそれぞれ12パーセントと14パーセントずつ多い。大きいとはいえないが、無視できない数字だ。

社会規定型の完璧主義者は増えつづけており、そのスピードはどんどん加速している。これはパニックのときが来たと見ていいだろう

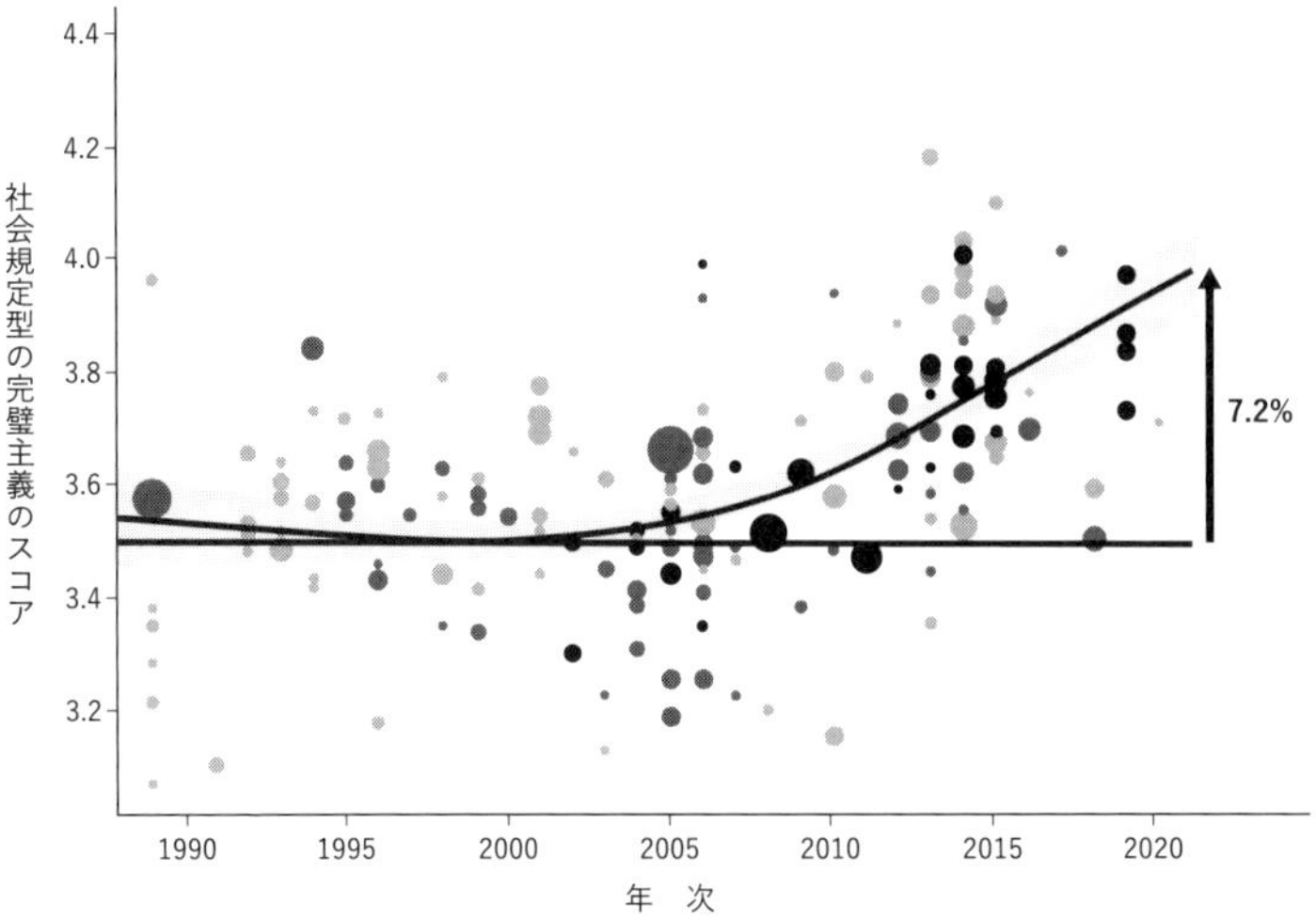

図８　データ収集年ごとの大学生の社会規定型の完璧主義のスコアの推移を表したグラフ

では、社会規定型の完璧主義者はどうだろうか？　これはかなり増えており、グラフの線が直線ではなく曲線になるとわたしが言ったら、ピンとくるはずだ。直線は基本的に何かが一定の速度で徐々に変化していることを表し、自己志向型と他者志向型のグラフがこれに当たる。ところが社会規定型のグラフは違う。近似線は曲線を描いており、社会規定型の完璧主義者が年数とともに指数関数的に、つまり急激に増えていることを示している（図８参照）。

グラフを見るとわかるように、社会規定型の完璧主義のレベルは２００５年頃までは水平に近い線を描いている。それから何かが起きて、急激に上昇しはじめる。曲線のはじまりから最上部まで７パーセントほど増えている。先ほどと同じ方法で比較すると、劇的な数字が浮かびあがる。現代の平均的な若者のスコアは、驚いたことに1989年の若者のスコアの70パーセンタイルに相当、つまり40パーセントも増加しているのだ。

もっと悪いことに、この線はカーブしつづけている。このまま放っておけば、論理的に、この曲線は予想以上に急激な上昇を続けるだろう。こうした現象を、指数関数的成長という。最初は緩やかだが、ある時点で上昇の速度が増す。COVID－19のデータに注目している人なら知っていると思う。そして、ひとたび線がカーブを描きはじめたらパニックのときだということも。見通しとして、社会規定型は2050年までに「非常に高い」を超え、自己志向型に代わって完璧主義のメインの指標となるだろう。

急激に増えてほしくない完璧主義のタイプをひとつ挙げるとしたら、まさしくこの社会規定型だろう。第3章で述べたように、これは最も特異な完璧主義のタイプだ。周囲の人が承認してくれるような完璧な人間でなくてはならない、という強迫観念にとらわれているからだ。社会規定型のスコアの高い人は、自分が多大な期待に応えられない無能な人間だと考えている。そして自分の欠点がしばしば表面化するたび、正体を暴かれたような深い敗北感を味わう。彼らは、常にまわりから品定めされていると感じ、人の目を気にしながら生きている。

また、第3章では社会規定型の完璧主義が心に多くのダメージをもたらすことも述べた。その主な症状、たとえば不安症、うつ病、孤独、自傷行為、自殺念慮も、社会規定型とともに増加している【11】。わたしたちが完璧主義の罠にとらわれていることは明白だ。これは決していい兆候ではない。

ポールやゴードンとの会話を紹介したのは、このふたりがこの分野の先駆者として突出した研究を行っているからだ【12】。彼らが言うように、完璧主義は自分の欠点に根ざした対人的な性質があり、自分は他者に見せたい姿よりはるかに劣っている、という想念にとらわれるものだと考えると納得がいく。そして、たとえポールとゴードンの説がこの分野の草分けではなかったとしても、彼らのモデルほど深く切り込まれ、観察や経験、時間の試練に耐えたものはない。

ふたりの知見の多くは何年にもわたり、さまざまな形で、ときには名声を得ることもなく一般的な自己啓発の分野に採り入れられてきた。もちろん、ふたりともそんなことは気にしていない。彼らがこの研究を続けているのは、決して名声を得るためではない。ラファティーズで白熱した議論を交わした夜、わたしはふたりの私心のない、献身的な教えを受けた。そして、急速に公衆衛生上の大問題になりつつあるものについて理解した。何が起きているのか本当に理解したければ、彼らの話に耳を傾けるべきだ。

彼らの話の要点をまとめよう。第1に、完璧主義が多くの顔を持つ対人的な性質のものであること。第2に、完璧主義が多くのメンタルヘルスの症状の原因となること。第3に、完璧主義が成功とは何も関係がないこと。そして第4に、完璧主義が爆発的なスピードで広がっていること。

この第4の事実において、わたし自身の役割は楽しくもあり苦しくもある。楽しいのは、これまでに見たり聞いたり学説を立てたりしてきたことが、データで裏づけられた点だ。苦しいのは、社会規定型の急激な増加は、完璧へのプレッシャーが思いのほか広く速く社会を飲み込んでいることの表れである点だ。

社会規定型の急増が物語っているのは、わたしたちの社会に重大な誤りがあることにほかならない。つまり社会が期待するものが、大多数の人の能力を超えているのだ。その期待に応えようとして生じる問題は、わたしたちのお気に入りの欠点を当たり前のものとする社会通念の下に埋もれてしまう。あらゆる場所で白昼堂々と涼しい顔をしながら横行している完璧主義は、現代の隠れたエピデミックだ。これはわたしたちに、ありとあらゆるダメージをおよぼす弱点でしかない。

そこで疑問が湧く。なぜ、そんなことが起きているのか？「完璧であるべき」というプレッシャーはどこから来るのか？　いったいどうやって、わたしたちはそれを生きるための基本にしてしまったのか？

第3部　完璧主義はどこから生まれるのか

第6章　完璧主義が強い人と弱い人

あるいは遺伝と育ち方が複雑に絡みあって形成される完璧主義

「人間の性格は生物学にもとづいて形成され、社会的基準によって千差万別の違いが生まれる」[1]

マーガレット・ミード

完璧主義の急増を示したアンドリュー・ヒルとの共著論文が発表された翌朝のことは、決して忘れられない。当時、わたしはイングランド南西部の地方大学でスポーツ心理学の講師をしていたが、自分たちの書いた論文を国内外の何百という発表機関が紹介し、人気ブロガーがブログに書き、著名なニュース番組の司会者やポッドキャスターが解説しているのを知って仰天した。ほんの数日で、わたしはテレビやラジオから引っぱりだこの学者になり、完璧主義のエピデミックが何を意味するかを大勢の視聴者やリスナーの前で論じていた。そうした熱狂がようやく落ち着いた頃、わたしたちの論文は、それが掲載された学術誌『サイコロジカル・ブレティン』の113年の歴史上、最もメディアが取りあげた論文となっていた。

「こんなことは、初めてです」とわたしの大学の広報担当者は言った。「たぶん大学創立以来、最大のニュースでしょう」世間の関心の予想外の高さに、思考が追いつかなかった。当時の記憶はいまだに茫漠としている。自分が何を言ったか、それを少しでも理解してもらえたのか、それさえ憶えていない。憶えているのは、完璧主義が広がっているという話がかなりのインパクトをあたえたことだ。目を開かれるような感覚があった、という言葉を大勢の人から聞いた。彼らは、そのデータを指さして言ったことだろう。「問題は完璧主義にあったのか！」

エピデミックの到来を伝えたわたしたちの論文は本当に正しいのだろうか――その答えは、人々の反応を見ればわかる。みな、いたるところで「完璧なもの」を目にし、「完璧であるべき」というプレッシャーを感じている。そして、その理由を知りたがっている。TEDのシェリルが連絡してきたのも、そのためだ。わたしは突如としてTEDが招く「ソートリーダー」となり、パームスプリングスの会場で、その差し迫った問いに答えることを求められたのだ。

わたしにとって、パームスプリングスといえば真っ先に浮かぶのが街のエネルギーだ。あの独特のエネルギー。あの街は、不思議な空気が漂う夢の世界だ。サン・ジャッキント・マウンテンズを背に、果てしなく続く荒野。金を湯水のように使う人たちのむせるようなオーラ。舗装したての道路に残る赤土のタイヤの跡。不毛の砂地に侵食するようにして広がる高級のリゾートとゴルフコース。

TEDのカンファレンスが行われるリゾート施設は街の南のラ・キンタという、山あいの奥まった地域にあった。そのラ・キンタに着いてみると、20代のおしゃれな若者や、いかにも郊外の高級住宅地に住んでいそうな年配の客たちが、がらがらとスーツケースを引きずり、週末をそこで過ごすためにフロントデスクに集まっていた。そして10分ごとに、そうした客がSUV車のハイヤーで運ばれてきた。

華やかとはいいがたい場所からやって来たわたしとしては、起きていることすべてが別世界の出来事のようだった。壮麗なエントランスに立ってリゾートライフをながめれば、そこに見えるのは完璧につくり込まれた夢の国と、その完璧さを維持すべく隅々まで丁寧に手入れをしている大勢の整備員の姿だ。その前を宿泊客が足早に通り過ぎていく。富裕層たちがはしゃぐ声がする。

彼らのアメリカ英語が荒野をわたるそよ風に運ばれていく。

生い立ちからして、このような場所にいるとわたしは居心地が悪くなる。だから、普段は金持ちや著名人が行くようなリゾートをうろついたりはしない。ところがめったにないこととはいえ、仕事でそうしたリゾートに招かれ、思いがけず「優雅な暮らし」を味わう羽目になった。そして、それを味わうたびに気後れし、自分がひどく場違いなところにいることを思い知らされた。せっかく努力してたどり着いてもその甲斐はなかった、ありえない理想など追い求めるべきではなかった――そんな思いにとらわれた。

シェリルがエントランスでにこやかに出迎え、スピーチを行う会場を見せてくれた。カンファレンスの規模の大きさを目《ま》の当たりにして、緊張は増すばかりだった。舞台の裏方や撮影スタッフ、音響技師たちが、声をかけ合いながらてきぱきと作業に取り組んでいる。その様子を聴衆席から見ながら、わたしはシェリルに訊いた。「聴衆は何人ぐらい来る予定ですか？」

「だいたい400人です――オンラインのほうは1000人以上ですよ」と彼女は答えた。

「そんなにたくさんですか！」顔が赤らむのを感じながら、わたしは興奮して答えた。

翌日、ヴィラを出て、オープニングセレモニーを見にいった。40歳ぐらいの男性が、ステージ上で聴衆に語りかけていた。栗色の短髪で細身、ネイビーブルーのジャケットとプレスしたてのスラックスが最高にきまっている。その男性が誰なのかはわからなかった。今でもわからないが、TEDはその男性にかなりの出演料を払ってオープニングトークを依頼したはずだ。かの有名な

TEDのステージの上で、彼は無敵のオーラをまとっていた。スポットライトにも、カメラにも、自分の言葉にじっと聞き入る何百もの聴衆にも、まったく動じることなく。彼の話しぶりは如才なく、聴衆を引きつけ、笑いもしっかりとりながら適度な重みもあった。話が終わったとき、わたしを含めて聴衆は総立ちで拍手を送った。

なんてすごいんだ、とわたしは思った。これに比べたら、わたしのスピーチはさぞかし退屈に違いない。

わたしのスピーチは、最終日の最後のセッションに予定されていた。そのため、すぐれたものからそうでないものまで、あらゆるスピーチを見ることができた。だが、あのオープニングトークの魔法のような話術に匹敵するものはひとつもなく、わたしは安堵《あんど》した。自信があるように見えても明らかに初心者だとわかる話者がいれば、何度も話した内容を繰り返しているような場慣れした話者もいた。そして、わたしのような話者もいた。ラ・キンタのスポットライトの下で声もろくに出ないほど緊張した、考えすぎの完璧主義者だ。

何人もの話者を見ているうちに、さまざまなことに気づく。ささいなことだが、いろいろと考えさせられる。たとえば、聴衆は堅実なデータより、生き生きとした逸話を好んだ。特に、人間らしい実体験の話は大受けだった。また奇妙なことに、画期的な発見の難解でためになる話は称賛されたものの、聴衆を沸かせたのは話者個人に関する話だった。

聴衆について、ほかにも驚いたことがある。わたしが見るかぎり、彼らはある方法で本心を話者にさりげなく伝えている。自分たちを感心させ、喜ばせるようなスピーチには、スタンディングオベーションで応える。逆に平凡なスピーチには、着席したまま儀礼的な拍手を送るのだ。控室でステージに上がるのを待つ話者たちにとって、聴衆の反応は興味津々の話題だ。みな、互いに「スタンディングオベーションを受けると思う？」と訊いている。わたしは考えごとで頭がいっぱいで、そうした雑談には加わらなかった。それでも心の奥底では、それとまったく同じ問いを自分に投げかけていた。

わたしの前の話者がステージを降りると、会場を埋め尽くした聴衆が静まりかえった。いよいよ出番だ。すかさずシェリルが、急《せ》かすようにわたしをステージにうながした。アメリカ人特有のストレートで思いやりのある、少々大げさともいえる励ましの言葉を口にしながら。

「大丈夫、あなたならできる！」そして、彼女は満面の笑みを浮かべた。

わたしは、できるとは思わなかった。

聴衆席上部の照明の白くまばゆい光を見据えながら、わたしはこわごわ歩きだし、赤い円形ステージの真ん中に立った。

その日のスピーチは、もう数えきれないほど練習していた。他人のスピーチを観察して自分の話し方を少しずつ調整しながら。ところが、こちらを見ている大勢の聴衆の顔が目に入ったとたん、頭のなかで準備していたものが残らず吹き飛んでしまった。ＴＥＤのビデオ制作チームがカットしてくれたとはいえ、よく見ればわたしの右脚がまるで手から落ちた水やりのホースのように、かくかく震えているのがわかるはずだ。また、注意深く聞けば、記憶のなかを一文、また一文と探りながら、かすれた声で言葉をつないでいることにも気づくだろう。内心は恐怖で縮みあがっていた。それでも、どうにかやれた。いったいどうやってやれたのかは今でもわからないが、とにかく最後までやれた。

最後の言葉を言い終えると、わたしは聴衆席をまっすぐ見据えた。そしてスタンディングオベーションを待った。それが欲しかった。数秒が過ぎた。彼らは座ったまま丁重に拍手をした。さらに数秒が過ぎた。わたしは彼らに、立て、と念じた。だが、誰も立たなかった。敗北感に打ちひしがれながら、わたしは向きを変えてステージを去った。そしてシェリルに付き添われて控室に戻った。

「すばらしかったですよ！」とシェリルがにこやかに言った。

「ありがとうございます」とわたしは答えた。

自分の完璧主義に屈服することなく、わたしはパームスプリングスのステージに立った。緊張に押しつぶされるのを断固拒否した。おそらく、その後立つかもしれないどんなステージよりも華々しいステージの上で15分間、暗記した言葉を一字一句たがわず話すことができた。そうしてやり遂げたにもかかわらず、そのスピーチのあと何時間も、何日も、何週間も、そして何カ月も、ずっとわたしはあることを反芻しつづけた。それが何だと思うだろうか？

こうした感情にとらわれてしまうのは、生まれつき定められているからなのか？　それとも、たまたまあたえられた環境によって完璧主義的な気質がつくられるからなのか？　これは完璧主義にとどまらず、人間の一般的な性格にもいえる、昔からある疑問だ。人間の性格とは自然がもたらした結果、つまり、この世に生を享《う》けると同時に受け継がれる遺伝子で決まるのか？　それとも育ち方、つまり環境で決まるのか？

自然がもたらすという点については、明確な答えが出ている。ここ30年、行動遺伝学者たちは一卵性双生児と二卵性双生児、養子のきょうだいの違いを研究してきた。一卵性双生児のＤＮＡはまったく同じで、二卵性双生児のＤＮＡは約50パーセント同じ、養子のきょうだいのＤＮＡはそれぞれ異なる。こうした子どもたちの性格の共通点を比べれば、それがどれだけ遺伝によるものかが推測できる。そして調査から導きだされた結論は、驚くほど一貫していた。一卵性双生児は、二卵性双生児よりも性質が似ており、養子のきょうだいたちよりも似ていた。数値を分析したところ、遺伝率が非常に高いことがわかった。人間の性格の約半分は遺伝的にあらかじめ決まっていて、自分ではどうすることもできないのだという。[2]

少し前にスペインの研究チームが、バレンシアに住む２５８組の双子の若者を対象に、ポールとゴードンの多次元完全主義尺度を使って完璧主義を測定した。[3]その結果、自己志向型の約30パーセントが遺伝性のものだと考えられた。社会規定型はそれよりも少し高く、約40パーセントだった。完璧主義の傾向のある親は、遺伝子という見えざる手によって、完璧主義的な性質をある程度は子どもに受け渡しているらしい。

また、この調査では、自己志向型と社会規定型のあいだにはきわめて強い遺伝的な相関関係があることもわかった。つまり、自己志向型の完璧主義の性質を持って生まれた場合、社会規定型の性質でも苦労する可能性があるのだ（その逆も同様だ）。遺伝子は、誰も特別扱いしないスリリングな人生のくじ引きだ。自分のあずかり知らぬところで、自己志向型と社会規定型の性質を受け継いでしまうのだから。

とはいえ、留意すべきことがある。ＤＮＡは決定的なシナリオではなく、あくまで取扱説明書にすぎないという点だ。つまり、わたしたちが体験する状況によってエピジェネティクスと呼ばれるプロセスが発生し、取扱説明書のなかの読むべき場所がハイライトされるのだ。このエピジェネティクスで重要な働きをするのが、メチル基と呼ばれる分子だ。メチル基は、飢餓や深刻なストレス、心的外傷《トラウマ》などに反応してＤＮＡ配列を不活性化し、細胞の構造や機能を変えてしまう性質を持っている。

完璧主義は遺伝するのか、という問題において、これは重要だ。エピジェネティック修飾は、世代を超えて受け渡される。そのため、完璧主義が生じるような状況を祖先が体験していた場合、少なくともいくらかはその情報が子孫に継承されている可能性がある。ただし、そのうちどれだけの割合が古代のＤＮＡで、どれだけの割合が最近のエピジェネティック修飾によるものかを知ることはできない。

次に、環境という点について考えてみよう。遺伝子は人間がひとりひとり違う理由を説明するけれど、総体的な変化については何も教えてくれない。どういうことかというと、遺伝子は、ある人がほかの人より完璧主義のレベルが高い理由は説明できるけれど、す﹅べ﹅て﹅の﹅人の完璧主義のレベルの平均値が上がっている理由は説明できないのだ。この点で、わたしの調査はきわめて重要だ。なぜなら、完璧主義のレベルの平均値が上がっていることを示しただけでなく、生まれ育った環境が完璧主義的な気質の形成に関わっていることを——それも、かなりの度合いで関わっていることを示しているからだ。

では、環境が関わっているのなら、それはどのような環境なのだろうか？　当然、親の育て方という答えが返ってくるだろうが、これは必ずしも正解ではない。

1960年にジュディス・リッチ・ハリスという、若く有望な心理学者が、ハーバード大学の博士課程の途中で除籍された。彼女の研究を断念させる書簡には、心理学部の学部長代理ジョージ・A・ミラーの署名があり、「あなたが理想的な心理学者に成長することには大いに疑問がある」と書かれていた[4]。ハリスはハーバードを去り、MITで短期間ティーチング・アシスタントを務めたのち、ニュージャージーで研究室助手として数年を過ごした。ところが70年代後半に、ハリスは全身性強皮症という難病にかかってしまう。病気が進行するにつれて外で働くのが難しくなり、彼女は家にこもりがちになる。

だが病床にいながらも、ハリスは自分にできる、ある仕事に献身した。本の執筆だ。80年代初期から90年代初期までの10年間、彼女は子どもの発達心理学に関する大学生向けの教科書を何冊か執筆した。ところが、そうした教科書の内容に引っかかりを感じるようになった。書いたことの前提となる定説そのものに疑問を持ったのだ。そして結局、書くのをやめてしまう。「教科書の執筆を辞めたのは、ある日突然私がこれまであの騙されやすい大学生相手に教えてきたことの多くが間違っていたことに気づいたからである」と彼女は自著で述べている［ジュディス・リッチ・ハリス著『子育ての大誤解　重要なのは親じゃない　上・下』石田理恵訳、早川書房、２０１７年［5］］。

ハリスは、子どもの発達について革新的な説を唱えた。親の育て方は子どもの成長にはそれほど関係がない、というものだ。子どもが受ける影響は、親よりも遺伝子や育った文化のほうが大きい、というのが彼女の考えだった。これは従来の常識に刃向かう、挑発的な提言だった。一般的には、親が心配性だと子どもも心配性に育ち、親が真面目だと子どもも真面目に育つ、といわれる。完璧主義者の親が育てた子どもは完璧主義者になる、というエビデンスも実際にある。子どもの発達に関するたいていの文献は、育て方と子どもの気質の相関はかなり強いことを伝えている。

だが、もっとよく考えてみよう。そうした相関関係は、親の育て方が影響するというエビデンスにはならない。もちろん親子は似る。両者は共通の遺伝子をたくさん保持しているのだから。また、たとえ遺伝子が無関係だとしても、相関関係は因果関係があるという証拠にはならない。

ことによると影響は子どもから親へとおよび、その逆はないかもしれない。ハリスは、遺伝子や家庭外の影響など重要な要因が軽視され、親の役割ばかりが過大評価されていると考えたのだ。

ハリスの説に対する風当たりは強かった。それでも彼女は動じず、自説に丹念に磨きをかけた。大学の設備を利用することもなく、有料の論文や高価な教科書を読むこともなく、ニュージャージーの自宅で独力で研究を続けた。そうした困難をものともせず、彼女の英知はほとばしりつづけた。そしてハーバードから追いだされた34年後の1994年、彼女は権威あるレビュー誌『サイコロジカル・レビュー』に論文を投稿した。この論文は翌年に掲載され、広く称賛された[6]。

これがどれほどの偉業かを説明するのは難しい。『サイコロジカル・レビュー』誌に論文が掲載されないままキャリアを終える教授はたくさんいる。あの時代に女性が、しかも学界の後ろ盾がまったくなく、その上、慢性疾患を抱えながら、このような成功を手にしたことには、ただただ驚嘆するしかない。なぜ、彼女にこんなことができたのか。それは的確で非の打ちどころのない丹念なリサーチにより、強力な説得力を持つ論文を書きあげたからだ。あまりに傑出した論文だったため、そのすぐれた貢献が認められて、ハリスは1998年にアメリカ心理学会より賞を授与された。それがジョージ・A・ミラー賞、つまり、あのハーバード大の、彼女をお払い箱にした張本人の名前を冠した賞だったのは、皮肉のきわみといえるだろう。

先ほど述べた遺伝という点で、ハリスの説は正しい。性格は遺伝による影響がかなり大きい。彼女の説で最も意見が分かれたのは、環境についての見解だった。彼女は、親よりも文化のほうが、はるかに子どもの人格形成に影響すると考えた。ハリスの言う文化とは、家庭外の世界——たとえば親しい友人のグループ、流行りの大衆メディア、広告が伝える価値観、影響力のある人物、政府や学校、大学など公共機関の仕組みや制度だ。

この説が正しいことは、双子の研究にもう一度目を向ければわかるだろう。なぜなら、親の育て方は、子どもがどんな人間に成長するかにほとんど影響しないとわかるからだ。不思議にも、一卵性双生児は同じ家庭で育っても別々の家庭で育っても、成長したときの性格にさほどの違いはない。家庭、つまり親の育て方に起因する子どもの性格の可変性は、実質的にはゼロだ。「仮に家庭とは別の世界――すなわち学校や近隣社会――はそのままにして親の配置をすべて入れ換えても、子どもたちは同じような大人になる」とハリスは自著で述べている［ジュディス・リッチ・ハリス著『子育ての大誤解　重要なのは親じゃない　上・下』石田理恵訳、早川書房、2017年］[7]。

ハリス自身、母親だった。そし母親の視点から、子どもは親の思いどおりには育たず、親は単なる傍観者にすぎないという考えにいたった。子どもの性格は遺伝子と文化が相まって形成されるという自説は、エビデンスを求めて探究を続けるなかでどんどん反証が難しくなり、確固たる事実となった。彼女の著書は人間性の本質を伝えている。つまり、わたしたちの性格は、生まれ持った生物学的な資質のみで決まるのでも、生後にあたえられた、自分ではどうにもできない条件のみで決まるのでもない。両者が複雑に絡みあって決まるのだ。

人間は、ひとりひとりまったく違う。だが同時に、ある程度は似通っている。人類が進化しつづけるには食べることや生殖、適応などの要素に加えて、遺伝子という不変の物質が必要だ。こうしたものは本質的な要素であって変えることはできないが、人格に関しては可塑性《かそ》がある。人格形成は、虐待やネグレクトのようなむごい例を除いて、親や自分の意思のおよばない、共通の文化からも影響を受ける【8】。

文化が人格形成に影響する話となれば、ドイツの精神分析家カレン・ホーナイに触れないわけにはいかない。ホーナイは、臨床医の鋭い観察眼によって先進社会に見られる性格タイプの共通のパターンをあぶり出した。そして完璧主義は、ホーナイによると、社会というオーケストラのなかで自分の持ち場を得るための代償だという。

カレン・ホーナイは、1885年にドイツのブランケネーゼで、数人のきょうだいの末っ子として生まれた。父親は商船の船長で、古い考えに固執する高圧的な人だった。ホーナイは、幼い頃からこの父親の野卑な性格に悩まされていた。日記には、父親が「しつけと称して子どもを厳しく罰する親」で、「とても偽善的で、自己中心的で、教養がなく、不作法で、そうした父に家族はみんな辛い思いをしている」と書いている。

そんなホーナイが逃げ場を見いだしたのは母親だった。母親は、ホーナイが外の世界に飛びだすことに賛成だった。ところが父親は、家庭にとどまって家事を担うことを望んだ。母親はホーナイが15歳になると、ハンブルクの高等教育機関で医学を学ばせようとした。父親は反対し、そんな学費など払えないと言った。彼女は日記に書いている。「父は、愚かで素行の悪い義理の兄弟たちのためには何千ものお金を簡単に手放したのに、わたしにはわずかな小銭でも、手のなかでもてあそんで、なかなか渡してくれなかった」[9]

母親は自分の意志を曲げず、娘をどうにかハンブルクの学校に送りだした。

ところが、その経緯は後々まで尾を引いた。伝記作家のバーナード・パリスによると、ホーナイは「非常に意欲的だったが、それは家族に認めてもらえないという思いを埋め合わせるためだった」[10]という。学校では「学業を通して成功を勝ち取る夢」を抱き、「自分を特別な運命のもとに生まれた非凡な人間だと考える必要があった」。彼女は「平均を超える」ことを自分に課し、そうした完璧主義によって神経をすり減らした。ホーナイのセラピストの記録からは、彼女の学業上の不安は「平凡だと評価される」恐れから生じていたことがうかがえる。パリスは、この問題が学校を「試練」に変えたと記し、こう述べている。「とはいえ彼女は、それを乗り越えるだけの資質に恵まれていた」

そして、ホーナイは試練を乗り越えた。ハンブルクの学校を卒業したのち、医学を学んだ経験を活かし、精神分析医として経験を積んだ。やがて女性の心理についてすぐれた小論文を発表し、フロイト学説に異を唱えた先駆者として、たちどころに出世階段をのぼりつめた。ホーナイの自説は高く評価された。彼女は1932年にアメリカのシカゴに移住し、シカゴ精神分析研究所の副所長を務めるかたわら精神分析医を養成した。その後間もなくニューヨークに移り、ニューヨーク精神分析研究所で分析医の教育にたずさわった。

それまで男性優位の文化に焦点を当ててきたホーナイは、ニューヨークに移ると戦後のアメリカ文化について考察を深めた。そして、自身の生い立ちやたくさんの患者の証言のなかに、ひとつのパターンを見いだした。表に出ている症状はそれぞれ少しずつ違っていても、根本的には、みな同じ精神的苦痛を抱えていた。彼女は自著で述べている。「神経症的な人間が、本質的な特徴を共有しているだけでなく、これらの根本的な類似点が、本質的に、今日のわれわれの文化の中に存在するさまざまな困難によって生みだされている[11]」

その困難とは、ホーナイによれば、過度の競争心や、運よりも個人の宿命を信じる疑似宗教的な想念から生まれるという。「競争は、その主要な領域である経済に限られず、すべての活動領域に及び、愛と社会関係と遊びにまで、浸透する。われわれの文化においては、競争は、すべての人間にとっての問題であり……」と彼女は記している〔『ホーナイ全集第二巻　現代の神経症的人格』我妻洋訳、誠信書房、1973年[12]〕。

競争的、個人主義的な文化は、人々のあいだに特異なジレンマを生む。ホーナイはそれを、「解消できない矛盾」だという[13]。消費において競争の激しい、たとえば平均的な給料では買えない商品まで手に入れようとする文化のなかで生きることは、ごく普通の人にとって間違いなくフラストレーションの種《たね》となる。また、一般人にはおいそれと手に入らない地位や富を得ようと競い合う文化でも同様だ。

ホーナイは、このような風潮が人々の心にわだかまりを生むと考えた。わたしたちは、理想とする自分自身のイメージをつくる。たとえば、お金をたくさん持っている、洗練されている、魅力的である、といったものだ。そのイメージを利用して「欠けている」という不安を払拭する。つまり、そのイメージと自分を同一化し、文化が生みだす理想像と自分を一致させようとするのだ。そうすれば、自分だけが不完全だという孤独な劣等感にさいなまれることはない。しかし、これには代償がつく。文化がもてはやす完璧な人間と、わたしたちの本当の姿、つまり不完全な自分とのギャップが葛藤をもたらすのだ。

そのギャップが広がるほど葛藤は激しくなり、苦痛も増す。「〔自己を〕理想化したために、なおさら本当の自分に耐えられなくなり、怒りを感じ、〔自己を〕嫌悪し、求めるものが手に入らないやるせなさに苦しむようになる」とホーナイは述べている。わたしたちは自己防衛的になり、他者を恐れ、それまで以上に自分の不完全さを周囲にさらすのを恐れるようになる。こうした恐れにより、自尊心が低下する。その結果、愛情を過度に求めたり、他者の承認に依存したりするようになる。

安心感や他者とのつながり、自分の価値を失わないように、わたしたちは完璧という仮面をかぶる。ホーナイは、完璧な自己を「べき」がぎっしり詰まった武器庫だと述べている。「内なる命令をいくつか挙げると——何にでも耐えられるべき、何でも理解できるべき、みんなと同様に、常に生産的であるべき……」[14] このような命令からは逃げられないため、ホーナイはこれを「べきによる専制」と呼んだ。

こうしたホーナイの記述を読んで、わたしは、はっとした。この女性は天才だ。だって、そうじゃないか。もっとクールであるべき、もっとセクシーであるべき、もっと強くあるべき、もっと幸福であるべき、もっと生産的であるべき、過食を避けるべき、小食を避けるべき、定期的に運動をすべき、休息の時間をとるべき、友達と会うべき、飲酒はほどほどにすべき、何を依頼されても精力的に取り組み、骨身を惜しまず、常にイエスと言うべき、自分をケアすべき、料理はたくさんつくるべき、賢くて行儀のいい子どもに育てるべき。わたしたちは、こういった（しばしば矛盾する）命令を口うるさく、ことあるごとに自分に浴びせている。また、社会からも浴びせられている。たとえばインスタグラムのギャラリー、カーダシアン家のセレブたちのリアリティ番組、あちこちで見かけるポスターや広告は、こうした「べき」でいっぱいだ。これらのプレッシャーを一貫性のある形で解消するには、完璧さを追求するよりほかない。完璧な人物よりほかに社会が承認し、受容する人物がいるだろうか？

完璧主義は、この専制から生まれる。わたしたちはこのレンズを通して、「こうあるべき」という理想をどんどん投げてよこす社会を見ている。ホーナイ自身、プレッシャーの種類こそ違えど、同じように耐えがたいほど重いプレッシャーを抱えていた。ホーナイが女性に服従を強いる父権社会から学んだのは、「べきによる専制」によって生じたジレンマを解消できるのは誰か別の人間、つまり完璧な人間だけだということだった。のちに彼女は無数の患者を診察するなかで、そうした専制的な文化こそが彼らの苦悩の根本的な原因だと気づいて驚いた。ある患者の言葉が、それを雄弁に物語っている。「わたしの堅牢な『べき』の鎧。義務、理想、自尊心、罪悪感。わたしを支えていたのは、その絶え間ない強迫的な完璧主義だった。そして、その外側には混乱があるのみだった」[15]

アメリカの心理学者スコット・バリー・カウフマンは、2020年に『サイエンティフィック・アメリカン』誌でこのように述べている。「［カレン・ホーナイの］人格形成に関する理論の多くは、現代の人格心理学や愛着理論、トラウマ体験が脳にあたえる影響の研究によって裏づけられる」[16] それは確かだ。ところが、ホーナイの最も重要な貢献について、カウフマンは十分に言及していないとわたしは思う。つまり、わたしたちの心に切迫感を生じさせているのは、文化への順応である、という論理だ。この論理は、完璧さに執着する社会の到来を予言していたとしか思えない。

カレン・ホーナイは、67歳のときにガンで亡くなった。人生を果敢に生き抜いた彼女ではあったが、その人生は決して穏やかではなく、時として苦悩に満ちていた。それでもホーナイは、自分や患者を苦しめた心身の機能障害や、それをもたらす文化的条件づけへの探究を決してためらわなかった。もし、あなたがカレン・ホーナイに見られていると感じるなら、わたしと同様に彼女を親しい友人と感じるだろう。そして友人ならそうするように、彼女はあなたが自分の完璧主義で苦しまないように、自分だけが不完全だという孤独にさいなまれないように助けてくれるだろう。その苦悩は、あなたに問題があるわけではなく、文化のせいなのだ、と教えることで。

わたしが７つか８つの頃、放課後になるとときどき、父は母と連れ立って、わたしと弟を自分の働く建築現場に連れていってくれた。わたしは、それがとても楽しみだった。現場はいつまで見ていても飽きなかった。がらんとした広い空き地。レンガをうずたかく積んだたくさんのパレット。舗装用の骨材が積まれた未舗装の道路。半分ほどできあがった家が建ち並ぶ住宅街。日が暮れるとクレーンのライトが点灯し、暗がりから清掃員の一団が現れる。彼らは無言で掃除機をかけ、養生シートを外し、コンクリートの土埃を掃き、ゴミ箱のゴミを集める。

わたしの両親は、その清掃軍団の一員でもあった。家計が苦しくなると、現場監督が清掃の仕事を数時間ほど回してくれていたのだ。父は別段、清掃が得意ではなかった。だが、下手でもなかった。そして低賃金で働くほかの疲れた夜間労働者と同じく、献身的に励むわけでもなかった（それでも用は足りるのではないだろうか？）それに、父は片づけるよりも、むしろ散らかす仕事のほうが性に合っていた。たとえばベニヤ板をのこぎりで挽いたり、口に釘をふくんで１本ずつ取りだしながら敷板を打ちつけたり、といったことだ。

だが、母は違った。その手際のよさは人間業とは思えなかった。わたしは現場にいるあいだずっと母について回りながら、母の仕事ぶりを目を丸くして見守った。両手がゴミ袋や箒や掃除機でふさがっているのに、母さんはどうしてあんなに簡単にドアの鍵を開けられるんだろう。散らかった床に掃除機をかけながら汚れた壁も拭き、しかも大声でまわりに指示をあたえられるなんて、母さんにはどんなスーパーパワーがあるんだろう。子どもの目からは、その猛烈で徹底した仕事ぶりはまさに奇跡だった。そんなにきびきび働いても、もらえるのは最低賃金にも満たない金額だった。それでも、母は愚痴ひとつこぼさず仕事に取り組んだ。それが母という人だ――やる価値のあることは徹底的にやるだけの価値がある、と信じている。

また、じつのところ母は完璧主義者でもある。何をするにしても、じっくり丁寧に取り組む人なのだ。鉢植えの世話は怠らない。父がもらう報酬はたとえわずかでも家計簿につける。子どもは厳しく育てる。ホーナイと同じく、母も家父長制の犠牲者だった。母の父親は古くて厳格なしつけをする人で、戦争で心に深い傷を負っていた。兄弟はみな別の学校に行かせてもらい、いい仕事に恵まれた。別の状況だったら――母の創意が認められ、仕事の丁寧さが報われる状況だったら、人生はもっと母にやさしかっただろう。ところが、母は自分の価値を見誤り、自分を少し「頭が悪い」と思い込んでいた。

パームスプリングスからイギリスに戻る飛行機のなかで、わたしは自分と母がいかに似ているかについて考えていた。もし母がわたしの立場だったら、わたしと同じようにくよくよと思い悩んだことだろう。スピーチはうまくいっただろうか？　仰々しい感じがしただろうか？　ぎこちなかっただろうか？　こんなことをあれこれ考えたくはなかった。大西洋の上空で、ビジネスクラスのシートでくつろぎながら、スピーチが成功した瞬間を味わっていたかった。ところが何度そうしようとしても、失敗をほのめかす場面が頭に浮かんだ。観客の儀礼的な拍手。誰も席を立たないという痛烈なフィードバック。

これも、ある程度は運命なのだ。わたしの完璧主義の約30〜40パーセントは、間違いなく親から受け継いだものだ。そして主に愛する母からだとわたしはにらんでいる。母の遺伝子は、わたしの遺伝子だ。わたしたちふたりは、生まれついての完璧主義者なのだ。そして生きているかぎり、それはさまざまな形で現れつづけるだろう。わたしと母にはどうすることもできなかった。ずっと前から、母とわたしの人生のシナリオは「完璧主義者」の役を演じることが決まっていて、選択の余地は残されていなかったのだ。そして不思議なことに、そう思うと胸の内に安らぎが広がっていく。

わたしたち人間は同じであると同時にまったく違う。遺伝子は人生の波瀾万丈のシナリオに一役買っているけれど、それほど出番は多くない。じつのところ主役でさえない。遺伝率が30〜40パーセントという数字は大きいが、環境があたえる余地もたくさん残っている。そしてジュディス・リッチ・ハリスが教えてくれたように、環境というのは文化のことだ。文化は、わたしの完璧主義の声を鎮めることもできたのに、逆に金切り声ほどに増幅させてしまった。

これこそが、あのパームスプリングスでわたしが圧倒されてしまった理由なのだ。だからこそ、わたしのスピーチを聞くために何千ドルも払う人たちより整備員のほうに自分を重ね、決してそうではなくても自分を身の程知らずの詐欺師だと思い込んでしまうのだ。こうした心理は、はじめからわたしの遺伝子のなかに潜んでいる。だがホーナイが言ったとおり、それは広大な社会の、わたしの手のおよばない、どうすることもできない文化の力によって育まれ、花開いたのだ。

カレン・ホーナイの著作の大半は、40年代から50年代にかけて執筆された。それから世界は大きく変わった。それでも競争と個人主義はいまだに価値観の主流であり、ジェンダーや階級、人種による偏見や差別もなかなかなくならない。とはいえ、新たなプレッシャーもある。それは、わたしたちすべてにのしかかるプレッシャーだ。これにはホーナイも顔をしかめたに違いない。ソーシャルメディアの目、過干渉の親、産業的規模の共通テスト、週80時間労働、収入の格差。出身家庭による富と機会の差は広がりつづけ、金融システムは不安定で、危機が訪れるたびに破綻が危ぶまれている。これらは、「まだ不完全だ」と考えて人よりも秀《ひい》でようとする時代に延々と流れているバックミュージックだ。

それでは、カレン・ホーナイの知恵を21世紀に合わせてアップデートしよう。現代の文化に、そして、わたしたちを厳重に縛りつけている「完璧であれ」というプレッシャーに目を向けてみよう。

第7章　わたしが持っていないもの あるいは完璧主義はいかにして（つくられた）不満の土壌で育つのか

個人が個体として結晶できたのは、政治経済の諸形態、とりわけ都市における市場制度の賜物である。個人は社会化の圧力に反対する場合でさえ社会化の産物であることに変りないのであり、その刻印を自らの上にとどめている。

テオドール・アドルノ[1]

［Th・W・アドルノ著『ミニマ・モラリア　傷ついた生活裡の省察』三光長治訳、法政大学出版局、2009年］

わたしは、ロンドンから列車で1時間ほど北上したところにある小さなマーケットタウン、ウェリングボローで育った。ウェリングボローは典型的なイングランド中部の町で、郊外には、低い生け垣に囲まれた田園が連なり、春になると菜の花畑が黄金色に染まる。父によれば、数十年前は「活気のある」町だったらしい。ヴィクトリア朝様式のテラスハウスやワークハウス・コテージが建ち並び、近くの鋳物工場で働く職人や事務員、見習い技師たちが家族で暮らしていた。個人商店は客足がとだえず、地元の劇場のチケットはいつも完売で、パブは若者から高齢者までいつでも満席だった。

ところが、今は見る影もないあり様だ。製造業は衰退し、そこにグローバル化やテクノロジー、10年におよぶ歳出削減の波が押し寄せ、それでも足を引きずりながらどうにか生き延びようとしている状態だ。個人商店は、お得意様だった中産階級とともに消えてしまった。たいていの買物はショッピングセンターで間に合うため、マーケット広場はさびれるいっぽうで、ファストフードチェーンやら、リサイクルショップやら、ブックメーカーやらがどうにか客をつなぎとめている。町の入り口の看板の「Wellingborough」という文字は、誰かが真ん中に黒いペンキをスプレーしたらしく、「Well rough」［荒れ果てた、物騒な、という意味合い］になっている。それでも誰もペンキを落とそうとしない。たいていの住民は、その的を射た自虐的なユーモアを、かえっておもしろがっているからだ。

かつてウェリングボローを愛していた父も、すっかり心変わりしたらしい。「時代に取り残されてるよ。それなのに、どうにかしようなんてやつは誰もいないんだ」それが父の口癖だ。

ポスト産業主義の西洋社会で見捨てられた小さな町の例に漏れず、ほとんどの家庭が貧しいので、ある程度の金があれば裕福な家庭になる。わたしの高校時代の友人、ケヴィンとイアンも、そうした家庭の子どもだった。ふたりはみんなの羨望の的で、常に注目されていた。ほとんどの子どもはウェリングボローの諸問題の中心地ともいえる公営団地に住んでいたけれど、この少年たちは違った。ふたりが住んでいたのは、団地のすぐそばの新興住宅地だった。通りに散らばった瓶の破片や、汚れたおむつとは無縁の場所だ。また、ふたりはいつもきれいな、人に見られても恥ずかしくない車で学校の送り迎えをしてもらっていた。そして年に一度、トルコやスペインのパック旅行に出かけていた。学校行事のとき、ふたりの両親は1マイル離れていてもすぐにわかった。ニットウェアにネクタイといういでたちの親は彼らだけだったからだ。

わたしがこの少年たちと知り合ったのは、総合制中等学校のシックス・フォームのクラス［イギリスでは、大学進学希望者は16歳以降、中等学校に設置されているシックス・フォームと呼ばれる2年間の学習課程に移行して進学の準備をする］にいる頃だった。ケヴィンとイアンはその数年前から、すでに親友同士だった。ふたりはいつも一緒で、互いにやたらと義理堅く、互いに何を欲しているかを直感的に知っていた。そして、ふたりとも、欲しいものは父親のクレジットカードで手に入れていた。服装はまるでナイキやラルフ ローレンやアディダスの歩く広告塔で、携帯電話はいつも最新式、自由時間には『GQ』や『FHM』などの雑誌をめくって時計やら、ヨットやら、豪邸やらの写真をながめ、いつか手に入れる誓いを立てていた。

今、思い返すと、ふたりは互いの所有物が気になって仕方がなかったのだろう。デザイナーズブランドや最新のガジェットを手に入れる競争に明け暮れ、モノが自分や他人を測るものさしになってしまっていた。思春期という感化されやすい年頃に、ふたりはひとつの方向、つまり、モノを買うという方向にはまり込んでいた。ようするに、欲しいものと必要なものの区別がつかなくなるようにしつけられた消費者だ。ふたりは流行ばかりを追い求めた。流行の最先端をいく自分をアピールすることが学校生活の最重要課題であり、そのための金もあった。ふたりは互いに競争心をあおりながら、過度な消費を繰り返していた。

その競争は、車の購入で頂点に達したといっていい。17歳になると、ケヴィンとイアンは我先にと運転免許をとろうとした。そして試験に合格すると、ふたりともオプションフル装備のハッチバックを買ってもらった。ふたりが、そのハイスペックの新車に乗ってウェリングボローの狭い路地を疾走する光景は、忘れられない。カーステレオから流れる音楽。ライトに照らされたナンバープレート。道路に立ちこめる霧を貫くフォグランプの青い光。ふたりは互いに相手をあおって、抜きつ抜かれつのスリルを楽しんでいた。

ふたりのそんな姿を、わたしは嫉《そね》みにも似た気持ちで見ていた。ケヴィンの車の横に立ち、手を双眼鏡のように目のまわりに当ててスモークガラスのなかをのぞくと、色とりどりの近未来的なノブや光るボタンが見えた。レーシングカーを思わせるシートの別次元の格好よさに、思わず息を呑んだ。わたしはその場に釘づけになった。抗いきれずそのシートに身を沈めたとき、真新しい革のジャケットのような、柑橘《かんきつ》系のフレグランスのような、ケヴィンの父親がドアの蝶番《ちょうつがい》に差していた潤滑剤のような匂いがした。今思い返しても、ケヴィンとイアンを地元のヒーローのような存在に仕立てあげたのは、明らかにあのスポーツカーだった。助手席のシートに、天にも昇るような心地で座っていたわたしのような子どもの感嘆の言葉は、彼らの耳に心地よく響いたことだろう。それが社会的階級のてっぺんにいることを示す、さらなる証拠であるかのように。

いっぽう、わたしの体験はまったく違った。お金やモノをたくさん持っていることを賛美する消費文化は、わたしがこの少年たちと自分を比べるたびに恥じることを教え込んだ。まして車となれば、その恥は胸を掻きむしるほどだった。だから、わたしは嘘をついた。自分もそのうち父親から車を買ってもらえるのだ、と。父は買わなかった。というより買えなかった。だが、たとえ嘘だと思われようと、わたしは見栄を張りつづけた。あの当時、ステータスや成功、自尊心の頂点は、まさしく他者の承認と称賛だったからだ。それらを勝ち取るには、自分が持っているモノを見せびらかす以外に何があるだろうか？

わたしたちは、度を超した時代に生きている。わたしたちの経済は、まるで歯止めが利かなくなった遠心分離器のように、過熱状態のまま拡大しつづけている。成長はもちろん、その状態を維持するには、より新しく、より利益を生むものを人々にあたえて消費させなければならない。

ケヴィンやイアンのような貪欲な消費者があちこちで増えているのは、それが理由だ。もし彼らがいなかったら——もしみんなが突然、モノを買っては捨てる生活をやめ、「今のままで十分だ」と考える生活に落ち着いたら、需要は落ち込み、経済はあっという間に冷え込んでしまうだろう。それからどうなるかを、わたしたちはよく知っている。

この「成長こそすべて」の経済を、経済学者は「サプライサイド」経済と呼んでいる。なぜ「サプライサイド」なのかというと、より新しく、より斬新な商品が消費者の購買意欲をそそり、その意欲が利益を生み、それが雇用やその他諸々を生むからだ。このシステム下で理想的な市民は、よき消費者の性質を磨く。彼らはモノをつくらない。買うのだ。わたしたちは、せっせとモノを買いつづける生活スタイルを通して、個性を表現することを求められている。ちょうどケヴィンとイアンが、服や時計、車を買って個性を表現していたように。企業は、消費者の欲望を刺激するために独創的なアイデアをひねり出し、ぜひとも欲しいと思わせる新商品や改良品を次から次へと世に送りだす。そのため最近は、たとえ靴下1足でも、店に行けば目移りするほどたくさんの商品が並んでいて、ただ必要なものを買いにきただけでは済まなくなってしまう。

これは無駄が多いけれど、強力なシステムだ。このシステムを機能させるには、要らないものでも、ぽんぽんカゴに放り込む貪欲な消費者が必要になる。ファストファッションの過剰な選択肢は、その典型といえるだろう。このほかにも数えきれないほどの例がある。冷凍冷蔵庫、エスプレッソマシン、鋳鉄製の調理器具、薄型テレビ、音響システム、定額制配信サービス、ロボット芝刈機、複数台の車、調理用ブレンダー、豪華な装丁の本、洗濯乾燥機、フェイススクラブ、あらゆる機能を備えたスマートフォン、キャンドル、国外旅行、香水やコロン、香りのいい保湿剤、痩せ薬、トレッドミル、ヨガマット。

こうした過剰さにより、現代の家庭がそれなしでは生活できなくなるような商品が続々と登場する。そして購買リストに加えられるものは、年々増えていく。アメリカの小売売上高は、2013年には4兆4600億ドルだったのが、2021年には驚いたことに6兆6000億ドル近くまで跳ねあがっている。[2] 世界全体の小売売上高は、2025年までに何と32兆ドルを超えることが予想されている。[3]

こうした爆発的な消費を維持するには、商品をつくるだけでなく、それに対する欲望もつくりださなければならない。そのため過去40年ほどのあいだに、宣伝活動やマーケティング、広告、金融などの業界は驚くほどに成長した。まさにドル箱市場となった今、あなたがそのうちのどこかで働いている可能性は高い。もしそうであれば、あなたは商品を「トレンディ」で「クール」で「おしゃれ」で「素敵」で「新しく」て「エキサイティング」で「フレッシュ」で「ゴージャス」で「大人気」だと消費者に思わせることが、本当の利用価値を説明するよりはるかに重要なことを知っているはずだ。

このイメージによるマーケティング砲撃をあらゆる方向から浴びせる手法が、つくりものの現実を見せるホログラム文化だ。そこから逃れるのは不可能に近い。このホログラムは、入念につくり込んだ幻、つまり完璧な生活を見せることで、関心と欲求の自然な衝動をかく乱し、買える物であれば必要がなくても欲しくなるようにさせてしまう。そうした写真映《ば》えのする完璧な生活とライフスタイルの画像や映像が、朝のニュースに、通勤や通学の道の頭上に、サッカーの試合の最中に、高速道路の広告板に、空港の出発時刻案内の中央に流れている。衣類、衛生習慣、身づくろい、ガジェットや家庭用品などの所有物、移動手段、フィットネスの習慣、そして食生活までもが、このホログラムを通して消費者にすり込まれる。実際に、現代のあらゆる問題には、商品化された解決策がある。気分や感情、思考、行動の悩みは薬剤によって、人間関係の悩みは定額制のアプリを通して、というように。

広告が7660億ドルの世界規模の産業であり、2025年までに1兆ドルに達すると予想されるのも当然だろう。[4] ホログラムがしっかり効いている。

さかのぼること1920年代、広告業界誌『プリンターズ・インク』は、広告のなかの自己を反映した幻影がきわめて強く影響をおよぼすのは、不安を増殖するためだとあっさり認めている。つまり自信のなさから生じる不安と、生活環境への不安だ。ある広告業者によれば、完璧な姿を映しだす広告は「[消費者に]鼻の毛穴や口臭など、あって当然のものを意識させる」という。別の業者は、広告が現実を誇張して「大衆がみずからの生活に不満を抱きつづけ、自分のいる環境を見苦しいと思うように仕向けている」と述べている。この業者は、現状に満足している消費者は「不満を抱えている消費者ほど利益を生まない」と断言した。[5]

今日の趣向を凝らした広告は、昔のあかぬけないポスター（今でも目にするけれど）に比べれば、すばらしい進歩だ。それでも広告の本質は、先ほどの『プリンターズ・インク』誌が表立って言えないことをはっきり言った時代からいくらも変わっていない。たとえば、わたしは広告を見て、自分がどう見えるべきかが、やたらと気になりだす。そして、この世界のどこかに、ロレックスをそっとなでながら宙を見つめる、フェイスラインの完璧な紳士が本当にいると思い込む。だが、わたしがどんなにしゃれた装いをしようと、どんなにしわ取りクリームを塗ろうと、その紳士はわたしではない。率直にいえば、その広告板や、時計を物欲しげに見つめる多くの男性諸君でもない（こんなことを言って申し訳ないが）。

ほんのありふれた商品でさえ、興奮気味の声高《こわだか》な宣伝文句によって売られている。気分が盛りあがるきらきらした演出も、そこに隠れた本当の目的を果たすためのものでしかない。ポジティブに考えよう！（よし！）潜在能力を解き放とう！（わかった!!）あなたならできる！（やるぞ!!!）……さあ、どうぞジムの会員に（ん？）。この業界の美辞麗句の裏に隠されたものをのぞいてみれば、昔と少しも変わらないものが見つかるだろう。ようするに、このブランドを身につけないと、このサブスクリプションに登録しないと、このガジェットを使わないと、この商品を買わないと、あなたはクールじゃないし、格好よくないし、魅力的じゃないし、生産的じゃない、と言いたいのだ。

すべての広告がそうだというわけではない。たとえばペイデイローンや債務整理、住宅ローンの借り換えサービスなどを宣伝するものもある。だが、これだけははっきりいえる。広告というものは、精巧なホログラムを見せて消費者の不満をつくりだすという点では、今も昔も変わらない。広告の効果によって自分に欠けているものがあると思い出したら、もうそれが頭から離れなくなってしまう。ケヴィンとイアンがモノを所有することに固執したのは、自分の所有物を使い捨てのカジノチップのように扱うよう文化から教わったからだ。そのため、彼らは広告業者やマーケティング担当者、PR担当者に盲従し、よりよい手札を求めて、話題の新商品に賭けつづけなければならなかった。

率直にいえば、ケヴィンとイアンは経済が求めるとおりにふるまっていたのだ。彼らだけではない。サプライサイド経済のなかで生きる無数の人々もまた、貪欲な消費者だ——わたし自身も含めて。広告の力は絶大だ。たとえ情報に通じた人でも、24時間ぶっ通しで声高に切々と訴えてくるものに抗うのは難しい。繰り返すが、これもホログラムの効果だ。しかも、その力は圧倒的だ。

そして、この力こそ、わたしたちのほとんどが、ありのままの自分を受け入れられずにいる理由だ。自分は「このままで十分だ」と思えない理由だ。なぜなら、安心と満足が得られないかぎり、わたしたちはいつまでも実現しない完璧な生活や生き方を求めて、広告の教えるままに切望し、消費しつづけるからだ。

そして、問題はそこから広がっていく。「成長こそすべて」の経済では、不満は人々の生活のなかで永遠につくられつづけなければならない。ほかに道はないのだ。ややこしい言い方になるが、必要なものを手に入れたければ、必要ではないものを買いつづけなくてはならない。ヘルスケア、セキュリティ、教育、仕事など、生きるために欠かせないものは、今の幸福と引き換えにして、もっといいものをあげようという約束を買わなければ手に入らない。[6] なぜなら、わたしたちがちょっとひと息ついてホログラムの外に出ることを許され、自分という人間がただ存在することの奇跡に満足すれば、もう切望しなくなるからだ。わたしたちが切望をやめれば、消費も止まる。そうなると企業は営業を終えざるをえなくなり、雇用は失われ、本当に必要なものも消えはじめる。そして社会の基盤は、わたしたちの知るとおり、崩壊するだろう。

ベストセラーの自己啓発書やドキュメンタリー映画、テレビ番組、ＴＥＤトーク、健康情報のウェブサイトは、世の中に広がる「欠けている」ことへの不満を克服するための秘訣やライフハックであふれかえっている。けれども、わたしにはそうしたものに本当に効果があるとは思えない。不満という感情がいかに自分の内面に深く染み込んでいるか、本当に理解している人がいるだろうか？　まだ金が足りない、まだクールじゃない、まだ魅力的じゃない、まだ生産的じゃない——こうした気持ちは、少しばかりのセルフ・ケアやポジティブ・シンキングで払いのけられるものではない。これは社会全体に浸透した共通の思考の枠組みであり、認知科学の研究者たちが「ルート・メタファー」と呼ぶものだ。自分は不完全だ、あるいは、常に自分を更新・改善しなくてはならない、という感覚は、わたしたちの内面の奥深くに染みついているため、それが人間の本来の状態だとわたしたちは思い込んでいる。

だが、それは違う。もし秦の中央集権時代の中国人や、肉と魚しか食べなかった昔のイヌイットが、ビジネススキルをアピールするリンクトインや、筋トレに励む人たちのSNSの投稿を見たら、たとえ言葉がわかったとしても理解に苦しんだに違いない。現実はもっともっと不吉だ。より多くを手に入れる競争の下に潜んでいる「欠けている」という思い――このままでいいのだろうか、と常に不安を抱かせるもの――は、社会を通して、つまり経済によってたたき込まれたものであり、この先もずっとたたき込まれつづけなくてはならない。なぜなら、もしわたしたちが突然目を覚まして、そのような思考から抜けだし、自分や生活を更新・改善しつづけなくてもいいと気づけば、それ以外のあらゆる物事もストップしてしまうからだ。

現代社会の構造は、そうした不満を材料にして成り立っている。広告業者が誇張してつくりあげた無数の欠点によって、わたしたちはいつまでも過剰に消費しつづけなければならない。その結果、わたしたちの経済も過剰に成長しつづけるのだ。

あなたは、こう尋ねるかもしれない。それは、まさにカレン・ホーナイを悩ませた文化的ジレンマと同じものではないのか？　答えはイエスでもあり、ノーでもある。まずイエスである理由は、彼女の時代の文化と同じく、現代の文化は、社会がわたしたちにそうあるべきだと教える完璧な人物像と、わたしたちの本当の姿である不完全な自分とのあいだに大きなギャップをつくるからだ。いっぽうノーである理由は、現代の消費の仕組みがきわめて独特だからだ。ホーナイの時代のジレンマは、企業が宣伝する商品の多くが、平均的な消費者には買えなかったところにある。この、どうにもやりきれない欠乏感がジレンマを呼んだ。

だが、現代のジレンマは、多くの点でその逆だ。安価な輸入品とクレジットという取引形態の普及によって、大多数の消費者が、必要だと言われればそれを買えてしまう。現代人に欠乏はない。それどころか、あまりにもたくさんのものを手に入れられる――明らかに必要以上のものを。ところが、そうやって目覚めている時間の大半を消費文化にどっぷり浸かって過ごしているのに、どういうわけか、わたしたちは慢性的な不安にさいなまれている。それも、かつて経験したことがないほどの不安に。

18歳になると、わたしはカレッジに入学したので、ケヴィンやイアンとの交流はそこでとだえた。だが数年後、わたしは彼らと連絡をとった。ふたりはまだ親密で互いに義理堅く、やはり激しく張りあっていた。何をするにしても、何を見るにしても、ふたりとも相手より先でないと気が済まなかった。いっぽう、わたしのほうは別人のように変わっていた。だから帰省して、場所も人も自分が去った頃といくらも変わらないのを見て安らぎを覚えた。

けれども、変わったことがひとつあった。わたしが家を離れているあいだに、ケヴィンの家族経営の事業がかなりの成功を収めていたのだ。彼らはホームオフィスのコンサルタント会社を発展させて、世界でも指折りの大企業のいくつかにサービスを提供していた。ケヴィンの収入が指数関数的に増えたことは、一目瞭然だった。ほんの3年のうちに、ケヴィンの一家はウェリングボローから郊外に移り住んだ。そこはゲートから4分の1マイルもあるドライブウェイの奥の、2エーカーの敷地にたたずむ大邸宅だった。

ケヴィンの父親があっという間にただの金持ちから億万長者になって、ケヴィンの人生も一変した。この21歳の若者は、父親の会社から巨額の報酬を得て、寝室が4つもある邸宅で暮らし、高級車を何台も買い揃え、もちろんゴルフもはじめていた。

わたしがケヴィンの豪邸の娯楽室でビリヤードの玉を撞《つ》いているとき、彼は言った。「すごく運がよかったんだよ」彼がそれを自分に言っているのか、わたしに言っているのかはわからなかった。ケヴィンが新興の富裕層であることを自覚し、自分の人生を羞恥心に似た思いで見ていることに、わたしはいつも感心した。貧困層のあいだで育ったケヴィンは厳しい現実を知っていたし、自分が贅沢三昧の暮らしをしていることへの罪悪感も隠しきれなかった。

それでも、彼は恐れというものを知らなかった。特権というと、たいていは優位性のほうに目がいき、根本的な利点を忘れがちだ。ようするに障害がないのだ。実際にケヴィンには何も恐れるものがなかった。自分の人生が他人のそれよりも楽だということを、みずからの境遇から学んだことは明らかだった。運がよかったと彼が言ったのは、そういう意味だったのだと思う。不公平きわまりない世の中で、彼には受容という類いまれな才能があった。ありのままの自分を受容し、みずからの境遇を受容する。自分の人生の物語について正当化する必要もなく、説明する必要もない。人生における当たりくじは、彼の努力と才能に比例しながら、あたかも複利のように順調にその恩恵を増やしていったのだ。

ケヴィンは、自分がそれほどの幸運に恵まれるとは思いもしなかった。彼は起きたことをただ受容しただけであり、それによって、ありのままの自分でいることが許されたのだ。

ところが、そうしたケヴィンの成功は、イアンにまったく別の影響をもたらした。イアンはケヴィンを尊敬していた。そしてケヴィンの贅沢三昧の暮らしぶりを見て、それを自分の努力が行き着く先だと考えたようだ。ケヴィンが家を買ったとき、イアンも同じように家を買った。ケヴィンが新車を買ったときは、イアンもローンを組んで同じクラスの新車を買った。ケヴィンが高価な時計や宝飾品を買ったときは、イアンも無理をして同等の贅沢品を買った。

ケヴィンの誕生パーティーで、イアンは言った。「ぼくとケヴィンは、ずっと張りあってるんだ」彼は自分の思いをそのまま口にしただけだった。出席者のあいだにどっと笑いが沸き起こった。それでも、その張りあっているという言葉が、わたしにはイアンの一方的な気持ちのように思えた。結局のところ、一般人には不可能なケヴィンの生活水準を追いかけているにすぎないのだ、と。それは、モノによって完璧な人生を手に入れようとする姿であり、何でも買える時代の典型といえるだろう。

理想の生活を追い求めることは、イアンの人生の苦しい時期に不安を吹き込んだようだった。ある冬の晩、わたしは不当に解雇されたイアンに気晴らしをさせようと飲みに連れだした。とはいえイアンは悲しんでいなかったし、自分を解雇した上司に腹を立ててもいなかった。彼は起きたことではなく、次に何が起きるかを心配して途方に暮れていた。不当な仕打ちを受けてへこんでいる場合ではなかったのだ。現代人のほとんどと同じく、彼も多額の住宅ローンや車のローンを抱え、クレジットカードの請求書も次々に送られていた。イアンが恐れていたのは、仕事がなく頼れるだけの貯金もない状態で滞納したら人にどう思われるか、だった。

とはいえ、彼は滞納しなかった。類いまれな進取の精神の持ち主だったからだ。それでもしばらくは経済的に苦しくて、生活は楽ではなかった。

そんなわけで、わたしたちはショーディッチのとあるさびれたバーで、7杯のスコッチウィスキー（明らかに飲み過ぎだ）とともに現実の世界を忘れた。少なくともそのときだけは、彼の心配も吹き飛んだ。

よりよい暮らしを追い求める社会で暮らしていると、どんなに裕福であろうと、欲望を満たす手段の限界が必ず訪れる。カレン・ホーナイにとって、そうした矛盾は物質的な欠乏以上のものだった。それは内面の葛藤のおおもと、つまり自分の本当の姿と、文化がそうあるべきだと教える自分との矛盾だった。

こうした矛盾は現代では見えにくくなっているものの、大きな問題であることに変わりはない。安価な輸入品によって、製造コストがどんどん削られている。クレジットカード、後払い決済《BNPL》

サービス、割賦販売契約が普及して、大多数の人が欲しいものを手に入れられるため、欲しいもののリストは長くなるいっぽうだ。1950年代にホーナイが「べきによる専制」について述べたとき、アメリカの民間債務は国内総生産《GDP》の約50パーセントだった。今では224パーセントになっている。アメリカは明らかに極端な状況だが、アメリカ以外の先進国も、ここ数十年のあいだ同様の借金ブームを享受している。

現代社会において、わたしたちは減退しはじめている先進国市場から成長をひねり出すため、クレジット、つまり借金による取引形態にますます頼っている。

それに異を唱えるつもりはない。だが、クレジットを通して成長を引きだすのは、尋常なやり方とはいえない。現代の経済市場は魔法で生みだされた天文学的ともいうべき巨額の金であふれかえっており、スプレッドシートにゼロが加わるたびに実質的なリターンは減っていく。経済学者のティム・モーガンによれば、2000年から2007年にかけて全世界の債務総額は55兆ドル増えているが、GDPは17兆ドルしか増えていない。銀行間の債務を除けば、1ドルの成長につき新たに約2ドルの借金が必要な計算になる。モーガンは、こうした計算を2014年まで続けた。その結果、全世界の債務総額はさらに50兆ドル増えていたが、GDPは1ドルにつき約3ドル借りる計算になった。[7]

モーガンの数字が正しければ、いずれは新たに借金をしても、それ以上の成長は見込めない日が来るだろう。だが、わたしたちはその事実を受け入れるより、膨らみきって、いつはじけてもおかしくない経済をさらに膨らませようと、クレジットのポンプを必死で押しつづけている。「プランB」はないのだ。経済が悪化したら紙幣を刷って、それを回復と呼ぶだけだ。

それでも、わたしたちの切望が満たされるかぎりは、そのための借金が膨れ上がって持続不可能な状態であっても、問題視はされないのではないだろうか？　確かにそのようだ。結局のところ、金融市場が開放されているおかげで、わたしたちは多様なガジェット、最先端のテクノロジーによる家電製品、より大きくパワフルなSUV車、家具、大きくなるいっぽうの豪邸というように、もっと完璧なライフスタイルと、もっと贅沢な暮らしを追いかけることができる――永遠に――たとえ賃金が上がらなくても。[8]　イアンのBNPL自己改善プロジェクトは極端な例かもしれないが、決して特異な例ともいいきれない。ここ数十年、消費者の行動パターンはそうした方向に変化している。

具体的にいうと、1970年代に行われた世論調査では、よい人生とはどんなものかという質問に対して、幸福な結婚や子育て、やりがいのある仕事、社会貢献といった答えが多数を占めていた。[9]　同じ質問に対して1990年代は、別荘や新型テレビ、最新流行の服、そしてたくさんのお金といった答えが多かった。[10]　また、1980年代にアメリカで生まれた人の80パーセントは、物質的な豊かさを得ることが最も重要な人生の目標だと答えている。この数字は60年代から70年代にかけて生まれた人よりも、ほぼ20パーセント多い。[11]

こうした物質的な欲望があり、それを満たすための融資が受けられる今の社会において、わたしたちはより幸福になったとあなたは思うだろう。しかし、イアンの話でわかるように、ことはそれほど単純ではない。アメリカの経済学者リチャード・イースタリンによる、富が幸福にあたえる影響を調べた研究はよく知られているが、その結論は明らかだ。つまり、お金やモノが増えても、そのぶん幸福になれるわけではない。彼の分析は一貫して、ある国が一定の豊かさに達すると、さらに豊かになっても国民の幸福度は上がらないことを伝えている。[12] これと同じ論理が、所得のレベルにも見られる。アメリカでは1940年代から1990年代まで所得がかなり上がっていたにもかかわらず、当時の一般的なアメリカ人が答えた幸福度はあまり変わらなかった。[13] 年収が10万ドルと聞けば、楽に暮らせる金額だとたいていの人は思うだろう。ただし、そこで幸福度は頭打ちになって、収入がそれ以上増えても幸福度は増さないという。[14]

このパラドックス、つまり豊かになりすぎても幸福にはなれないという説は、イースタリンのパラドックスと呼ばれている。教科書的にいえば、これはステータス不安と呼ばれるものが原因だ。ステータス不安は、お金やモノが足りないことによる恐れではない。人と比べてお金やモノが足りないという恐れだ。簡単にいえば、まわりに後《おく》れをとるな、ということだ。現代社会では、この不安が極度に広がっている。これこそ、まさにイアンが抱えていたものだ。たいていの人が買えないモノやサービスを買いつづけながらも、彼はケヴィンのとなりにいるかぎり決して満足できなかった。

「人生において、いつ、どこで過剰になるにしても、その裏には欠乏が隠れている」とイギリスの心理療法士のアダム・フィリップスは述べている。「過剰さは自身の欠乏の最大の証拠であり、その欠乏を直視せずに済む最善の策」だと彼はいう。[15] 彼は正しい。いくらお金を使おうと内面的な欠乏、つまり「まだ足りない」という思いはそこに居座りつづけ、モノを買っては捨てることを繰り返したところで、それを振りはらうことなどできない。なぜなら、問題はモノではないからだ。問題は、これで十分だと思えないところにある。そう思えないかぎりはモノを買うのをやめたり、自分に投資したり、ありのままの自分を受け入れてもらったりすることは望めないだろう。

繰り返しになるが、自分が不完全で受け入れてもらえないと感じてしまうことこそが、わたしたちの経済の目的といっていい。個人の幸福や満足感、目的や他者とのつながりなどの基本的な欲求などおかまいなしで、不満と競争心を生みだしている。「今のままで十分だ」という思いが根づかないように。このシステムの最優先課題は、ただひとつ。成長だ。いかに短期間でより多くの成長を量産するか、なのだ。このまま放っておいたら、ほかのあらゆる課題は放棄されてしまうだろう。やがて、わたしたちは自分が持たないことを恥じ、そこから生まれる不安をモノによって癒すだけの存在に成り果てるだろう。

少年期から、わたしは消費文化や他人が消費する姿を見て、自分の生活のなかでそれと一致しない部分——ほぼすべて——を恥じるようにすり込まれてきた。けれども、それをすり込まれたのは、わたしだけではなかった。インフルエンサーとして名高いブレネー・ブラウン教授は、

「わたしがインタビューを行った人たち全員が、自分の弱い部分」と、不十分だという「恥にもとづいた恐れに苦しんでいることを打ち明けた」と述べている。[16] わたしの教え子もみんな、これと同じ悩みを口にしている。わたしの家族や友人の多くも同じだ。社会規定型の完璧主義のレベルが急上昇している理由こそ、この恥だ。「自分はまだ完璧じゃない」「まわりから完璧さを求められている」こうした内なる声が、サプライサイド経済がつくりだしたイメージの型にはめられてしまう新世代の若者のなかで響いているのだ。社会規定型の完璧主義は、成長のみに依存する経済では避けられない。避けられないとはいえ、わたしたちがもっと満たされた意義深い人生を送るためにできることはある。そのなかでもいちばん重要なのは、セルフ・コンパッション、つまり、あるがままの自分を受け入れることだとわたしは思う。[17] どんな人間にも欠点がある。そうした欠点を咎められたり、人目にさらされたり、広告と比べたりすると、わたしたちの本能はその欠点を恥じて嫌悪する。それが、ひどい間違いであるかのように考える。

そして内なる声が囁く。「今のままでは駄目だ。もっと格好よく、もっと幸福で、もっとクールで、もっと素敵にならないと」

クリスティン・ネフは、おそらく最も実証的なセルフ・コンパッションの研究者だろう。彼女は、セルフ・コンパッションと自己肯定感《セルフ・エスティーム》をはっきり区別している。自己肯定感は、肯定的なセルフイメージをつくるが、ネフの研究では、そうしたセルフイメージはもろくて壊れやすいことがわかっている。[18] 彼女によると、セルフ・コンパッションはセルフ・エスティームではなく、セルフコンセプト・クラリティを築くという。セルフコンセプト・クラリティとは、自分自身をどのように大切にしているか内省することだ。自分の価値を所有物や外見で測らず、自分の思考や感情に目を向けることだ。そのとき、内なる声はこんなふうに言うだろう。「何が起ころうと、人が何を言おうと何をしようと、わたしはこのままで十分だ。わたしは自分を大切にする」

研究によれば、セルフ・コンパッションの尺度のスコアが高い人は、スコアが低い人に比べて自己呈示への関心が少なく、「完璧にならなくては」という気持ちもそれほどなく、ボディ・アプリシエーション、つまり自分の肉体を受け入れて尊重する傾向が見られたという。[19] また、こうした人たちは、ストレスフルな状況にもうまく対処し、くよくよ気に病んだり考えすぎたりすることも少なく、不安やうつなどメンタルヘルスの問題を訴えることもあまりなかった。[20] 現代社会で生きるには、そのどれもが、わたしたちに求められている「不安と不満」よりも健全な心の基盤のように思える。

そのため、何より自己肯定感が必要なときにそれを放棄したりせず、自分を大切にすることを約束してほしい。ネフがいうように、自分の不完全さを受け入れ、人類に共通する人間性を認めよう。たとえ自分の文化が、それは違うと懸命に諭《さと》しても、完璧な人間など誰もいないし、完璧な人生など誰も送っていない。それを理解してほしい。これらを実行しようと決断できれば、あなたが抱くはずの恥を、最初はうまくいかなくても少しずつ締めだせるようになるだろう。ネフの研究でも、セルフ・コンパッションを根気よく続ければ、やがて恥やネガティブな反芻思考、自分の外見への不満にもだんだんと心を乱されなくなることがわかっている。[21]

自分は自分以外の何者でもない。毎晩ともに眠りにつく、ぼろぼろの欠点の塊だ。その欠点をすべて抱きしめて、自分を慈しんでほしい。人間であることは不完全であることだと認めてほしい。そうすれば、完璧主義を粉々に打ち砕ける。この社会があなたを打ち負かそうとしたら、必ずセルフ・コンパッションを実践してほしい。広告が何といおうと、その商品を買おうと買うまいと、あなたが不完全であることはずっと変わらないのだから。そのあなたは――ただそのままで十分だ。

わたしがよく訊かれる質問がある。完璧主義の流行は、常に優秀さが求められる中産階級特有のものではないのか。それもひとつだ。これについては、あとで述べよう。ただ、ウェリングボローで育ち、富裕層の暮らしぶりがどんなものか身にしみてわかっているわたしとしては、その問いには、きっぱりノーと答えたい。現代社会に生きるわたしたちは、ひとり残らず消費者だ。そして階級にかかわらず、この経済を存続させる燃料である完璧主義の幻想から逃れられる者はひとりもいない。

だが、それを裏づけるデータをわたしは持っていない。なぜなら、完璧主義のスコアのデータで信頼できるものは、あくまでも大学生から集めたもの、つまり中流階級の特徴を有する被験者のものだからだ。それでも、わたしには自分の目と耳によるエビデンスがある。そのエビデンスは、抑えきれないほどの不満が社会のあらゆる階層でつくられていることを告げている。おそらく階層の下にいくほど、その不満は強くなるだろう。彼らは、この文化の理想の姿、つまり完璧な人生とライフスタイルを手に入れる手段など、ほぼない状態で人生のスタート地点に立つのだから。

そして、それこそがケヴィンとイアンの話を紹介した理由だ。現代社会との出会いによってふたりに芽生えた感情は典型的なものであり、実例にはうってつけだと思う。サプライサイド経済には、是が非でも成長が必要だ。それが現代社会の純然たる事実だ。つまり広告業者やマーケティング担当者、PR担当者は、わたしたちが不安の思考パターンにとらわれつづけるよう、より新奇な、より創意に富んだ方法を考えださなければならない――永遠に。シャネルの服を買ったところでファッションショーのランウェイを歩くスーパーモデルのようにはなれない。それなのに、わたしたちは自分に満足することなく、別人になろうとする。「みんながわたしに完璧さを求めている」――これは、かぎりなく完璧な、誇張された超現実のホログラムのなかで生きている感覚だ。

社会規定型の完璧主義とは、ようするに消費文化の象徴なのだ。これはホログラムの外に出てこのままで十分だと思うことが許されない、ごく一般的な人々の性質といっていい。では、不満がつくられるのは、アナログの宣伝方式に問題があるとあなたは思うだろうか。そう思う前に、ぜひソーシャルメディアの話を聞いてほしい。

第８章　彼女が投稿したもの
あるいはソーシャルメディアの企業が
完璧さへのプレッシャーから利益を得る理由

「我が社は広告ビジネスを扱う企業なので、我が社のプラットフォームでたくさん時間を使ってもらうほどお金もたくさん入ってきます」

アダム・モッセーリ　インスタグラムの責任者[1]

はじめに友達をつくった。クラスメイトに「友達リクエスト」を送ったり、恋人を交際ステータスで公開したり、秘密のグループをつくったり、イベントを告知したり、メッセージを送ったりすることもできた。自分のプロフィールは、「ウォール」という場所に書き込んだ。ここは自由に編集できる入力スペースで、誰でも閲覧できた（だが更新されることは、ほぼなかった）。何の機能か誰も知らなかったけれど「ポーク」というものもあった。だがメインの呼び物は、わたしが思うに「タグ付け」だった。仲間うちでは、前夜に撮った最高に恥ずかしい写真に友人がタグ付けされることが多かった。

これは、フェイスブックの初期の話だ。わたしを含めた感化されやすい大学生にとって、それはわくわくするような場所だった。わたしたちは友人をからかったり、酒に酔って馬鹿なことをしている姿を笑ったり、誰が誰をお持ちかえりした、といった情報をキャッチするためにそれを使っていた。コミュニティを団結させたり、オフラインの人間関係の潤滑油になったり、フェイスブックは文字どおりのソーシャルネットワークだった。

ところが2006年のあるときを境に、状況は一変した。フェイスブックは学生以外にも門戸を開き、両親や祖父母、おじやおばたちがこのプラットフォームに群がった。それからほんの2年ほどで、仲間うちの悪ふざけは、それを盛りあげた恥ずかしい写真とともに消えてしまった。代わりに次々に投稿されたのはネコのおもしろ動画や、流れ星を背景にした自己啓発的なミームなどだった。そして、広告——それもおびただしい数の広告が現れはじめた。

とはいえ、このフェイスブックの門戸開放政策は、所有者のマーク・ザッカーバーグにとって華々しい成功であることは明らかだった。ザッカーバーグは世界規模の巨大なユーザーベースを構築して、インスタグラムやワッツアップといったライバルを傘下に収め、２０２１年になると、このプラットフォーム企業をメタという名称で生まれ変わらせた。かつて１０００万人のユーザーを抱えながらも収益ゼロだったフェイスブック――もしくはメタ――は、40億人近いアクティブユーザーを抱え、１１７０億ドルの収益を上げる巨大企業に成長していた。[2][3]

そのユーザーのひとりが、サラだ。

地元の学校のシックス・フォームのクラスに通っていた頃、わたしはサラと少しのあいだつき合っていた。当時、サラは有名人で、わたしたちが育った地域だけでなく、ウェリングボローの町全体でよく知られていた。今の言葉でいうならインフルエンサーみたいなもので、サラはとにかく目立つ存在だった。町の人気スポットに行けば、たいてい彼女がいた。着るものは派手な服ばかり、ヘアスタイルは完璧な巻き髪、ハンドバッグにはブラシやらファンデーションやらマスカラやらがぎっしり詰まっていた。18歳の年、サラは、より多くの刺激を求めて隣町に引っ越した。それでも、わたしたちは連絡をとり合っていた。

彼女は、なかなかのやり手だった。ウェリングボローを離れてから建設会社の事務職に就き、中間管理職まで昇進した。夫となるジェフと出会ったのは、その頃だ。ジェフはタトゥーのある筋骨隆々の左官で、数年前からその会社で働いていた。ふたりの結婚はタイの旅行中に、夕暮れの海の上のどこかで決まった。やがてふたりの子ども、ベッカとアルフィーが生まれた。サラの愛車はアウディで、ジェフはＢＭＷを運転している。一家は、サラの実家から40分ほどの郊外の、緑豊かな新興住宅地の一戸建てで暮らしている。

わたしがサラについてなぜこんなに詳しいかというと、サラが私生活のほとんどをソーシャルメディア上にアップしているからだ。ほぼ毎日、何かしら投稿し、コメントし、「いいね！」をつけ、シェアしているところを見ると、彼女はフェイスブックのプラットフォームにすっかりはまり込んでいるらしい。この企業の技術者は、ユーザーが自分を他者と比べる頻度を、たまにではなく、ほぼ常に、というところまでエスカレートさせた。しかも、それをグローバル化した。かつてサラが自分と比べたのはウェリングボローのティーンズぐらいのものだったが、今やその対象は何百万もの写真映えのするインフルエンサーたちになった。サラは、そうしたインフルエンサーの多くをフォローしている。そして自分の写真や動画、ストーリーを投稿しないときでも、インフルエンサーたちの投稿を延々とスクロールしてながめている。

ソーシャルメディアをこのように利用しているのは、サラだけではない。今、サラのようなユーザーは、ポークやタグ付けよりも数字のほうを気にしている。つまり、自分のフォロワーの人数や、自分の投稿にどれだけ「いいね！」がついたか、どれだけシェアされたか、といったことだ。それと比べたら、昔は平和だった。ユーザーが気にしていたのは自分がタグ付けされることぐらいで、何にタグ付けされているか、ある種の恐れを感じながらログインしたものだった。

ところが今恐れられているのは、その逆だ。「いいね！」や「メンション」「シェア」がないと、わたしたちは無視、あるいは軽視されたように感じて落ち込んでしまう。自分が店で売れ残って埃をかぶった服のような、まったく価値のない存在に思えてしまうのだ。

このアプリは、そうした欠如の感覚に働きかける。投稿されるコンテンツが慎重に手を加えたものばかりなのは、そのためだ。手を加えることで数字が増え、その数字で自尊心の欠如を補えることをわたしたちは学習する。サラのプロフィールが、まさにそれだ。異国情緒たっぷりの胸躍る冒険を見せるストーリーズ。ウォールには、完璧な人生をアピールする画像が次から次へと現れる。加工した自撮り写真。厳選した休日のスナップ写真。ジムでの筋トレのベストアングル写真。夫婦が仲むつまじく寄り添う写真。そのウォールは、サラの生活をのぞき見る望遠鏡であり、彼女を含め何百万もの人たちが他人に見せたいと思う完璧な人生のイメージばかりだ。

とはいえ、完璧な人生を送っている人など誰もいない。わたしたちの人生は、混乱や高揚、悲劇、昇進、解雇、病気、愛、悲嘆のドラマだ。こうしたドラマのあいだにある空白の部分で、何もない日々がただ流れていく。そこには特別なことも珍しいことも起こらない。ありきたりの日常があるだけだ。

ネット上の絵に描いたような完璧な生活と、現実の平凡な生活。そのギャップが、ソーシャルメディアの魔法のブラシで虚像を描くわたしたちに重要な問いを投げかける。「いいね！」や「シェア」や「メンション」を追い求めることで、心は本当に満たされるのだろうか？　虚像を通して長続きする人間関係が築けるのだろうか？　炎や拍手の絵文字で、本物の自己肯定感が育まれるのだろうか？

わたしのジレンマをもっと具体的に表すとすれば、サプライサイド革命が経済を制した時代に消費文化がはじめた仕事を、ソーシャルメディアが完成させた、という図式になる。広告板や雑誌、テレビのCMは、かぎりなく完璧なイメージのホログラムを巧みにつくりだすが、ソーシャルメディアの手法は違う。このプラットフォームは、今の経済の最も純粋な姿を暴きだしている。つまり、ユーザーがみずから輝かしい虚像をつくり、アルゴリズムがそれを別のユーザーに見せて不満のオーラを生む、という野放図な喧騒と混乱の世界だ。その背後で、こうしたアルゴリズムが人々の不安をエサにしている。わたしたちは、アルゴリズムが次から次へと画面上に差しだすものに夢中になる。そして、心が最も弱くなっているときに――バン！　――広告がぴったりの救済策を引っさげて現れるのだ。

毎日、20億を超える人々が、フェイスブックやインスタグラムにログインしている。彼らは、みんながそこにいるから自分も姿を見せなくては、と思っている。そして互いに比べ合う。自分のプロフィールを見たフォロワーが、それを模倣する。あるいはライバル心を抱く。そして自分も彼らのプロフィールを見て、それを模倣し、ライバル心を抱く。いうなればアプリをクリックするたびに、簡単には勝ち抜けない人気コンテストに招かれるようなものだ。このコンテストには、デジタル加工した完璧なイメージの息苦しい空気が漂っている。その空気のなかでは、どんなに「いいね！」やフォロワーが多くても、どんなに称賛のコメントがついていても、心は決して満たされない。

そう、例の「自分は欠けている」という感覚だ。

フェイスブックは、友人とつながるための革新的なツールを提供する、と謳う。ところが、初期の頃からのユーザーは、もはやそうではないと知っている。サラやほかの無数のユーザーたちは、ソーシャルメディアが進化してまったく別物に変わった証拠といえるだろう。そのアルゴリズムを裸にして目を凝らせば、それが広告を見せるツール以外の何ものでもないことがわかるはずだ。そして、あらゆる広告のデバイスと同じく、これもサプライサイド経済が求めるとおりのことをしている。つまり、わたしたちをひとつの瓶に詰め込み、勢いよく振ってから蓋を開けて、ターゲティング広告の海に放りだすのだ。

それでも、やはりソーシャルメディアの話をしなくてはならない。なぜなら、広告デバイスがどれもそうであるように、ソーシャルメディアにも完璧主義のエピデミックを激化させるすさまじい力があるからだ。

ソーシャルメディアの問題について語る前に、はっきりさせておきたいことがある。有害性について語る場合、それは最も人気のあるビジュアルプラットフォーム――インスタグラムとティックトックのことだ。とりわけフェイスブック傘下のインスタグラムは自分と他者を比べさせる仕組みになっており、後続のプラットフォームもいくぶん同じ原理で働いている。こうしたプラットフォームは、リールや動画、ストーリーズを通して選りすぐりの生活を表示し、有名人のコンテンツを宣伝し、話題のインフルエンサーを推奨し、健康と美の非現実的な理想を見せつづける。フェイスブックの内部文書がリークされたとき、そこには元重役のこんなコメントがあった。「人々がインスタグラムを利用するのは、それがコンテストだからだ。そこにおもしろさがある」別の従業員はこうコメントしていた。「インスタグラムとは、そういうものではないのか？　上位0・1パーセントの（すごく写真映えのする）生活を見るものなのでは？」[4]

そうかもしれない。だが、こうした達成不可能な基準は、感化されやすい若年層のユーザーの心に深い傷を残す。彼らは、アルゴリズムが次々に見せる選び抜かれた虚構の現実と自分を見比べる。そして自分の実生活やセルフイメージに不満を抱きはじめ、完璧な自分になろうとする。それが、うつや不安症、自殺念慮につながるのだ。

これが事実だと断言できる理由は、フェイスブックがみずから行ったリサーチが、そう告げているからだ。2021年に、フェイスブックの元プロダクトマネージャー、フランシス・ホーゲンが、「メンタルヘルス・ディープ・ダイブ」という社内調査の結果を、『ウォール・ストリート・ジャーナル』紙にリークした。[5]この調査は、フェイスブックが2019年から2020年のあいだに3つの手法、具体的にいうとフォーカス・グループ、アンケート調査、日記研究によって実施したものだ。彼らはインスタグラムが10代の若者にあたえる影響を懸念し、メンタルヘルスにどんな影響があるか調べることにした。

結果は深刻だった。しかも相当深刻だったため、フェイスブックはそれを公表しなかった。ホーゲンの驚くべき勇気がなければ、この調査の存在が明るみに出ることはなかっただろう。「われわれは、10代の少女の３人にひとりの割合で、体型の悩みを深刻化させている」リークされたプレゼン資料のスライドには、こんな報告があった。別のスライドには「10代の若者は、インスタグラムのせいで不安や落ち込みの頻度が増したと訴えている」とあった。また、「この回答は自発的なもので、全グループにおいて一貫していた」という[6]。

それだけではない。リークされたスライドは、インスタグラムを見て若者が自分をどうとらえるかについての驚愕のデータを明らかにしている。あるグラフは、ユーザーの約半数が、このプラットフォームによって自分を完璧に見せるプレッシャーが強くなると感じていることを示していた。別のグラフは、ユーザーの40パーセントが、このプラットフォームによって、外見に魅力がない、経済的に豊かではない、人気がない、といった悩みを抱えるようになったことを示していた。だが、リークされたスライドのなかで最も不安をかき立てられるのは、おそらく自殺念慮の棒グラフだろう。それによると10代の若者のうちアメリカでは6パーセント、イギリスでは何と13パーセントが、自殺したいと思った理由のひとつが、インスタグラムの利用だったとフェイスブックのリサーチャーに答えている[7]。

心理学者のジーン・トゥエンギによる綿密なリサーチも、フェイスブックの調査結果とまったく同じことを伝えている。彼女は、ごく最近のアメリカの3つの大規模な研究データの分析により、ソーシャルメディアの利用と精神的な苦痛にはかなり強い相関が見られることを発見した。[8] ソーシャルメディアをよく利用する人は、まったく利用しない人よりもうつ病になる確率が2〜3倍高かった。トゥエンギによれば、この相関関係はメンタルヘルスと「大量の飲酒、早期の性行動、習慣性のある薬物の使用、停学、大麻の使用、運動不足、警官の職務質問、武器の所持」との相関関係よりも強いという。

作家のドナ・フレイタスは、さらに踏み込んだリサーチを行っている。[9] 彼女がソーシャルメディアを利用する若者たちにインタビューを行ったところ、彼らは自分と他者を比較して悩みがちで、他者の承認を求める気持ちがきわめて強いことがわかった。彼らの話からは、ネット上ではいつも幸せそうで、成功していて、この上なく充実した人生を送っているように見えなければいけない、と思っていることがわかる。ある若者は、ソーシャルメディアは「完璧な人生を送っているという偽りのイメージ」をあたえると語り、こう続けた。「駄目なときの自分は見せたくない。いいときだけを見せたい。そうすれば、『わあ、わたしもこんなふうになりたい』ってみんな思うから」

トゥエンギやフレイタスほど大規模ではないものの、わたしの共同研究のリサーチでも同様の結果が出ている。10代の少女に、ネットに出ている人物と自分を比較するかどうかを尋ねたものだ。[10] その結果、イエスと答えた少女は80パーセント以上にのぼった。これだけでも十分に懸念される結果だが、そのなかの9割が、自分は他者より劣っている、あるいはかなり劣っていると答えた。そうした劣等感は、強い抑うつ状態や、体型コンプレックスとの関係性が見られた。さらにわたしたちは、少女たちの社会規定型の完璧主義のレベルも調べた。どんな結果が出たと思うだろうか？　社会規定型の完璧主義のスコアが高い少女は、自分が他者よりも劣っていると感じたのちに、抑うつ状態と体型コンプレックスが大幅に悪化したのだ。

この流れを具体的に説明しよう。10代の少女がインスタグラムをながめている。ふと、あるインフルエンサーの画像に目が留まる。それは山ほどの写真のなかから見栄えのいいものだけを選んで、さらにいくつかの方法で修正を加えたものだったが、その少女にとってそんなことはどうでもいい。目はその画像に釘づけになり、瞬時に自分と比べて、たちまち自分のほうが劣っていると判断する。これだけでも十分に憂えるべき状況だ。ところがこうした劣等感が生じた場合、社会規定型の完璧主義のレベルが高い人ほど、うつや体型コンプレックスは悪化する。これはまさに第3章で述べた、精神的な弱さが増大してしまう例だ。

このソーシャルメディアと精神的な苦痛の関係を、ジーン・トゥエンギは主にスマートフォンによるものだと考えている。[11] ２００８年頃から、若者のうつ病や自殺が急激に増えはじめていることを、彼女のデータも含め多くのデータが裏づけている。偶然にも、２００８年は社会規定型の完璧主義が急増した年でもある。そして、２００７年にアップル社がｉＰｈｏｎｅを初めて発売したことを考え合わせれば、確かにスマートフォンと関係があるといえそうだ。

スマートフォンが若者のうつ病や自殺と関係しているという説は、決して飛躍したものではない。結局のところ、スマートフォンを持っているかぎり、ソーシャルメディアのノイズからは逃れられない。スマートフォンは毎日、一日じゅうわたしたちをつなぎとめ、それまでは平和だった生活に他者と自分を比べる時間を組み入れてしまう。スマートフォンがすぐ手の届くところにあれば、朝から晩までインスタグラムやティックトックなどのアプリを利用するだろう。ソファの上で、風呂場で、通勤や通学の途中で、ジムで、なにげなくプロフィールをスクロールする。かつては呼吸してただ思いを巡らせる心穏やかな時間が、今ではスワイプして比較することに費やされているのだ。

スマートフォンのおかげで、いつでもどこでもソーシャルメディアを利用できるようになったが、それが深刻な害をおよぼしている原因だ、とトゥエンギは考える。

彼女の説は、確かに筋が通っている。それなのに何かが見過ごされていると感じるのは、なぜだろうか？　フェイスブックのせいだ！　インスタグラムのせいだ！　ティックトックのせいだ！　スマートフォンのせいだ！　そう言われれば、確かにそうかもしれない。しかし、これらだけをやり玉に挙げるのはどうだろう。精度の高い爆弾をピンポイントで落とすように、特定の企業にはダメージがおよぶだろうが、そうした企業のおおもとにある経済という基盤までは破壊できない。ソーシャルメディアの害悪をスマートフォンのせいにするのも間違いではないし、その根拠も確かにある。だが、本当に責めを負うべきは経済という基盤だ。そもそもソーシャルメディア企業のアルゴリズム自体が、その経済の目的にしたがって組まれているのだから。

　そこで、２００８年に起きたある出来事について語りたいと思う。それはスマートフォンとはまったく関係のない出来事だ。フェイスブックが、別会社の広告事業の幹部を最高執行責任者《COO》に迎えたことだ。


　フェイスブックというプラットフォームは、初期ののどかな時代にはたくさんの楽しさがあった。しかし、残念ながらマーク・ザッカーバーグには、あまり利益をもたらさなかった。利益を得るには、このプラットフォームを通じてユーザーたちが交流する必要があった。プロフィールをクリックし、相手の近況に目を通し、互いにメッセージを送り合い、そのあいだに受動的に広告が取り込まれるように。それが２００８年にザッカーバーグが世界的に有名な広告事業責任者のシェリル・サンドバーグをフェイスブックに迎え入れた理由だ。彼女の仕事は？　ユーザーを消費者に変えることだ。

　サンドバーグによる改革は、まさにサプライサイド経済が彼女に求めたものだった。フェイスブックは現状のままでいるわけにはいかなかった。是が非でも発展しなければならなかった。そのためには新規の、より利益をもたらす多様な収益源が必要だった。そしてサンドバーグは、優秀なＣＯＯなら絶対にすることをした。つまり、フェイスブックを広告ビジネス企業に変えたのだ。年齢、居場所、趣味嗜好、性別、何に「いいね！」をつけたか、何にクリックしたか、そのほか厖大な数の個人情報を収集し、それを利用してターゲティング広告を販売する企業に。
「我が社が築いた広告モデルを誇りに思います」２０１８年に、サンドバーグはフェイスブックの第１四半期の決算発表で言った。「これにより、ユーザーはより有用な広告を見ることが可能になり、無数の企業が成長するでしょう。そして我が社は、誰もが無料で利用できるグローバルなサービスを提供することができるのです」[12]。そうかもしれない。しかし、サンドバーグの「有用な」という言葉は、控えめにいっても疑わしい。本当に必要な商品はないに等しく、ほとんどはなくてもいいようなものばかりだ。わたしたちは、広告主の術中に陥って、その商品が必要だと思い込んでしまうのだ。

そういう意味ではフェイスブックも同罪だ。この企業が見せる広告を有用と呼ぶことは、自分の家が炎に包まれているときにホースを渡してくれた放火犯に感謝するようなものだ。そしてサンドバーグの監視のもと、この企業はインスタグラムこそ火を点《つ》けるのに好都合な場所だと学んだ。グローバルな展開力と、感化されやすいユーザーの巨大な基盤。このふたつが揃ったインスタグラムなら、若者たちがウォールに続々と現れるモデルやフィットネスブロガー、ライフスタイルコーチ、インフルエンサーと自分の生活を比較するようにうながせる。

若者たちが心を満たそうとして奮闘するのも無理はない。昔ながらのアナログ広告の戦略と同じく、ソーシャルメディアの企業もまた不安を生みだすことができる。自分が持っていないもの、自分の外見に欠けているものの不安だ。この不安が、ターゲティング広告の格好の餌食となる。

長年のあいだ、こうした広告はアルゴリズムに磨きをかけて、ユーザーがクリックしそうなタイプの広告を薄気味悪いほど的確に予測してきた。その精度の高さたるや、フェイスブックはユーザーの会話を聞いているに違いない、というパニックが広がるほどだった。こうした技術にザッカーバーグが投資したことは、戦略的に見事な決断だった。そのおかげで、フェイスブックの広告収益は2009年から1万5000パーセント増加し、今や1150億ドルに届く勢いになっている。【13】

フェイスブックは、自社のビジネスモデルのこの部分――収益をたっぷりもたらす部分を婉《えん》曲《きょく》表現で装いたがる。とはいえ最近、『オーストラリアン』紙が入手したフェイスブックの極秘の内部文書には、表立って言えないような事実がはっきり記されている。【14】フェイスブックは、何百万人もの若いユーザーが精神的に脆弱な状態、たとえば「ストレス」や「挫折」を感じている、「へこんでいる」、「心配」や「不安」を抱えている、自分を「駄目」あるいは「愚か」、または「役立たず」だと感じている、「失敗」したと思っている、といったタイミングを見計らって広告を見せる技術を広告主に提供できるというのだ。しかもそのアルゴリズムは、若者が「自信を高めるべき」タイミングを正確に狙えるという。【15】

フェイスブックは、この文書が本物であることは認めたものの、「精神状態にもとづいてターゲットを絞るツール」を提供している点については否定している。だが、これはおかしい。2021年に非営利の活動団体であるフェアプレイ、グローバル・アクション・プラン、リセット・

オーストラリアの3団体が共同で発表した調査報告によると、フェイスブックはいまだに10代のユーザーを監視してターゲティング広告を表示しつづけているからだ。[16] マーク・ザッカーバーグに宛てた公開書簡には、この調査結果のあらましが記されている。「フェイスブックは、今も若者から収集した厖大なデータを使用しています」[17] そして、こう続けている。「この運用の手法には非常に懸念があります」その理由は、たとえば「摂食障害の兆候があるティーンズにダイエットの広告を見せたり、ティーンズが精神的に弱くなっているときに影響をあたえやすい広告を見せたりする」可能性があるためだ。

主だった犯人はインスタグラムではあるものの、ほかのプラットフォームも同様の手法をとっている。たとえばティックトックでは、ADHDや不安症、うつ病などメンタルヘルスに関する症状のチェックリストを投稿するインフルエンサーたちがいる。[18] 貪欲な企業はこれに目をつけて、若いユーザーに精神疾患かどうか自己診断する方法を提供する。そして結果が出ると、ご推察のとおり、その企業が解決策として高額の治療手段を販売するのだ。

「ほら、やっぱりソーシャルメディアは10代の子どもたちに有害じゃないか」とスマートフォンを指さして言うことはできる。だが、スマートフォンのせいにしたところで、なぜフェイスブックが自社の調査結果の重大さに耳を貸さないのか、また、なぜ有害だという証拠があるのに、業界全体がかたくなに改革を拒むのかは理解できない。それは内部の人間の話を聞いて初めて理解できるだろう。あるフェイスブックの研究者の話では、社内の人間は誰も調査結果にもとづいた改革をしようとしないという。なぜなら、変化を起こすことは「ボーナスに直接ひびく」からだ。[19]現状維持にこだわる理由を説明するのに、これ以上簡潔な説明はないと思う。

だが、ちょっと聞いてほしい。わたしはザッカーバーグに対しても、サンドバーグに対しても、ソーシャルメディアのアルゴリズムやそのターゲットをどうこうできる立場の人に対しても、怒りをぶつけることはできない。彼らは事業を経営しており、そのためにやるべきことをやっている。ソーシャルメディアは、コミュニティの人間同士を結びつけるものとしては非常に有益だ。しかし、人間同士のつながりや安心感よりも、成長に重きを置く経済システムのなかで生きることを選ぶのなら、経営者が、人生を豊かにするものをユーザーに提供することより利益を優先したからといって、それを責めることはできない。これは優先順位の問題であり、わたしたちの選んだ優先順位が今の状況をもたらしているのだ。

この現実と向き合えば、今の経済でこうしたビジネスモデルにもとづいているのは決してフェイスブックだけではないと気づくだろう。そして、その経済がわたしたちを大切にする理由などないことにも。フェイスブック、インスタグラム、ティックトック、そのほかあらゆる同様のプラットフォームは、どこからともなく現れたわけではない。サプライサイド経済によって選ばれたのだ。この経済は、アナログ広告から最後の一滴まで利益を絞りとってから、わたしたちに消費を続けさせるために、もっと大きく、もっとグローバルな、もっと巧妙に操作できるツールを必要としたのだ。

現代人が完璧さにこだわるのは、明らかにソーシャルメディア・アプリが広く行きわたった結果だ。とはいえ、明日アプリをシャットダウンしたからといって完璧さへのこだわりが消えるわけではない。経済は、常にわたしたちの関心を引いて消費させなくてはならない。だからソーシャルメディアがなくなったとしても、わたしたちの自信を奪って欲望をあおる別の方法を探すだけだ。病は、症状を癒すだけでは治らないのだ。

では、どうすればソーシャルメディアの有害な要素を避けられるだろうか。

これは、一筋縄ではいかない問題だ。なぜなら最も確実な方法、つまり、それを使わないことは、きわめて難しいからだ。研究では、ソーシャルメディアを中心としたスマートフォンの使用を1日1時間減らすだけで、うつや不安の症状が大幅に軽減し、幸福感が増し、心身の健康も改善することがわかっている。[20] それはなぜか？　理由は、デジタルデバイスの使用を減らすことによって、その時間をほかの活動に割り当てて生活に活気をあたえることができるからだ。

ソーシャルメディアが不健全だというわけではない。適度に、正しい理由で使用すればいいのだ。たとえばコミュニティへの参加、共通の趣味による交流、オフラインの人間関係をスムーズにする、などの用途だ。

そのため、アプリに費やす時間をできるだけオフラインで費やそう。自然、創作、芸術、社会運動、政治活動など、活気のある世界に踏みだそう。生命とこの孤独な星、そこに生きるすばらしい人類や植物、そして生物の不思議に、ただ驚嘆しよう。そのほうが広告主の企業や写真映えのするインフルエンサーよりもはるかに心を魅かれるはずだ。現実の世界のさまざまな驚異に浸り、それを味わい、耳を傾け、学び、そして愛おしむ時間は、加工された虚像では得られない喜びをあたえてくれるに違いない。そうすれば、たちまち人間らしさが取り戻せる。自分自身と環境にもっと近づくことができる。何もかもカメラのレンズを通して見るのをやめられる。自分自身と環境が対立しなければ、人々がみな対等になれば、自分が何をしている（いない）かや、何を手に入れている（いない）かという考えはたちまち消える。自分を見失わなくなり、計り知れない人生の奇跡に心から感謝するようになる。

そのため、ときにはスマートフォンから離れ、現実の世界に身を置き、本来の自分に戻って、そのときに生まれる感情とともに過ごそう。

オフラインの時間をつくり、現実世界の人間と交流することには、心身の健康面で数えきれないほどのメリットがある。研究では、屋外、とりわけ新しい場所で行動することによって幸福感が得られることがわかっている[21]。たとえば、心理学者のキャサリン・ハートリーの最近の研究では、新奇な場所を動きまわる頻度が高いほどポジティブな感情が増すことがわかった（よく訪れる場所では効果はない）。また、広範囲にわたる研究成果のレビュー論文によれば、自然のなかで過ごすと「注意力が改善し、ストレスが軽減し、気分が改善され、精神疾患のリスクが減少し、他者への共感や協調性が増す」といったメリットがあるという[22]。

だが何より重要な点は、オフラインの時間が完璧主義を克服するために不可欠なことだ。なぜなら、生身の人間がいて実際の感覚がともなう現実世界は、ソーシャルメディアの虚構から逃れるためのリマインダーであふれているからだ。そして、顔の見えない閲覧者の残酷な無関心に傷つくこともなく、自分が唯一無二のかけがえのない存在でいられるからだ。

2015年に、インスタグラムのインフルエンサー、エセナ・オニールは、業界に衝撃をあたえる行動に出た。それまで彼女は、スリムで引き締まったボディの陽気な自分を演出するために、照明を調節して慎重に撮影した完璧な写真をたくさん投稿してきた。ところが、写真にはスポンサー企業がついており、「いいね！」や「シェア」を最大限に増やすために細かくチェックされ修正が加えられていたという。それにすっかり嫌気が差したオニールは、このプラットフォームを去ることを決めた。アカウントを閉鎖する直前、オニールはフォロワーに宛てて、写真のキャプションの欄に短いコメントを入れた。それは、インフルエンサーでいることの不安に苦しんだ体験を描写したものだ。「夜明けとともに起きて家から遠く離れた場所に行き、何時間もポーズをとって何百枚も写真を撮る。そのうちの見栄えのいい写真1、2枚を投稿するために」本当に幸せを感じている写真は1枚もなかった。すべては見せかけだったのだ。

オニールはそのコメントだけでなく、動画もユーチューブに投稿した。[23] ウェブカメラを見つめる顔は憔悴《しょうすい》し、明らかに取り乱している。その様子から、ずっと良心の呵責《かしゃく》を覚えてきたことがうかがえる。「ソーシャルメディアはビジネスです。あなたがビジネスだと思わないなら、あなたは騙されています」レンズを見つめ、オニールは視聴者に率直に訴える。あなたが誰かをフォローしていて、その人に大勢のフォロワーがついていれば、「その人は商品を宣伝して報酬を受けとっています」

そしてこう続ける。「わたしの投稿はすべて編集され、加工されました。もっと価値を高め、もっと閲覧数を増やすためです」

この動画のなかで特に不安を覚えるのは、オニールが心理的な代償について話しているときだ。彼女は説明する。「わたしは数字で自分を評価していました……自分に自信が持てたのはフォロワーが増えたり、『いいね！』が増えたり、たくさん褒められたり、閲覧数が増えたりしたときだけでした」ところが、その自信はすぐに消えた。いくら注目されてもたいした意味はない、そんなことはどうでもいい、と感じた。数字がどれだけ増えようと「少しも満足できませんでした」と彼女は涙をこらえる。子どもの頃からの夢だった生活を送っていたはずが、いつしか実現不可能な期待という悪夢にとらわれていた。「自分がうつ病だったとか不安症だったなんて言いたくはないけれど……でも確かに、そうした症状がたくさんありました」

「自分を数字で測ろうとすれば、自分を何か――純粋でも、本物でもないもので測ることになります」子どもの頃、オニールは「自分も、このネットに出てる完璧な女の人だったらいいのに」と思って過ごしたと言う。そして大人になると「まさにその完璧な女の人になり、自分がいかに完璧な人生を送っているかをソーシャルメディアで証明して」過ごした。それは疲弊する生活だった。「わたしが毎日やっていたことは全部、ネットで見た完璧な女の人になることでした」と彼女は言う。「写真の撮影、料理をして食べる映像、慎重に編集したユーチューブ動画。わたしは世界に自分を認めてもらうために全力を尽くしました。ほら、わたしは重要人物だ、わたしはきれいだ、わたしはクールだって」

彼女は問う。「そんなことが人生でしょうか？（中略）『いいね！』や称賛のコメントをもらうために写真を撮ることが？　そんなものは人生じゃないし、自分を幸せにするものでもありません」

若者がみんなオニールのようなソーシャルメディアの使い方をしているわけではない。それでも不安になるには十分な話だ。ある調査では、小学生の3分の1と、中高生のほぼ半数が、自分を完璧に見せたい理由としてソーシャルメディアを挙げている。[24]また、最近の世論調査によれば、何とアメリカの若者の86パーセントが、チャンスがあればインフルエンサーになりたいと答えたという。[25]若者はここまでネット上の承認に飢えている。オニールの訴えには真剣に耳を傾けなくてはいけない。彼女が伝えているのは、自尊心を支えるためにソーシャルメディアを通して承認を得る行為が深刻な結果を招く、ということだからだ。とりわけそれはインフルエンサーのスターたちにいえるだろう。

サラがオニールをフォローしていたかどうかは知らない。だが、彼女は確かに、かつてオニールが求めたデジタル上の認証を手に入れている。最高の人生を送るイメージを見せるために厳選し、修正し、加工した無数の画像からは、これまで解説したことすべてがうかがえる。いかにソーシャルメディアが現実を誇張しているか。いかに「いいね！」「メンション」「シェア」を競うために事実を脚色し、覆い隠さねばならないか。いかに自分の私生活が世界じゅうでシェアしつづけられるか。いかに写真映えのする完璧なイメージによって、自分が単なる人間にすぎないことが受け入れられなくなるか。

サラや大勢の同じような人のプロフィールを見ていると、いつもエセナ・オニールのことを考える。そして、カレン・ホーナイに思いを馳せる。ホーナイなら、ソーシャルメディアについてどう考えただろうか。おそらく言いたいことが山ほどあったはずだ。彼女が愛用の椅子に身を預けてタバコの煙をくゆらせ、赤ワインの大きなグラスを手に苦笑する姿が目に浮かぶ。文化がもたらすジレンマを彼女が観察した１９５０年代から現在まで、道はまっすぐ続いていたのだ。彼女はソーシャルメディアの到来を予見していたのかもしれない。初期の血気盛んな消費文化が、いずれ別の形に生まれ変わるのを知っていたのかもしれない。

それでも、このソーシャルメディアの絶対的な力に、ホーナイは驚嘆したことだろう。そして、こう言うだろう。ソーシャルメディアも昔と同じ不満のジレンマをもたらすが、そのジレンマは昔とは比べものにならないほど大きい、と。もとより、このプラットフォームは人々を依存させ、完璧という非現実的な基準で自己を測らせるようにできている。広告主の意のままになる、最も巧みな方法によって。

もしカレン・ホーナイが生きていたら、わたしたちが今をもっと気楽に生きられるようにしてくれたことだろう。ソーシャルメディアのプラットフォームがいかに想像上の欠点をエサにして、いかに自信を奪い、いかに内面の葛藤をあたえて悩ませるかを教えてくれただろう。そして、ソーシャルメディアの世界で心が満たされない理由は、オフラインの世界で心が満たされない理由と同じだと教え、わたしたちの孤独を癒してくれただろう。わたしたちの経済は、病的なまでに競争と成長に依存している。そして、あの手この手で説き伏せようとする広告がわたしたちの不満を背景に、そうした競争と成長をもたらしている。

これを証明するエビデンスはたっぷりある。それについては第6章と第7章で詳しく述べた。とはいえ、ここで話は終わりではない。完璧主義が——とりわけ社会規定型の完璧主義が急増している理由を本当に理解するには、広告以外にも目を向けなくてはならない。経済がわたしたちに求めるのは、自分が何を所有するか、自分をどう見せるかを問うことだけでない。社会的な地位を得るために十分な努力をしているかを問うことも求めているからだ。

第9章　あなたは、まだそこに達していない
あるいは功績主義《メリトクラシー》がいかに学生に完璧な基準を課すか

「完璧主義は、能力主義の病を象徴する」

マイケル・サンデル【1】

［マイケル・サンデル著『実力も運のうち　能力主義は正義か？』鬼澤忍訳、早川書房、2021年］

［メリトクラシー（meritocracy）は、「能力主義」や「実力主義」と訳されることが多いが、本来は「功績（実績）主義」の意味合いが強いため、本書では「功績主義」という訳語を使用している］

わたしの故郷の町では、一流の教育機関に進学する子どもは珍しい。イギリス政府の社会階層移動委員会によれば、国内でウェリングボローよりも階級間の流動が少ない地方自治体は、ひとつしかない。[2] 政策にたずさわる人間は、この町を「コールド・スポット」と呼ぶ。その言葉は、わたしには「ここで生まれたのなら、まあせいぜい頑張れよ」を上品にいいかえたものにしか聞こえない。

だが、町の実態を知るのに、もったいぶった名前の委員会は必要ない。わたしも含め、幼なじみのほとんどは、上の学校をめざそうなどという野心は持ち合わせていなかった。勉強ができないとか、資質がないといった理由ではなく、自分の目と耳でそれができない証拠をつかんでいたからだ。プレハブ校舎は手入れもなく荒れるいっぽうで、教師は疲労困ぱいし、授業といっても無関心な生徒を相手にただ教科書を棒読みするだけ。保護者には、試験勉強や宿題を手伝う時間も余力もない。

そんな環境で、勉強する意欲など生まれるわけがない。友人で大学に進学した生徒はほとんどいなかった。大半の生徒は何かしらの仕事に就いた。おそらく総合制中等学校の学年200人のうち修士号を取得したのは、わたしのほかにひとりかふたりぐらいのものだろう。

そのためこの界隈《かいわい》では、本物の知識は人生という学校から得られる、と言われている。友達と夜遅くまで酒を飲んで浮かれ騒ぎ、翌朝になるとスーパーのレジを担当したり、水道管の工事をしたり、建設現場でミスしたらほかの作業員たちがさりげなく励ましてくれたり。彼らが生きるために必要なことは味気ない教科書からは学べないし、顎髭をはやした教授の高尚な思想が教えてくれるものでもない。わたしが一緒に学校に通った子どもたち、サラやケヴィン、イアン、そのほか誰でもいいが、なぜ大学に進まなかったのかと訊けば十中八九返ってくるのは、こうした理由だ。

心の底では、わたしも彼らの意見にほぼ賛成だ。わたしも含め、ごく普通の労働者階級の人々には、高学歴の人間への反感が根づいている。現代社会では、頂点にいる者はその地位に見合う者であり、それは常に高学歴者である、という考え方が常識になっている。もっと学校教育が必要だ、と偉い人たちは言うけれど、その言葉の真意はこうだ。「あなた方が苦労しているのは、われわれが怠慢だからではなく、あなた方が怠慢だからだ」以前に、バラク・オバマはニューヨークの専門教育の学校で生徒たちに言った。「十分な教育を受けなければ、生活賃金が得られる仕事を見つけるのは難しいでしょう[3]」

我がイギリスのリベラル派のスター、トニー・ブレアのメッセージも同じだった。「教育、教育、教育！」公平を期すためにいえば、両者とも自分のレトリックを多額の投資によって援護した。わたしは、ブレアの大胆な教育改革によって子どもが学業を続けるためのさまざまな優遇措置が打ちだされるまで、進学など考えたこともなかった。ところが、そうした優遇措置も、今や「緊縮財政」という見せかけにしか思えない言葉のもと、ほとんどの社会的支援とともに切り捨てられている。それを思えば、わたしは幸運な子どものひとりだったかもしれない。当時の成績は惨憺《さんたん》たるもので、あてにできる学資も親の支援もなかったのに、近隣の教員養成カレッジに入学できたからだ。

当時、わたしは天にも昇る思いだった。

それでも今、同じ選択ができるかどうかはわからない。ただ、もし90年代か2000年代に生まれていたら、今の自分はないと断言できる。近年、5つに分けられた所得階層のうち最下層に属する家庭出身の学位取得者で、最上層までのぼりつめた人の割合は2パーセント未満だ。[4] これは、かなり野心的な飛躍といえる。その下の中間層に上がることさえ珍しいのだから。最近の研究によると、労働者階級の大卒者のうち1階層以上移動したのは10人にひとりだという。[5] こうした統計は、大卒者を含め若者全体の社会的な流動性が低下している状況と一致する。彼らが親と同じ生活水準に達するには、その親よりも長く勉強し、より懸命に働き、より多くの金を稼がなければならない。

「学歴にかかわらず、どこからスタートするかで、どこにゴールするかが決まる傾向はますます強くなっています」アメリカの経済学者マイケル・カーとエミリー・ウィーマーズは、『アトランティック』誌でそう語っている。カーとウィーマーズは、アメリカの国勢調査局の所得・プログラム参加調査のデータを分析し、近年の若者の社会移動が減少していることを示した。「スタート地点で終わる可能性が増えて、スタート地点から上に移動する可能性は減っています」とカーは述べている。[6]

子どもたちは、学校でしっかり勉強しろと教えられる。ところが2023年の今、誰も教えてくれないことがある。なぜ、学士号が高校の2枚目の卒業証書のように思えるのか。なぜ、ラッセルグループやアイビーリーグ以外の大学では、勉学に励んでもその恩恵が減りつづけているのか。なぜ、そうした大学を卒業しても仕事がなく、あったとしても不安定で低賃金の仕事しかないのか。これは何ともやるせない実情だ。教育とは社会に平等をもたらす、すばらしいものだったはずではないのか。乗車券を買った人すべてを乗せて、階級間の大きな隔たりを安全に超える壮大なクルーズ船だったはずではないのか。

以前は違ったはずだ。教育とは、まさに困難から抜けだす脱出用ハッチだったはずだ。わたしはわからない。わかっているのは、大胆な教育改革のもととなる論理では、今の時代の冷たく厳しい現実に対処できないことだ。なぜなら現代のきわめて偏った所得分布において、勝者は最上層にいる者だけだから。そして、ほとんどの人は、そこに入れない。そのため、賃金を一律に引きあげなければ、また、平均的なアメリカ人の実質賃金が40年前からほとんど上がっていないのであれば、借金を抱える大卒者が続々と量産され、すし詰めの中間層に押し込まれていくだけだ。そして、その数が増えるほど大卒プレミアムも減っていく[7]。

わたしがそれに気づいたのは、大学最後の年だった。2年のあいだに二度も家賃を引きあげられ、わたしは苦境に陥っていた。途方に暮れながら求人のウェブサイトを開き、アルバイトの募集要項を片っ端から読んだ。借金は膨らむいっぽうで、その数字をわたしは身のすくむ思いで見ていた。
そのとき思った。この世界では、今の質素な生活を続けるだけでも必死で努力しなければならない。また、こんなことにも気づいた——社会のはしごをのぼりたければ、自分よりも優秀で、はるかに恵まれた人より秀でる必要があるだけでなく、多くの大卒者を量産しておきながら生活の糧《かて》を十分にあたえない経済にも打ち勝つ必要がある。人生は一度きりの壮大なレースであり、わたしはすでに敗北感を味わっていた。

そうした気持ちを共有できる、自分と似たタイプの友人でもいれば、このような敗北感にさいなまれることはなかったかもしれない。だが、わたしは競争社会のなかに、それも現代の大学というきわめて競争の激しい場所にいた。わたしは出自で定義されることを望まなかった。そして、まわりの学生よりも全般的に劣っていると感じていた。そのため、将来の保証を得るには懸命に努力して人並み以上の成績をとるしかない、という切迫感をつのらせていった。心理学者は、このようにほかの価値観に目を向けようとしない状態を「アイデンティティ・フォークロージャー」と呼ぶ。つまり、外からの重圧によって目標が極端に狭まった状態だ。自分のアイデンティティは学業成績で決まるという思いにとりつかれたわたしは、いい成績をとるための努力だけで自尊心を支えるようになっていった。

これは、自分を完全に消耗させる生き方だ。それでも追い風が吹けば、かなり遠くまで進めるのも確かだ。わたしは成績優秀者として学士号を取得し、スポーツ心理学の修士論文を書いたのち、リーズ大学の博士課程に進んだ。そこでも、懸命に励むことで自分を正当化しつづけた。当時の生活は、わたしにとって、いわば運転席でハンドルを握っていない状態だった。いってみれば、乗客を完璧な学生にする猛スピードの乗り物に乗っているにすぎなかった。今では、それがのちに抱えるメンタルヘルスの問題――自己疎外の兆候だったとわかる。

わたしは心を閉ざして自分を守りながらも混乱していた。自分が誰なのか、本当は何を望んでいるのかわからなかった。自分は、なぜここにいるのか？　今でもウェリングボローから来た貧しい子どもにすぎないのか？　手を双眼鏡のようにして高級車の窓から車内をのぞき込み、きらきらしたノブに胸を躍らせる、いつまでも大人になりきれない子どもなのだろうか？　それとも、構造方程式モデリングの講義を受けはじめた、カーディガン姿で顎をなでている知識人か？　心の底では、自分がなろうとしている人間とは違うとわかっていた。そのいっぽうで、並みはずれた成績と立派な経歴を賛美する有害な競争文化で生き残るつもりなら、そうした人間を装わなければいけないこともわかっていた。

当時、わたしは罪悪感と恥で息が詰まりそうだった。そのため、目が覚めている時間はすべて、読んだり書いたり復習したりすることに費した。博士課程に進むと、朝は誰よりも早く研究室に入り、夜はみんなが帰ってから退室した。週80時間研究室にいるのは当たり前で、しかも周囲の人にそれがわかるように行動した。指導教官に、これみよがしのメールを朝いちばんに、夜は最後に送った。クリスマスに論文を１０００文字書いて、それを誇らしく思った。

そうして人よりも秀でることに執着するうちに、破綻の兆候が現れはじめた。わたしは他者を遠ざけ、苛立《いらだ》ちをつのらせ、ほかの学生の成功や失敗にやたらと敏感になった。みずからに課したプレッシャーに加え、他者との交流を断ったことで、心身は静かに蝕まれていった。そして軽いうつ病になった。それは、のちにパニック症を引き起こす爆弾だった。

やがて、眠っていた火山が突然噴火するように、それまで眠っていた完璧主義が噴出した。一流大学という選別場を生き抜こうとしながら、いつも苦痛と生活不安を抱え、どこに行くにもつきまとう劣等感に身をすくませていたわたしは、紛れもなく立派な、正真正銘の完璧主義者だった。

わたしは一生涯、その結果とともに生きていくだろう。

わたしたちは過熱した成長に依存する経済社会で生きているため、いつでも、どこにいても過度の消費を続けなければならない。その結果、第7章で述べたように、文化による条件づけの激しい攻勢を受ける。薄型テレビ、スマートフォン、広告板、ポスターがこう告げる。「人生というパーティーをもっと楽しまなくては」「あらゆる商品をご用意しています」「あなたの生活はいつでもアップデートできますよ」「さあ、もっと完璧な生活をしてみませんか」

しかし、そうしたパーティーの招待状の裏に小さく印刷された「タダで手に入るものはない」という重要な条項について触れておきたい。対価は支払わなくてはならない。あなたは永遠にかぎりなく欲しい物を手に入れられるし、手に入れなくてはならない。ただし厄介なことに、あなたはまず「懸命に努力して」、その対価を支払う権利を手に入れる必要がある。

労働倫理、競争、個人の主体性。これらは、サプライサイド経済が依存している基本的な信念体系だ。これらが拡大すれば、理論的には経済活動の大波が発生し、それにともなってより良質で、より安価な商品とサービスが次々に提供される。これが道義的に間違っていないのは、その大波に乗るか沈むかは、あくまでも個人の選択だからだ。貧しかったり、不運だったり、疲弊していたり、憂鬱だったりしても、それは自分の責任なのだ――自分でどうにかするしかない。すべては個人の責任なのだ。欲しい物を手に入れるのも、なりたい自分になるのも自由だ――懸命に努力するかぎりは。

わたしたちの経済の「懸命に努力する」という条項に、若者たちが気づいていないという意見がある。具体的にいうと、親や教師、教授たちが若者に不便な思いや苦痛をほんのわずかでも感じさせまいとして甘やかすから彼らは気づかない、というのだ。こうした意見には根拠がないわけでもない。卒業論文の提出期限が近づいてストレスを抱えた学生がプレッシャーに苦しみはじめると、保護者から、うちの子のためにもう一度だけ提出期限を延ばしてほしい、という奇妙なメールが届くこともあるからだ。

ただし、これは極端なケースだ。わたしの経験では、このような要望はとても珍しい。たいていの若者は、現代社会の〝何もかも手に入れようパーティー〟の招待状に小さな文字で書かれた

「懸命に努力する」という条項にちゃんと気づいている。なぜなら成功と失敗、いいかえるなら上層にいるか下層にいるかは、懸命な努力をしたから、あるいは努力が足りなかったからだと判断する文化のなかで生きているからだ。

この文化――功績主義と呼ばれる仕組みのもとでは、常に自分を証明することが求められる。そのルールはしごく明快で、わたしたちはそれを子どもの頃から厳しくたたき込まれる。「懸命に努力して実績の証《あかし》となるもの一式を集めろ」「望ましいのは成績証明書や学位、信任状などだ」「それを求人市場で、できるだけ高く売れ」「実績の証の価値が高いほど金が稼げる」「そして金を稼ぐほど、自分の地位を示すための、よりすばらしい物が買える」と。

最もすぐれた人たちが戦利品を手にする――今、これに反論できる人がいるだろうか？　富裕層や、わたしのように大学に行って専門職に就いた人間にとって、功績主義はこの上なく正当で公平なものに思える。また、実際に十分な報酬や高い地位などのうま味をあたえてくれる。ただし、いうまでもなく全員が勝ち組に入れるわけではない。その多くは、階級ピラミッドの頂点に近づくにつれて落ちこぼれていく。その落ちこぼれた人たち――婉曲的にいうと「取り残された」人々に、功績主義はまったく別のものをあたえる。つまり、社会からの冷遇があたえられるのだ。たとえば、毎年賃金を減らされたり、借金で首が回らなくなったり、家賃が払えず退去させられたり、最低の賃金で生活したり、といったことだ。

功績主義は「苦境という傷に加えて、恥という辱《はずかし》めまでも」あたえる、と哲学者のアラン・

ド・ボトンは述べている[8]。

しかし、じつのところ、これは真実ではない。そのような恥は、偽りを追い求めるからこそ生じる。功績主義は社会移動の手段どころか、ていのいいガス抜きにすぎない。富裕層とほかの層とのあからさまな開きをいくらか縮めて、階級社会への猛烈な反発を食い止めるための緩和剤にすぎないのだ。

具体的に説明しよう。富と地位を勝ち取ったエリートたちは表彰台に立ち、シャンパンをかけ合って祝うことができる。彼らがより多くのものを所有し、より多くの金を手にしているのは、それ相応の努力をして功績を上げたからだ。それを理由に、彼らは富と権力の天秤を、自分たちに利するように傾かせてなどいないふりもできる。わたしたちは功績主義のもとに生きている。そこではエリートが上座に座る。彼らは自分の子どもをとなりに座らせて、テーブルのご馳走をともに楽しむことができる。いっぽうテーブルに同席できない大多数の人は、彼らの食べ残しをめぐって争う。

国際NGOオックスファムによれば、超エリートの3分の1が相続によって財産を受け継いでいる。もう3分の1は、政府とのつながりによって富を得ている。あとの3分の1は、たいていは資産——商品先物取引や金融商品、地所などから利益を得ている[9]。文字どおり、金は金を生む。

そのほかの人、つまり一般庶民は、そうした秘蔵の特権を「功績」と呼ぶ教義を黙って受け入れるだろう。それが、一代で億万長者になった人の自意識をくすぐる「大きな物語」を提供するかぎりは。わたしたちは、ある日、自分に言い聞かせる。「懸命な努力は報われる。功績主義の社会で生きているのだから上座に座れるはずだ」わたしたちは親に甘やかされたわけでも、仕事が嫌いなわけでもない。不平を言うとすれば、おそらく偽りに気づいて、報酬がどんどん減らされるまやかしの経済になぜ自分がのめり込んでいるのか、いぶかしむからだ。

そのうち功績主義は、それが正当なものであるという現実世界のエビデンスを使い果たすだろう。そして人々は徐々に、功績主義が本当は目くらましにすぎないと気づきはじめるだろう。実際に、社会不安が西欧諸国にさざ波のように広がっている。ブレグジット、トランプ、ル・ペン、メローニ――これらはまさに、人々が目くらましに気づきはじめた兆候だ。

だが、社会不安より緊急性のある問題は、功績主義がわたしたちの心に計り知れないダメージをあたえる点だ。なぜなら、そのダメージは誰にでもおよぶからであり、特に恵まれた家庭出身の若者が受けるダメージは大きい。自力で社会のはしごをのぼるサクセス・ストーリーは、確かに感動的なスピーチの題材となる。しかし、そうしたストーリーは、チャンスをつかんで本当にのし上がった場合のみ、幸福な結末となる。そうでない場合、こうしたストーリーは自分自身が「オチ」だったと気づく新世代への残酷なジョークでしかない。

今生きている人々の記憶のなかで、若者が下方に移動したのは初めてだ。このアンバランスな社会において、若者の経済状態に破綻の危機が迫っている。ところが、政府は蚊帳《かや》の外にいる。上にのし上がる機会は減り、あるのは多くの義務、とりわけ借金ばかりだ。こうした状況のなか、功績主義はすっかり裏目に出ている。というのも、わたしたちを解放して社会のはしごをのぼらせるどころか、むしろ罠にはめているからだ。必死に努力して理想の人生を追い求めても、その理想は次第に遠のいていくという苦渋に満ちた罠だ。

完璧主義と功績主義の関係について述べる前に、あることをはっきりさせておきたい。わたしの幼なじみたち、つまりサラやイアン、ケヴィンのような人たちは、広告による完璧主義のファンタジーにとらわれてはいても、功績主義の重圧に苦しめられることはない。それはおそらく、大卒ではないために、エリート社会での厳しい品定めをまぬがれるからだ。どのみち彼らはパワー全開の学業選別機とは縁がないので、功績主義という有害な競争文化の餌食《えじき》にはならない。いちばん餌食になりやすいのは主に中産階級や上層階級の家庭出身の、高学歴の恵まれた人々だ。

なぜわたしがそれを知っているかというと、労働者階級の家庭で育ち、そのコミュニティを離れたとたんに、身をもって功績主義のすさまじいプレッシャーを体験したからだ。ウェリングボローを離れ、ほどほどに成功した30歳の教授としてＬＳＥ「ロンドン・スクール・オブ・エコノミクスの略称。ロンドン大学のカレッジのひとつで、社会科学に特科した難関名門大学。ノーベル賞受賞者や各分野のリーダーなど多くの人材を輩出している」に着任するまでのあいだ、わたしは中産階級にふさわしい資格を手に入れて、その正式なメンバーとなった。そして、その前哨基地ともいえる場所で見たものに衝撃を受けた。教え子のほとんどは裕福な家庭出身だ。彼らは温室の外に出るやいなや、人よりも秀でるという耐えがたいプレッシャーを経験する。大学に入るまで、功績主義とは自然淘汰のようなものだと思ってきた彼らは、一流名門校に入ることに成功して無数のトップクラスの学生のあいだに放り込まれて初めて、その厳しさを知る。

そして彼らは、そこでもまた「懸命に努力する」。2018年に、アメリカの慈善団体ロバート・ウッド・ジョンソン財団が、若者の幸福に関する調査を行った。[10] 若者の精神疾患が増えていることをふまえ、彼らの健康と幸福を蝕みつづけるプレッシャーの最大の要因を探ろうとしたのだ。たいていの人が思い浮かべるのは貧困やトラウマ、差別などだ。だが、調査で何度も浮かびあがったのは、そうしたものではなく、むしろ恵まれた若者を苦しめるリスクだった。

そのリスクとは何か? 人よりも秀でるという過酷なプレッシャーだ。

もちろん教育を受ける子どもにとって、これは学校内で秀でるプレッシャーのことだ。アメリカの大都市の学校では、幼稚園前のクラスから高校を卒業するまでに100を超える試験が行われている。[11] 一部の学校は、それだけではプレッシャーが足りないと考えて、子どもや保護者がほかの生徒と比較できるように、試験結果をオンライン上で公開している。[12] しかし、他者との競争は、子どもにとって有害だ。生徒たちは、学校の門をくぐった瞬間から厳しい評価のプレッシャーにさらされ、それがパフォーマンス不安、対抗心、点数や評価への依存につながる。

生徒の成績が基準に達するように、教師は日ごろから夜2時間〜4時間の宿題や予習を行うよう指導する。なかには5時間という学区もあるようだ。[13] これだけの時間を要求するのは、1．生徒に必要だから、2．保護者が要求するから、3．学校が大学の合格率で評価されるから、だ。教師が生徒に発破をかけないと、一流大学の合格者数が減ってしまう。そうなると教師にとって体裁が悪いだけでなく、学校にとっても体裁が悪くなる。

今ほど一流大学のハードルが高くなったことはないだろう。一流大学の平均合格率は、過去20年で全入学志願者の30パーセントから7パーセント未満に急落している。[14]高校生の約75パーセントと、中学生の約半数が、しばしば、あるいは常に学業ストレスを抱えていると話す。また、3分の2を超える生徒が、しばしば、あるいは常に志望校に入れるかどうか不安を感じているという。[15]

アメリカの心理学者スニヤ・ルーサーの研究でも、こうしたストレスが報告されている。彼女の調査が一貫して示しているのは、学業のプレッシャーが精神的な苦痛を生むことで、この苦痛は裕福な家庭の10代の子ども、つまり一流大学をめざす子どもに特に多く見られるという。[16]ルーサーの観察によると、そうした子どもは薬物やアルコールの乱用率が同年代の貧困層の子どもよりも高く、うつ病や不安症を患う率も同年代の3倍にのぼる。社会学者のダニエル・マルコヴィッチは、子どもたちの苦境を明快にこう表現している。「かつて貴族階級《アリストクラシー》の子どもが特権を享受した場所で、今、功績主義《メリトクラシー》の子どもが自分の将来を計算している――彼らは自分を好ましい人物に見せる儀式のなかで、野心や希望、不安というよく知られたリズムに合わせながら計画し策動する[17]」

社会規定型の完璧主義は、この功績主義がもたらす不安の象徴といえるだろう。評価や試験、ふるい分け、選別、ランクづけはいつ果てるともなく続き、それを通して若者は功績主義には多大なプレッシャーがつきものであり、それが物事の自然の秩序なのだと納得する。好むと好まざるとにかかわらず、彼らは絶えず他者と比べられる。学ぶべきことは尽きず、さらに高い目標を掲げて、優秀な成績をめざすことが求められる。こうした文化では、努力の結果が何より重視される。これはトップがすべてであり、トップ以外は何ものでもないという狭い視野で自分の価値を測ることにつながる。

研究によれば、最近の若者は完璧を基準に自分を評価する傾向が強いという。実例を挙げると、2017年にカナダの子どもを対象に行われた調査では、小学生の55パーセントと、中高生の62パーセントが、完璧な成績をとる必要がある、と答えた。[18] カナダの心理学者トレイシー・ヴァイランコートは、さらに詳しい調査を行っている。中高生の完璧主義のレベルを6年にわたって追跡調査した結果、生徒の3分の2は自己志向型と社会規定型の完璧主義のレベルが少なくとも中程度だとわかった。これだけでも十分に高いレベルだが、ヴァイランコートのデータは、大学を選ぶ重要な時期が近づくにつれてより高くなっていくことを示していた。[19]

こうしたデータを見ると、学校制度は子どもたちに、完璧な成績が望ましいだけでなく、大学に合格するにはそれが欠かせないことを教えている、と結論づけるよりほかかない。

大学でわたしの教え子となった優秀な学生は、学業選別機でふるいにかけられて生き残った若者ばかりだ。この傷だらけの勝者たちは、茫然とした状態でそこにたどり着いた。彼らがきつく巻かれたバネのように神経を張りつめ、心の奥に失敗の恐怖を抱えていることは、バラエティに富んだファッションセンスと同様に、見ればすぐわかる。もし彼らがいくばくかの休息を期待していたとしたら、その期待はそっくり裏切られることになる。それまで何年も耐えてきた採点やふるい分け、ランクづけ、競争、比較は、大学のキャンパスに足を踏み入れたとたん魔法のように消えはしない。なおいっそう増えていくからだ。

アメリカの哲学者マイケル・サンデルは、著書『実力も運のうち　能力主義は正義か？』〔鬼澤忍訳、早川書房、２０２１年〕のなかでこう述べている。「名門大学は、入試方針によって達成への熱狂をあおり、それに報いを与えてきた。そして、学生がキャンパスにたどり着いたあとも、その熱狂を冷ましてやろうとはしない[20]」それどころか彼らは、それを鼻にかけてさえいる。たとえばＬＳＥの場合、学生団体や大学経営者、学部、そして教員陣までが自校の合格率が低いことを誇っているのだ。入学案内書は事もなげに、こう謳っている。「ＬＳＥは非常に競争率の高い教育機関であり、２０２１年度にはおよそ１７００名の定員に対して２万６０００近くの出願がありました。この熾烈な争いにより、遺憾ながら毎年、多くの出願者が失意を味わうことになります」

悪意はないにせよ、このような傲慢さはじわじわと浸透していく。その結果、学生は部屋にこもって必死に勉強しているにもかかわらず、何の苦労もなくやすやすとライバルを打ち負かしたように見せたいと考える奇妙なキャンパス文化が生まれる。これはＬＳＥだけの話ではない。ほかの一流大学で教授や顧問、アドミニストレーターと話をすれば、同じ話が聞けるだろう。たとえば、デューク大学の最近の研究によると、学生は「努力しないで完璧でいる」プレッシャーを抱えていることがわかった。つまり、あくせく努力しなくとも優秀で、スタイルがよく、クールで、魅力的で、人気がある自分を見せたいのだ。[21] スタンフォード大学では、このように装うことを「ダックシンドローム（アヒル症候群）」と呼んでいる。アヒルは水面をゆったりと進んでいるように見えるけれど、水面下では必死に水をかいているからだ。

必死で水をかく理由は、たいていは成績への不安だ。この不安は高校時代の試験地獄の名残で、大学に入学してからその不安はさらに強くなる。なにせライバルは一緒に育った仲間ではなく、学力ピラミッドの頂点に集まった精鋭集団だ。全員がずば抜けて優秀なため、全員が試験でＡをとる。ひとりひとりからにじみ出る非凡のオーラがそこらじゅうに充満し、圧力鍋のような圧迫感のある空間が生まれる。その空間のなかでは、たとえ客観的に見て抜群の成績であろうと満足感は得られない。

たとえば、ゾグ星の宇宙人が地球にやって来て、完璧主義者を大量に生産する情報センターをつくることになったとしても、現代の大学以上にすぐれた施設はつくれないだろう。第５章で紹介したデータは、大学生が完璧さへの社会的なプレッシャーをどの程度感じているかを示していた。とはいえ、これを知るのにデータなど要らない。彼らの全身から、そのプレッシャーがにじみ出ているからだ。わたしの教え子のなかには、不安のあまり、悪い成績がひとつあっても完璧な未来が台無しになるのではないかと恐れ、成績表を開く気にさえなれない者もいる。

わたしが知るかぎり、一流大学は、学生の計り知れないプレッシャーを改善する取り組みにおいて、あまり成果を出していない。大学の多くは、プレッシャーの燃えさかる炎に必死で水をかけてはいるものの、消火できずにいる。最近のUCLAの新入生を対象にした調査によると、プレッシャーに苦しむ学生の割合は、80年代半ばから6割以上も増えていることがわかった。[22]また、米国大学保健管理協会の調査では、押しつぶされるほどの不安があると答えた大学生の数は、2011年には50パーセントだったが、その5年後には62パーセントに増えていることがわかった。[23]

イギリスも同じ問題を抱えている。精神保健財団の最近の調査では、18歳から24歳までの若者のうち、何と83パーセントが環境によるプレッシャーに対処できずに苦しんでいることがわかった。[24]アメリカと同様、イギリスの大学でも中退する学生が増えている。[25]学生は単につかの間の休息が欲しいだけなのに、再入学を容易に認めない大学の規則が（費用の問題はいうまでもない）そのストレスをさらに強くしている。完璧主義が組み込まれているのは、現代の大学の方針と慣例だけではない。それは例外主義や失敗への恐怖、有害な競争文化が深く根づいた社会を生き抜かなければならない学生の頭にも、深く刻みつけられているのだ。

若者にはこう言いたくなる。成績のことは忘れてプレッシャーを和らげ、自分の発展と成長に目を向けてほしい、と。確かに有用な助言だ。しかし、優秀な成績をとるのがすべてで、それがのちの人生を左右するような教育システムにおいて、若者にプレッシャーを和らげろ、と言うのは、股間に速球を食らった野球選手に、痛みをやり過ごすために悪態でもついていろ、と言うようなものだ。ほかに選択肢などないのだ。現代の学生は（成績の上位にのし上がるのはもちろん）現状を維持するだけでも、気持ちを張りつめたまま、ひたすら努力を続けなければならない。彼らに必要なのは、優秀な成績をとるために歯を食いしばってプレッシャーに耐える方法ではない。彼らに必要なのは、まったく違うルールのもとで教育を受けることだ。

ここまでさんざん功績主義を批判してきたわたしがこう言うと変に思うだろうが、そのルールは完全に功績主義に根ざしたものであるべきだ。社会が多様な人材によって生き生きと繁栄するには、若者ひとりひとりがスキルや才能、独創性を花開かせる道が必要だ。だが、今の社会はそのような場所だろうか？　富裕層には弱肉強食のハンガーゲームが用意され、その他大勢には胸躍るアメリカンドリームという名のトロイの木馬が用意されている。それが今の社会だ。そんな見せかけの功績主義ではなく、わたしたちは本物の功績主義のもとで生きられるはずだ。そこでは、すべての子どもがよい教育を受け、意義深い人生の道を――それが何であろうと――選ぶ自由がある。

このような正しいルールにもとづいた教育には、学生を市場に出すための選別やふるい分け、ランクづけは存在しない。正しい教育とは、個々のスタート地点がどこであろうと、尊厳と責任を持ってみずから選んだ人生を生きるためのツールをあたえてくれるものだ。そうした教育を実現するには、すべての学校に潤沢な資金が必要だ。また、教師にも賃金を公平に支給しなければならない。それによって、すぐれた教育水準を一律に提供できるだろう。重視すべきは成長や探求、学びであり、子どものとき、とりわけ低学年のときの試験の負担を軽くしなければいけない。ようするに、成績やそれにもとづいたクラス分け、ランクづけなど、自尊心を奪う表面的な優劣のつけ方を廃止するのだ。

　こうした学校教育を実践しているのがフィンランドだ。フィンランドの子どもは7歳になるまで勉強はしない。就学前の幼稚園児に求められるのは、ただ遊んだり、探求したり、創造したりすることだけだ。また、高等学校の生徒が教室で過ごす時間は、アメリカの生徒の半分だ。そして1時間ごとに15分の休憩時間が設けられている。標準テストはＰＩＳＡ、つまり読解と数学、科学の学力を調べるテスト以外は何もない。それでもフィンランドの子どもは、どの科目でもアメリカの生徒をしのいでいる。[26]

　もし証拠が必要ならば、フィンランドこそが証拠だ。この国では、学校教育が完璧主義の温床になるはずもない。ひたすら勉強に励む必要はなく、テストは最も重要なテストのみ。それでも子どもたちは、意義ある社会貢献のために必要なスキルを身につけることができる。

　このように結果や得点よりも学びと成長を重視するシステムを、大学にも広げるべきだろう。現代の大学では何から何までが評価の対象になる。たとえばイギリスの全国統一資格能力認証基準《UCASタリフ》、出席率、形成的評価および総括的評価、学生と教員の比率、教育力のスコア、学生の満足度、学費、研究論文の数、研究の質、影響力、多様性など。近年では、主に大学ランキングをもとに大卒者の給与を決める傾向さえ見られる。こんなことはやめるべきだ。大学は、リーグ戦の順位を争うサッカーチームではない。教育を施すための機関だ。大学は知識を得たり、それを受け渡したり、分かち合ったりするためにある。そのためには、ヨーロッパのように基本的な権利、つまり無料にすべきだ。

さらに、もっと入学を容易にして、プレッシャーを減らす必要もある。たとえ「一流」の学校や大学であろうと、志願者が疲弊しないように入学審査の競争率を下げるべきだ。定員を増やす場合は、講義室に全員が入れるように施設の収容人数も増やす必要がある。そんなことをすれば莫大な費用がかかると言われるかもしれない。しかし、設備の拡大は出費ではなく投資と考えるべきだ。教育機会の拡大に費用をかけることは、高等教育を受けた人材の社会貢献を通して長期的には十分に元がとれるはずだ。

確かに、社会の階層のどのレベルでも、十分な教育を受けた人は繁栄している。芸術分野や科学分野、思想分野、そのほかさまざまな分野の人材——たとえば哲学者、化学者、画家、エンジニア、建築家、コンピュータープログラマー、教師など——が才能豊かで多様なほど、その社会が織りなすタペストリーは色鮮やかなものになる。教育を市場化して軽視し、なお悪いことに学費を用立てられる子どものみに門戸を開いていたら、誰もが苦しむことになる。高度な教育は、多くの点で社会に平等をもたらす究極のものといっていい。それを正しく行えば、「合格できた」幸運な学生に、さらに人よりも秀でるという過酷なプレッシャー――上に行けば行くほど重くなるプレッシャーなどあたえない、広い意味での功績主義を実現できるだろう。

いいかえれば、特に優秀でもなく恵まれた家庭の出身でもない子どもが手厚い教育を受けるには、教育分野の徹底的な改革が必要だ。教育機関が健全に運営され、適切に資金が提供されれば、学生ひとりひとりが自身の人生の舵をとり、自由に意思決定ができる。それにより、自分を偽らず、他者や社会全体に貢献する形で人生の意味を見いだして才能を開花させる土台が生まれる。もっと簡潔に言おう。真の功績主義による教育は、若者に完璧さを求めない。求めるのは情熱と自由な好奇心を持って、みずから決めたゴールをめざして前進することのみだ。

学生が優秀な成績をとるプレッシャーに苦しむ姿を見るとき、わたしはいつも自分を見ている。彼らが水面下では必死に水をかきながらも、それを慎重に隠しているとわかるのは、わたし自身がそうだったからだ。彼らは、すべての科目で平均以上の成績をとらなければ、と思っている。そして、他者よりも秀でることで輝かしい未来を手に入れたいと切望している。そうしたことがわかるのも、わたし自身がそうだったからだ。わたしのオフィスのドアをノックする学生はみな、わたしと心を通わせることができる。しかし、心を通わせるだけでは足りない。

若者は、優秀な成績をとるというプレッシャーを抱えたまま高校を卒業する。その後、大学の門をくぐっても、熾烈な競争と厳しい例外主義の文化は依然として存在する。そのため、プレッシャーはなくなるどころか、さらに強くなる。これを、完璧主義とセルフイメージに関わる疾患、精神的苦痛が重なった、まさに暴風が吹き荒れる状態だという研究者もいる。【27】【28】【29】だが暴風という表現は、わたしからすれば生ぬるい。暴風なら、危険が迫っている、あるいは、たとえ穏やかでも嵐の目の下にいる、といったことが認識できる。ところが功績主義は違う。それは文化の補強材として、あらゆる場所に組み込まれており、そのすさまじい力はそれに苦しむ人たち——同時に熱心な信奉者でもある人たちには見えづらいからだ。

大統領も総理大臣も、まるで熱に浮かされたように功績主義の話をする。ジャーナリストも、政治評論家も、経済学者も、こぞって功績主義を礼讃する。ビジネスリーダーやスポーツ界の有名選手は、そのおかげで成功できたと考える。映画もテレビドラマも、すべてこれがモチーフになっている。そして郊外の高級住宅では、親たちが功績主義のもたらす美酒に酔いしれている。彼らが躍起になって我が子を大学に入れるのは、その美酒を我が子にも味わわせたいからだ。

功績主義が脈々と息づいているのは、階級の壁を越えて広く根づいているからでもある。功績主義は「大きな物語」だ。この物語は、人間はみな自由を愛する個々の存在だと説き、人生のスタート地点がどこであれ、努力すれば第2のジェフ・ベゾスやリチャード・ブランソンになれることをほのめかす。そこには不公平などなく、あるのは他者との競争のみであり、他者よりいい暮らしをしている人がいるのは、その人が懸命に努力したからだ、とそれは教える。

わたしたちは心の底では、それが違うと知っている。それでも、これを八百長試合と認めるような、そんな大それたことはできない。俯瞰的《ふかんてき》にとらえれば、昨今は個人の労働倫理などさして重要ではないかもしれない。若くて、貧しくて、代々資産を受け継いできた実家もないとしたら、努力など意味はないかもしれない。わたしたちがこのような現実から目を逸らすのは、このシステムとそれを擁護しつづける多くの有力者に逆らってみずからの首を絞めたくないからだ。

そのため、功績主義という概念を維持するには、わたしの10代の頃のクラスメイトのコナーが、教育費に糸目をつけない家庭のジョージと同等の機会に恵まれると信じるふりをすることが必須だ。コナーは、半分が公営住宅という、町でいちばん治安の悪い地域の公営住宅で、アルコール依存のシングルマザーに育てられた。いっぽうジョージは、金で買えるものなら何でもあたえてくれる親がいて、放課後と週末には家庭教師をつけてもらい、最高の成績をとることも可能だった。わたしたちは、このふたりに同等の機会があたえられると信じるふりをうまく続けている。というのも、機会の格差が広がりつづけ、どの指標を見ても社会的流動性は低下しているのに、努力すれば成功できると信じる人の割合は、2008年の金融危機以来10パーセント以上増えているからだ【30】。

とはいえ、努力しても生活水準が下がっていく状況にわたしたちが腹を立てていないわけではない。システムへの不満を自分への不満に置き換えるように慣らされてしまっているのだ。そして真の元凶、つまり社会の不公平は、功績主義という神話の背後に安全に匿《かくま》われている。

功績主義の危険性は、嵐のそれとはまったく違う。功績主義は、いわば蜃気楼《しんきろう》だ。わたしたちは危険を顧《かえり》みず、大喜びでそこに飛び込んでいく。

最後にもうひとつ、大事なことを言っておきたい。功績主義が中産階級と上層階級に例外主義という大きな重荷を背負わせる、というのは、もちろん統計的な話だ。これらの階級出身者は、一流大学の入学者数のほとんど（正確には95パーセント前後）を占めている。彼らは功績主義のプレッシャーから逃れられないし、逃れられたとしてもごくわずかだ。しかし、貧困層の学生がまったく影響を受けないかといえば、そうではない。ラッセルグループの入学者数の約5パーセントは貧困家庭出身だ[31]（オックスフォードとケンブリッジは、合計で2パーセント）。そして少数ながら、こうした優秀な若者が神聖なキャンパスにたどり着くと、階級の違う学生とともに功績主義の試練を受けることになる。

だが彼らは、まったくの無防備だ。自分よりも上の階級出身者と競い合いながら上をめざして走らなければならないのに、彼らよりも利用できる資源は少なく、乗り越えるべき障害はずっと多い。たとえ上位に入れたとしても、まだ運が必要だ。なぜなら中産階級の枠は日に日に狭まっているからだ。必死に励みながらも敗北感は消えず、やがてはそれが大きな苦しみとなる。確かに、わたし自身が完璧主義に苦しむのは、階級や経済的な悩み[32]が消えず、それを克服するために人よりも成果を上げなくてはならないからだ。

それでも、貧困家庭の出身ながら、わたしはいくらか恵まれている。ミレニアル世代だからだ。

もしZ世代だったら、経済的にかなり厳しかっただろう。経営コンサルタント会社デロイトが実施したZ・ミレニアル世代年次調査によると、Z世代の3分の1が、最も不安を感じるものとして生活費を挙げ、そのうち45パーセントが給料ぎりぎりの生活をしていると答え、4分の1が安心して老後を迎えられないと感じている。[33] これは気が重くなる数字だ。しかし、経済の状況を見れば、彼らが悲観的になるのは当然だ。

また、わたしは白色人種で、異性愛者の男性で、アイルランド系のイギリス人で、そこそこ健康で、身体の障害もない。つまり、大多数の集団の側にいるため、誰からも何からも足を引っ張られず、ただがむしゃらに努力することが許される大きな幸運に恵まれている。いっぽうマイノリティーや障害者、貧困家庭出身の女性にとって、橋を架けるべき隔たりはいまだに大きく、しかも差別や弾圧のトラウマ、固定観念《ステレオタイプ》など、あらゆる障害物も散らばっている。

功績主義は、現代社会で「懸命に努力する」人すべての人生を、とてつもなく困難にする。そして貧困層や性的マイノリティー、障害者、有色人種の人々は、さらに生きづらい人生を強いられる。

この状況をまとめると、こんなシナリオになるだろう。90年代初期に、高学歴の優秀なエリートたちがリベラル派の政党を支配し、功績主義という明らかに不平等なブランドが台頭した。そのシステムは「取り残された」人々に苦境と絶望をもたらすことがわかっていたが、反発の声は上がらなかった。その「取り残された」人々は支援をほとんど受けられない下層階級で、彼らの苦難は知性が欠けているから、あるいは怠惰だから、あるいはその両方だとされた。

彼らのほとんどがマイノリティーで恵まれない境遇だったことは、エリートたちからすれば遺憾であり、彼らは同情心から大粒の涙をこぼした。ところが、涙は流しても、こうした不平等をなくすための大胆な改革をするまでにはならなかった。なぜなら、そんなことをすれば、システムのごまかしを素直に認めることになるからだ。そのため、彼らが出した答えは、貧困家庭の子どもやマイノリティーにわずかな補助金をあたえ、それを「公平な競争の場《レベル・プレイング・フィールド》」と呼ぶことだった。

そして、今がある。大勢の恵まれた子どもと、少数の貧困家庭の子どもが、現代の大いなる功績主義のなかでエリートの座を求めて競い合っている。これは、すでに勝者であるエリートだけが恩恵を受ける状況といえないだろうか。もちろん、彼らは実際に恩恵を受けている。しかし彼らは、この功績主義が自分や子どもたちにも苦境と絶望をあたえることになるなどとは思いもしなかった。

勝者は誰もいない。本物の功績主義がもたらす公平な社会から見れば、全員が敗者だ。

勇気を奮い起こしてこれを指摘する若者は、弱虫のくせに文句ばかり言う甘ちゃんだと非難されがちだ。ジャーナリストや政治家、一部の大学教授までが口を揃えて、そうした若者のことをひ弱で甘やかされた根性なしだと決めつける。これは、何もわかっていない人たちによる心ない中傷だと思う。功績主義に縛られながら地道に努力を続ける学生や若い労働者たちは、弱虫のくせに文句ばかり言う甘ちゃんなどではない。成長こそすべての経済のもと、忍耐の限界までプレッシャーをあたえて人間を容赦なく選別するシステムを生き延びた、勇敢で傷つきやすいサバイバーだ。

いずれ、その事実と向き合わねばならない日が来るだろう。そして、学校や大学、経済全体に組み込まれた功績主義による行き過ぎた期待が若者を苦しめ、彼らを完璧主義へと追い込んでいることを認めねばならない日が来るだろう。また、みずからに問わねばならない日が来るだろう——これ以上子どもたちにこんなものを背負わせていいのか？　と。

教育制度は、それを通して功績主義の教義が子どもたちに受け渡されることを考えれば、きわめて影響力のあるチャンネルだといえる。しかし、それだけがチャンネルではない。親もまた、その教義を受け渡している。それは、まだ本書で述べていない、ある問いを投げかける——このような現状において、親はどんな役割を演じているのだろうか？

第10章　完璧主義は家庭ではじまる
あるいは優秀な子どもを育てるプレッシャーが
いかに子育てに影響をおよぼすか

「子どもは直接、社会を経験するのではなく、まず親の性格構造や教育方法を介して経験する（中略）親は社会の心理的な仲介者だ」

エーリッヒ・フロム【1】

ＦＢＩは、その捜査を「バーシティ・ブルース作戦」と呼んだ。彼らは何年もかけてアメリカじゅうを徹底的に調べあげ、我が子をアイビーリーグの名門大学に不正入学させようとする著名人、企業のＣＥＯ、資本家、弁護士など超エリートの複雑なネットワークを暴きだした。不正工作の首謀者は、カリフォルニア州に住むウィリアム・リック・シンガー。富裕な親たちは我が子を名門校に入れたいがために、数万ドルから数百万ドルの裏金をシンガーに支払っていたという。

シンガーの手口は巧妙だった。まず、裏金を寄付金として受けとる慈善団体を設立し、依頼人の要望に応えるふたつの手段を画策した。ひとつは、第三者に金を渡し、替え玉として入学審査に必要な試験を受けさせるというもの。もうひとつは、入学審査官やスポーツコーチに賄賂を渡し、依頼人の子どもをスポーツ特待生として入学させるというもの。それは功績主義にどっぷり浸かった不公平な社会にうってつけの、この上ない妙案といえた。シンガーが続けた不正工作は、超富裕層のアイビーリーグへのアクセスを確保し、子ども本人には自力で正当に入学したと思い込ませることができた。

２０１９年にＦＢＩがシンガーの不正工作を白日のもとにさらすと、必然的に世間の目はシンガーの依頼人である親たちに向けられた。子どもをアイビーリーグに入れようと神経をすり減らしてきた一般の親たちは憤慨した。ジャーナリストは、罪を犯した親たちの顔にカメラを向けた。ネットフリックスは、この事件を再現するドキュメンタリー映画を制作した。新聞やニュースサイトの見出しには「彼らは犯罪者だ！」といった文字が並んだ。ニュース番組のアンカーは彼らに問うた。「自分たちは何をしてもいいと思っているのですか?」

メディアの意見はもっともだが、ここでもやはり非難の矛先が都合よく1カ所に集中していることに気づく。つまり、世間は法を犯した者ばかりを責めがちだが、そもそもシンガーがなぜ彼らの便宜をはかったかについては、ほぼ見過ごされてしまっている。功績主義のプレッシャーがいかに正しい判断力を損なわせるかについて説明するのに、バーシティ・ブルース事件以上の好例はないだろう。このスキャンダルは多くの社会的な亀裂を浮き彫りにしたが、おそらく最も際立っていたのは、金と功績のみに固執する偏った経済のもとで、親たちがパニック状態になっているることだ。


ジュディス・リッチ・ハリスは、子どもの成長に親の育て方は関係ない、という画期的な説を唱えたが、それは、親がどんな育て方をしても結果は変わらない、という意味ではなかった。彼女が伝えたかったのは、一般的に信じられているような関係性はない、ということだ。親が子どもに手渡す価値観は、その子どもの人間形成に大きく影響する。とはいえ、そうした価値観がそもそも親のものだとはいいきれない。親はむしろ社会の心理の仲介者だ。つまり子育てを通して、社会の主流となる価値観を子どもに手渡しているのだ。

そして、功績主義の心理の仲介者が誰であるかは、簡単に想像がつくだろう。そう、いわゆるヘリコプターペアレント［頭上をホバリングするヘリコプターのように子どもを監視しつづける過保護・過干渉の親］

だ。子どもの生活にやたらと介入し、とりわけ教育面でその傾向が強い父母たちがいる。彼らは子どもを心配するあまり常に口をはさみ、独断的に指示をあたえ、方向転換させ、急き立て、引き戻す。これは子どもに自分で考えて行動する余地を一切、あるいはほとんどあたえない行為だ。こういう育て方をする親は、えてして疲れを知らない。彼らの目的は何か？　きわめて競争の厳しい功績主義の文化において、子どもを確実に成功させることだ。そのため、愛する我が子が人生において最良の機会を得られるように、深く入れ込んでしまう。

このような親が増えている兆候は、さまざまな形で現れている。最も目立つ兆候は、子育てにおける優先項目と価値観が変化していることだ。例を挙げよう。アメリカでは1995年から2011年にかけて、我が子に勤勉さを望む親の割合が約40パーセント増えた。その勤勉さが注がれるべきものは明白だ。そう、勉強だ。親が子どもの宿題を手伝う時間は、70年代半ばに比べると、週あたり5時間も増えているという[2]。

教育に割り当てる時間が増えれば、当然、それ以外の時間は削られる。たとえばアメリカでは、子どもが親と遊ぶ時間は、80年代前半と比較して25パーセント減っている[3]。また、90年代前半と比べて、週あたり9時間を超える時間が、遊びから、試験勉強や宿題などに置き換えられている[4]。まだ物事を正しく解釈できない子どもがそこから受けとるメッセージは、基本的にはこうだ。「親が子どものために時間を割く価値のある活動はあるが（宿題）、価値のない活動もある（遊び）」

当然ながら、こうした価値観の変化は、教育のプレッシャーが急速に高まっている激動の時代において跳ねあがっている。COVID－19のパンデミック下で1万人を超えるアメリカの大学生を対象に行った調査によると、若者の抱える大学関連のストレスはパンデミックの前よりはるかに多いことがわかった。学生が答えたストレスの原因は、成績や学習の分量、時間の管理、睡眠不足、大学生活への不安などだった。そのうち最大の原因として挙げたのは、学業成績に対する親の期待だった。そして57パーセントの学生が、パンデミックのあいだもその期待は下がらなかったと答え、34パーセントはむしろ期待が高まったと答えた[5]。

こうした親の過剰な期待を、経済学者のゲイリー・レイミーとヴァレリー・レイミーは壮大な「ちびっこ競争」の一環だと考えている。おそらく親たちは社会のプレッシャーに対抗するため、子どもに労働倫理をたたき込み、成績に固執して監視の目をさらに光らせているのだ。心配性の親の不安が大きくなればなるほど、パニックの土壌がつくられていく。おそらく、この独特のエコーチェンバー現象がきわまった形が、バーシティ・ブルース事件なのだろう。富裕層の親たちは、すでに社会的に優位な我が子をもっと優位にしようとして、犯罪に手を染めるまでにいたったのだ。

このような親がどこにでもいるわけではない。スウェーデンやノルウェーなど、平等化の進んだ社会的流動性の高い国では、シンガーのような不正工作の需要が多いとは考えにくい。こうした国々の親を対象にしたインタビュー調査では、勤勉さを重視すると答えた親の割合は15パーセント未満だった。こうした父母たちは、子どもが自力で道を切り開けるように、自由な意思を尊重している。実際に、スウェーデンやノルウェーの親は、アメリカやカナダ、イギリスとは違って、子どもが自分で考えたり、感じたり、関心を持ったり、想像力を働かせたり、自分らしい方法で自己表現したりする時間をあたえている[6]。

アメリカやカナダ、イギリスなどでは、ヘリコプターペアレントはごく普通かもしれない。とはいえ、ヘリコプターペアレントは、ごく特異な経済の状況でのみ多く見られる。それももっともな話だ。特異な状況下では、必ずといっていいほど極端な執着が生まれるからだ。今のイギリスやアメリカにおいて、ごく普通の感覚を持つ親なら、我が子が現状で満足することは望まないだろう。学校教育のプレッシャーが高まり、一流大学の合格率が急落し、格差の広がりによって若者が這いあがるのが難しい時代にあっては、我が子が社会から取り残されることはできるかぎり避けたいと思うはずだ。こうしたプレッシャー下で、ヘリコプターペアレントになるのは選択肢ではない。そうならざるをえないのだ。我が子を案じ、優秀な成績がとれるように干渉してしまうのは、親がそうしたいからではない。また、それが我が子のためになるからでもない。親の本来の直感が、他者と競い合う有害な功績主義のもとで培われた直感に邪魔されて、停止してしまうからだ。では、そうした過干渉な子育てがもたらす結果とは、どのようなものか？　そのひとつが完璧主義なのだろうか？

子どもには親との愛情の通い合いが必要であり、子どもはそれを求めている。ところがヘリコプターペアレントの場合、そうした関係が生まれにくい。理由はふたつある。ひとつは、ヘリコプターペアレントが失敗を気にしすぎる傾向にあること。もうひとつは、子どもが楽に達成できる基準よりも高い、実力を超える基準を設けがちなことだ。このような親は、暗黙のうちに我が子にこう伝えている。「失敗は絶対に許されない」また、こうも言っている。「今のままでは、おまえをそっくり無条件で受け入れることはできない」

もちろん、すべての親がそうではない。しかし、総体的に親の期待がかなり高まってきており、若者はそれを「完璧でなければいけない」という意味で受け止めている。なぜ、そんなことがわたしにわかるのか？　それは、アンドリュー・ヒルと共同でふたつのメタ分析を行って、それを立証したからだ。その論文は、2022年に『サイコロジカル・ブレティン』誌に掲載された。[7]まず、わたしたちは親の過剰な期待——子どもが応えられない期待——と社会規定型の完璧主義との相関を調べたデータを統合し、関連の有無を確かめた。次に、アメリカとカナダ、イギリスの大学生が親の過剰な期待をどう認識しているかを調べた30年分のデータを回収し、その期待が年月の経過とともに高まっているかどうか確認した。

関連性を調べる分析では、親の期待度は明らかに社会規定型の完璧主義のレベルと正の相関をなしていた。しかも、相関の度合いはきわめて強く、社会規定型のデータの半分近くが親の期待による影響で説明できた。また、自己志向型と他者志向型との関係においても、社会規定型より

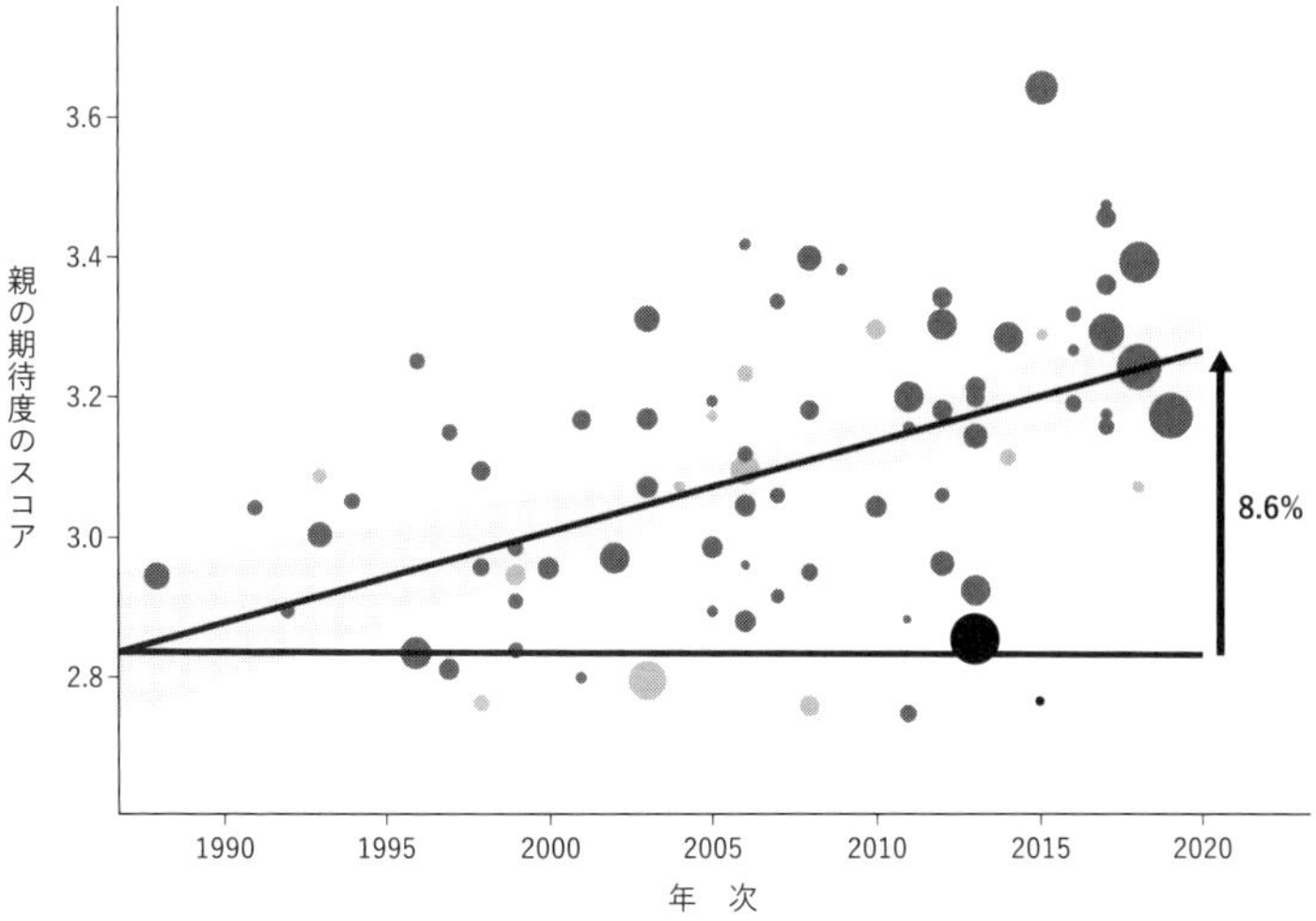

図9　大学生の親の過度な期待度のスコアの推移を表したグラフ

注：黒い点はアメリカ人、薄いグレーはカナダ人、濃いグレーはイギリス人のデータを表す。点の大きさは、各調査時にデータを提供した学生の数と比例する（人数が多いほど点も大きくなる）。年月の経過にともなう親の期待度の推移を表す近似線は、データ点のできるだけ近くを通るように引いている（近似線にかかるグレーのエリアは誤差範囲）。

は弱いものの、やはり正の相関が見られた。

期待度の推移を見る分析では、第5章の調査と同じ手法で、先ほど述べたように30年分のデータをグラフにした。その結果、親の期待度が急激に高くなっていることがわかった。そのグラフを示しているので見てほしい（図9参照）。期待度の推移を見ると、9パーセント近く増えていることがわかる。だが、それだけで結論は出せない。わたしたちは、時代の推移だけでなく出生コホート、つまり世代別のデータも分析した。その結果、期待度は40パーセントも上がっていた。現代の平均的な大学生が答えた親の期待度はきわめて高く、具体的にいうと、期待度のスコアは1989年の大学生の70パーセンタイル付近に位置していたのだ。
このことから、親の期待度の高まりが、若者の社会規定型の完璧主義のレベルの上昇のひとつの要因だと考えられる。その理由について、もう少し詳しく述べたい。親は、広告やソーシャルメディア、学校や大学生活のプレッシャーよりもはるかに子どもに近く、ダイレクトに完璧主義を受け渡す存在だ。子どもたちは生まれて間もない頃から、親の期待と、その期待が完璧をめざすことかどうかを認識している。そして、成長過程で繰り返し過剰な期待をかけられると、必然的に「完璧でなければいけない」と解釈する。

ここで重要なのは、過剰な期待というのは、単に親の基準が内在化するより深刻な問題であることだ。子ども時代は、無防備で傷つきやすい。自分のいる世界を理解しようとして前に進むごとに、叱られたり拒絶されたりする危険にさらされる。愛情をたっぷり注がれている子どもでも何かしら問題は起きるため、どこかの時点で必ずそうした苦難に直面する。期待をかけるのは必ずしも悪いことではない。問題は、かける期待がいつも高すぎて、子どもの能力をはるかに超えている場合だ。

その場合、子どもはいつも親が設定した基準に達することができず、親の承認が得られない。たとえば、トップクラスの成績をとるなど非凡な成果を上げれば、親は喜ぶだろう。しかし、功績主義のプレッシャーに満ちた文化において、その親は子どもに完全な承認をあたえるのは先送りにして、そのまま続けることを求めるはずだ。「さらに上をめざせ」と。

子どもにとって、これは茨《いばら》の道だ。どんなに努力しても認めてもらえないのだから。子どもにあたえられるのは受容ではなく、さらに上をめざせばいつかは受容してもらえるという約束にすぎない。その結果、ヘリコプターペアレントを持つ子どもは背伸びをしたまま神経を張りつめ、失敗の結果を恐れ、おいそれとは得られない親の承認を必死で得ようと努力しつづける。そして意図せずして、好ましくない依存の状態にはまり込んでしまう。このような子どもは、失敗すると必然的に羞恥心を覚える。その失敗がこう囁くからだ。「おまえには親に認めてもらう価値はない」過剰な期待が社会規定型の完璧主義と強く結びついている理由が、まさにこの羞恥心なのだ。

ただし、承認しないことが絶対に悪いともいいきれない。親に甘やかされて育った羞恥心を知らない子どもは、いつも羞恥心に苦しむ子どもと同様に犠牲者といえるだろう。また、親は「健全な」子育ての一環として、あえて承認しない態度を小出しにすることもある。それが子どもの心に徐々に蓄積し、ある日、達成できないほど高い基準を親からあたえられたときに、たまったものが一気にあふれ出す。そうなると、かなり厄介だ。ときたま、わずかに落胆する様子を見せても、その時点にかぎっていえば大きな害はない。ただ、親がそうした落胆を何度も見せ、それがどんどん積み重なるなかで完璧主義が生まれるのだ。

親も内面的には子どもだということを忘れてはいけない。誰もが金と功績にこだわる社会の監視のもとで、親もまた不安を抱えて生きている。そして、子どもが困難を乗り越えられるよう最善を尽くそうとするあまり、まわりが見えなくなってしまったのがヘリコプターペアレントだ。親が本当に我が子が完璧主義者になるお膳立てをしているとしても、故意にやっているわけではない。原因は彼らの外側にあって、彼らが責めを負うべきものではない。

しかし、起きていることは紛れもなく現実だ。しかも、それが収束する気配はない。完璧主義は文字どおり家族間に流れ込む――まず遺伝子を通して、次に子育てを通して。ここに重大な問題がある。若者の完璧主義が強い場合、その子どもも完璧主義の傾向が強くなり、孫もまた完璧主義の傾向が強くなる。そうやって終わらない連鎖が続いていく。この現実を、わたしたちは認めなければいけない。そして、何世代にもおよぶ連鎖を断ち切ることに力を尽くさねばならない。

とはいえ、この連鎖を断ち切ることはできるのだろうか？　こうした文化のもとで、また、今この時代において、その問いには容易に答えられない。それでも研究成果が、いくつか糸口をあたえてくれている。ひとつは、常に温かい思いやりと保護を提供することだ。この世界は過酷であり、子どもは外からの影響を受けやすい。広告や大衆文化、ソーシャルメディア、自分の属している集団など、さまざまな方向からプレッシャーを受けている。それらのプレッシャーに子どもが負けたときは、人生にはそういうときもある、それが当たり前なのだ、と教えよう。そして必要があれば、介入して措置をとろう。だが、子どもの言葉に耳を傾けるのを忘れないでほしい。どんなときでも。心を開いて話し、子どもの気持ちを受け入れ、共感し、理解してあげよう。研究では、思春期の子どもにこうした温かい態度で接すれば、完璧主義や完璧主義的な傾向が軽減することがわかっている[8]。

また、温かみのある子育てでは、親と子の愛情の通い合いをうながす。だから、あなたの子どもを無条件に愛してほしい。ただ愛しつづけよう。どんなときも。研究では、成功や好ましいふるまいの有無に関わりなく親が愛し慈しんでくれると答えた子どもは、自己志向型と社会規定型の完璧主義のレベルが低かった[9]。また、自分が他者からどう見えるかをあまり気にせず、欠点を隠そうとする傾向も少ないことがわかった[10]。さあ、今から行動を起こそう。あなたの子どもに伝えてほしい。誰に対しても、どんなことに対しても言い訳などしなくていい、と。あなたの子どもは、あなたの愛と慈しみを受けるにふさわしい。そして、この世界で大切な存在だ。ただそこにいるだけで。

このような接し方を通して、親は文化が教えてくれないもの、つまり失敗は誰にでもあることを子どもに教えられる。子どもがつまずいたり失敗したりしたら、それを導きの機会としてとらえるのだ。人生には何かしら結果があることや、誰もがときには失敗すること、その失敗を恐れる必要はないことを教えてほしい。子どもが困難に直面しても、盾になってはいけない（ただし思いやりは示そう）。その状況を体験させよう。少なくとも少しのあいだは。完璧な人間など誰もいない、と理解できるように。ときには特別な理由もなく計画どおりにいかないこともあるけれど、それでいいのだ、と思えるように。いつだって次がある。挫折を回避するのではなく、それを乗り越えられるよう、子どもを支えてやろう。彼らに手を貸そう。ただし自分で解決する機会を奪ってはいけない。

我が子の人とは違うところも、生まれ持った才能も、快く受け入れてあげてほしい。そして、集団の熱意ではなく、自分の熱意にしたがうようにうながしてほしい。また、物質的な欲求を満たす行為からは遠ざけよう――もう十分なのだから。それよりも読書や楽器演奏、スポーツなど、夢中になれるような体験に関心を向けさせよう。みずからの熱意によって人生の道を発見できるよう、どんどん新しい挑戦をさせてほしい。進学先や科目を決めるような重要な決断をするときには、子どもに意思を表明させよう。そして、その意思を尊重してほしい。

子どもに期待をかけるのは悪いことではないし、それが野心的なものであってもいい。ただし、必ず子どもと話し合って決めるべきであり、何より目標は現実的でなければいけない。また、子どもがその目標を達成しても、大げさにもてはやすのは控えよう。ただ子どもを抱きしめ、祝いの言葉を伝え、それまでの努力を称えよう（成績を称えてはいけない）。では、子どもが目標を達成できなかった場合はどうするか？　そのときも、やはり抱きしめて努力を称えよう。試験や課題は、学習到達度を評価する無数の尺度のひとつにすぎないことに気づかせ、そのなかで点数や成績がどういう意味を持つかを理解させよう。目標に達しなかったのは知性が欠けていたからではない。これからの人生が台無しになったわけでもない。それで教師の子どもに対する評価がすべて決まるわけではないし、親が我が子を誇りに思うかどうかが決まるわけでもない。外の世界は、完璧を求めるプレッシャーでいっぱいだ。だから親は、挫折の意味を正しく理解させ、子どもが苦しい胸の内を安心して打ち明けられるよう、温かい雰囲気をつくってあげなければいけない。

そして最後にもうひとつ、親であるあなたが手本を示そう。自身の失敗体験を通して、人間であれば失敗するのは当然であり、恥じる必要はまったくないことを伝えてほしい。心を開いて語ろう。子どもにも心を開いて語らせよう。ネガティブな感情が湧くのは当たり前のことだと教えよう。いつもそばにいて子どもを支えてほしい。また、環境にも意識を向け、子どもが将来受け継ぐことになる地球と生態系を大切にしよう。周囲の人や近しい人には思いやりを示そう。教師を指導者として敬い、彼らが正当な理由で子どもを叱る必要があれば、それを支持しよう。そして彼らに会うときはいつも、子どもの成長に力を注いでくれることに感謝しよう。

あなたの子どもは、あなたを慕い、敬愛している。我が子には、なぜ人間の不完全さに価値を見いだしながら成長することが大切なのか教えてほしい。そして、あなた自身が苦しみと向き合うときには、我が子にもそうしてほしいと思う形で――勇気と信念、自分への慈しみを持って向き合ってほしい。こうしたことをすべて実践すれば、子どもは悟るだろう――生き生きと満ち足りた人生を送るのに、完璧である必要はないことを。

先週、わたしはまた、ネットフリックスの『バーシティ・ブルース作戦：裏口入学スキャンダル』を観た。それは、いかにもハリウッドスタイルの演出による、洗練されたサスペンス仕立ての作品だった。シンガーがほの暗い自室でパソコンの画面を見つめ、携帯電話を耳に当てて自身の計画を依頼人に話している。電話の相手はみな富裕な家庭の親で、たいていはエキゾチックな雰囲気のベランダに立って壮大な風景を見渡しながら、シンガーの策略に聞き入っている。たとえば、彼らの子どもを優秀な水球選手に見せかけてスポーツ推薦枠に入れる方法を。

脚本は非の打ちどころがなかった。それでも、いささか単純すぎると思わずにはいられない。描かれるのはあくまでも実際に起きたことのみで、視聴者の目はそこにしか注がれない。巧妙に練りあげた手口。罪を犯したシンガーと裕福な依頼人。そして裁判。罪人の何人かは収監され、それでジ・エンドだ。

有罪判決を受けた家族が、巨大な詐欺事件の共謀者であることは間違いない。彼らは事実上、恵まれない子どもから名門大学の合格者枠を奪ったわけだし、その報いも受けた。しかし、この映画では描かれていない、もっと込み入った話がある。なぜシンガーの裏工作が必要だったのか、という話だ。それを描くにはカメラの視野をもっと広げて、わたしたちの経済と、その経済を生みだした社会について徹底的に問う必要があった。

もちろん、それを問い損ねたのは親の問題にかぎらない。第8章で述べたように、まったく同じ障害物がソーシャルメディア上にも存在する。インスタグラム、子どもを思いどおりにしようとする親、不安定な雇用、ライフスタイルを提案する広告――。こうした多くの社会的病弊を、すべて個別の、注目すべき偶発的な事案としてとらえ、ただ眉をひそめて指さすだけでは本当の答えを探したことにはならない。

これらは個別の、注目すべき偶発的な事案ではない。それぞれを深く掘り下げれば、すべてが根っこでつながっているとわかるはずだ。親はいつでも我が子に、もっとうまくやれ、もっと努力しろ、と尻を叩いて完璧をめざすように求める。だが、それは親たちが支配的な暴君だからでも、完璧主義が健全だと信じているからでもない。彼らが経済の心理の仲介者だからだ。経済が求めるとおりに消費を続けるケヴィンやイアンのように、また、経済が望むとおりに運営するソーシャルメディア企業のように、親たちもまた経済が望むとおりに子どもを育てているにすぎない。バーシティ・ブルース作戦の映画も、このような筋書きだったら、ただセンセーショナルなだけの作品にはならなかっただろう。もっと問題の根源に迫ることができたはずだ。

完璧主義という心身の機能障害は、苦しんでいる本人に原因がある、という安易な考えに最初に待ったをかけたのが、おそらくカレン・ホーナイだった。ホーナイは、このような症状を蔓延させる文化的な条件づけについて問いただすことをわたしたちに望んだ。彼女の認識は正しかった。わたしたちが彼女に追いついていないだけなのだ。ヘリコプターペアレントの子育ては、人間に本来備わった自然な育て方ではない。それは、成長のみに固執して金と功績の呪縛にとらわれた経済を象徴する育て方といっていい。ようするに、これは文化がもたらした現象なのだ。そして、これも広告やソーシャルメディアと同じく、社会規定型の完璧主義のレベルが急上昇している要因のひとつだ。

さて、わたしたちの探究はまだ終わっていない。現代文化にはあとひとつ、完璧へのこだわりを強くする分野がある。その分野にはたいていの人が——老いも若きも、金持ちも貧しき人も——毎日のように足を踏み入れている。そう、仕事だ。次の章では、精力的な労働が求められる現代の仕事について、また、わたしたちの精神を急速に蝕んでいる〝ハッスル・カルチャー〟について解説しよう。

第11章　ハッスルと言う勿《なか》れ

あるいは現代の不安定な雇用がいかに完璧主義への依存をもたらすか

「その根底には、アメリカ人の自立への強迫観念がある。だからこそ、死ぬほど働く人を称賛するほうが、死ぬほど働く人がいることを経済システムに瑕疵《かし》がある証拠だと主張するより受け入れやすいのだ」

ジア・トレンティーノ[1]

以前、バースに住んでいた頃、いきつけのカフェがあった。そこは改装したジョージアン様式のタウンハウスの半地下にある居心地のいい空間で、有名なロイヤル・クレセントにほど近い路地に面していた。バースストーンの石段を下りていくと連続旗があしらわれた部屋があり、カラフルなアート作品や再生家具がところ狭しと置かれていた。正直にいえば、とても洗練されているとは言いがたいし、繁盛してもいなかったけれど、そこはエマの安息の場であり王国だった。

エマがその部屋を借りてカフェをオープンしたのは、2018年だった。彼女はその1年前、10年にわたる広告ディレクターの職を辞してロンドンにも別れを告げた。それは理にかなった選択だった。なぜなら、そこでの暮らしに疲れ、何か新しいことをはじめる必要があったからだ。それに、ロンドンの住宅価格も急騰していた。カフェの店主になってからも、激しい生存競争に戻る、金銭的には好条件のオファーが何度かあったが、エマは断った。もはやプレッシャーも、深夜労働も、依頼人の厳しい要求でパニックに陥ることも望まなかった。エマにとって、そのカフェは銀行口座の預金以上のものだった。避難所であり、再生の場だったのだ。

今の時代、エマのように人生のペースをがらりと変えてしまうことは珍しい。それまで高速運転をしていた人が、いきなり減速して低速車線を走りつづけるという決断をしたら、たいていの人は首をひねるだろう。とりわけロンドンやニューヨークなどの大都会では、「調子はどう？」への答えは決まって「忙しくて目が回りそう」であり、現状維持は衰退を意味するといっていい。こうした大都市では、前に進んでいないと——何かをめざして励んでいないと、滑りやすい出世階段をのぼる意志はないとみなされる。だが、正直になろう。何かしら成し遂げることを望まない人などいるのだろうか？

わたしがエマと知り合ったのは、バースに引っ越して間もない頃だった。毎朝の日課で彼女の店にコーヒーを飲みにいったある日、街の不運な旅行者のことでちょっとした冗談を言ったら、エマが大笑いした。それから数カ月が過ぎる頃、わたしは、エマの店の常連客になっていた。店が暇なとき、彼女はわたしの暮らしぶりを尋ね、わたしも彼女に同じことを尋ねた。わたしたちは仲よくなり、互いのことを少しずつ知りはじめ、そのなかで彼女が以前にどんな暮らしをしていたのかを知った。そしてごく最近、わたしは彼女の近況を知るために連絡をとり、もしよければ本書のためにこれまでの体験を語ってほしい、と頼んだ。

エマは華々しい経歴の持ち主だ。若くて活力あふれる20代前半の頃、彼女は早く人生をスタートさせたくて大学の卒業を待ちわびていた。大都会に飛びだし、輝かしいキャリアを築きたくてうずうずしていたのだ。エマは、わたしに語った。「第一級の学位をとってウォーリック大学を卒業したときは、本当にわくわくしていました。そして、すぐにマーケティングの宣伝文句やソーシャルメディアのカバー写真、ブランドコンテンツなどに需要があることを知りました」

エマは言った。「フリーランスとしてはじめることに、何の迷いもありませんでした」

ところが、いくらも経たないうちに、ときめきは消えうせた。自由を約束してくれたフリーランスが実際にもたらしたものは、ストレスと孤独だった。気がつけば、やっている仕事はコンサルタントの経歴を書いたり、空虚なコーポレート・ストーリーを書いたりといったおもしろみのない仕事ばかりだった。「自分が無能で、誰からも認めてもらえないと感じていました」と彼女は当時を振りかえる。「ロンドンでは孤独を味わいました」誰にも彼女のコピーに反応する義務はなく、ましてフィードバックなどくれるはずもなかった。また、顧客と意見のすり合わせをしても、時間が無駄になるだけだったという。「お金を払う側の気まぐれに振りまわされて、ただそれにしたがうしかありませんでした」もし相手の無理な要求に応えられなかったら？「ひどい評価を下されたり、批判的なレビューを書かれたりするだけですよ」

そんな状態で、意欲など生まれるはずもない。間もなくエマは、それまでの経験をすべて経歴書に書き連ね、もっと安定した仕事を探しはじめた。何度も不採用になったけれど、根気強く求職活動を続けた。やがて、めでたくロンドンのウエストエンドにある、小さいながらも勢いのある広告会社に採用されて、初歩的な仕事を任された。「ようするに、ギグワークの不安定な働き方から逃げだした、ということです」と彼女は言った。「潮時だったと思います――自分の人生をしっかりコントロールしたかったんです」

ところが、そこでもリスクがつきまとった。当然ながら初歩的なマーケティングの仕事は給料が安く、雇用状態もずっと不安定だった。エマは思い返す。「2年間の正式雇用でしたが、最初に上司からはっきり言い渡されました。いつでも解雇の可能性がある、と」

しかし、そのリスクが逆に功を奏した。その2年のあいだにエマは仕事の幅を広げ、いくつか著名なクライアントとの仕事を通して名を揚げ、業界で一目置かれるようになった。だが、犠牲もあった。「毎日、働きづめでした。たいていは深夜まで働いて、週末も出勤しました。大切なパーティーやイベントには必ず顔を出しました」やがて、仕事以外のことをしていると怠けているような罪悪感を覚えるようになった。「ひどい話ですが、家族や友達と遊びに出かけても心ここにあらずの状態でした。そのあいだもずっと『仕事をしなくちゃ』と考えていたんです」

このように、期待以上の働きをしようと頑張るのは、個人の選択ともいえる。ある見方では、そうしようとしまいと、あくまでも個人の自由だとわたしは思う。しかし、そう単純に片づけられるものでもない。もちろん、ちょっとした無償労働にはノーと言えるし、いつもノーと言って逃げるのもありだ。でも、それをずっと続けていたら、やがては問題視されるだろう。ひとつの車線を低速で走りつづけ、後ろからあおられても別の車線に移動しようとしない——こうした態度は、現代の職場では眉をひそめられてしまう。「週40時間の労働で世界は変えられない」以前にアメリカの起業家イーロン・マスクが、ツイッター（現X）にこんな投稿をした。「およそ80時間、多いときは100時間」働く必要があると彼は言う。[2]

エマはさらに数年、働きづめの日々を送った。いくつかの職場を転々とし、いっときはフリーランスに戻ったものの、最終的には国際的な広告会社の上級管理職のポストに収まった。その頃までに、彼女は業界でかなりの成功を収めていた。彼女にとっては想像以上の出世だった。ところが忍耐力は限界に近づき、しかも悲観的な思いにまでとらわれるようになった。

「仕事を自分の誇りに思うようになりました。これこそが自分の生き方で、心の拠り所で、天職なんだ、と」ところが、仕事のほうは彼女の思いに報いてくれなかった。じきに、中身のない言葉を垂れ流す広告業界特有の手法に疑問を持ちはじめた。「〝あこがれのライフスタイル〟がいったい何だっていうんでしょう。でも今の時代、どの企業もそればかりアピールしようとします」おもしろいものや複雑なもの、深く考えさせるものを提供する必要はない。見た目だけ輝かせれば、〝あこがれのライフスタイル〟のできあがりだ。

「でも実際、そんなことがいつまでも続くでしょうか。うわべだけきらきらしたものをつくりつづけて、神話じみた理想を消費者に追い求めさせても、消費者がそれに嫌気が差すときは必ず来ます」エマは言う。「自分は成功している、という漠然とした感覚はありました。でも、進歩しているとはまったく思えませんでした」今の経済社会の大半の業界がそうであるように、広告業界も成功の基準が曖昧だ。エマによれば、成功の基準は「不明瞭」で、あとでそれが成功だったと言われることも多い。「雇用の契約期間が限られていたり、支出が多かったり、翌年も働けるかどうか不透明だったり――そうした怖さがあることは知られていません」

エマは、この業界に自分の居場所が見つかると信じてロンドンにやって来たが、結局はそこを去った。疲弊し、当惑し、すっかり自信を失った状態で。何よりこたえたのは、絶えず不安がつきまとうことだった。「自分が広告業界にしっかり根を下ろしているような感覚はまったくありませんでした。いつも、いい仕事をしなければ、という重圧に押しつぶされそうで。そうしたプレッシャーがとだえることはありませんでした」やがて、ついに限界が訪れた。「自分の信念に確信が持てなくなり、自分が信念を持って働いているかどうかもわからなくなってきました。若い人たちは成功に飢え、必要なら犠牲もいとわない覚悟で働いています。わたしには彼らのように自分を追い込むことは、もうできませんでした。毎日、頑張って働くことに怒りさえ感じるようになりました。正直にいって完全に疲弊していました。燃え尽きていたんです」

そのカフェはエマの逃げ場だった。バースというのどかな土地で、地元の主婦や、近隣の大学から休息を求めて訪れる教授たちにケーキやカプチーノを出しながら、彼女はようやく天職を見つけたのだ。その仕事は彼女に報いてくれた。安心と呼べるものをもたらし、きわめて明確な目的意識をあたえてくれた。

サプライサイド経済は、できるだけ多くの金を、できるだけ短期間でつくるため、できるだけ多くの人間と天然資源を消耗する。このようなルールのもとで数十年にわたって生きてきたわたしたちは、今や驚くべき豊かさを——数十年前には想像しえなかったほどの豊かさを手にしている。ただ、エマがそうであったように、わたしたちがそれを喜べないのも事実だ。その本当の価値を見きわめることさえ許されていない。その価値を正しく見きわめれば、この経済が成長を続けるために必要なもの、つまり過剰な労働が阻害されてしまうからだ。ペースを落として十分に休息をとり、働きすぎをやめれば、結果的にほかの労働者の働く場がなくなってしまう。

つまり、わたしたちの経済システムは、みんながいつまでも働けるように働きつづけなければならないサイクルの形をなしている。その原動力は何か？　答えはいうまでもない。不安だ。
現代社会で働く大人たちイコール不安を抱えた人たちだ。どれだけ稼ごうと、どれだけ身を粉《こ》にして働こうと、「もうこれで十分だ」というときは来ない。つまり、仕事に終わりはない。仕事が終わるというのは、単に前に進んだり、形が変わったり、新しいものに置き換えられたりすることでしかない。たとえ労働の成果に満足しても、その満足感がいつまでも続くわけではないし、まして安心などめったに得られない。賃金をもらう。そして働く。こつこつ働いて、さらに賃金をもらう。それが永遠に続くかのように、わたしたちはさらなる賃金を求めて、こつこつと働きつづける。今の生活水準を保つためだけに。
こうした不安を抱えて働いていたエマの体験も、その体験がもたらす精神面への影響も、別段珍しいものではない。今の時代の労働について語るなら、どれだけたくさん働いているか、どれだけ燃え尽きたか、という話になる。これは真実だ。追加業務、本業、副業、日中に終わらなかった仕事をするための残業。まるで週40時間勤務の義務をきちんと果たしたことを示す給与明細書を嘲笑《ちょうしょう》するかのように、こうしたものがついてまわる。[3]ある世論調査が、労働者の実態を明らかにしている。それによると、労働時間の平均は週47時間近くで、驚いたことに18パーセントもの労働者が週60時間を超えているという。[4]
とはいえ、この数字の背後には、ある事実が隠れている。かつて労働は、それが疲れるものでであれ、骨の折れるものであれ、基本的なリズムや日課は単純だった。だが、今は違う。かつての労働パターンは完全にお払い箱となり、仕事自体もさほど骨の折れるものではなくなった。このように労働習慣が急速に変化している今の経済社会において、エマの体験は、その転換に精神的な代償がともなうことの証拠といえるだろう。

経済が急成長を遂げれば、企業はその変化に柔軟に適応しなくてはならない。そのため、ひとつの会社に腰を落ち着けて働くとか、毎日決まった日課で働くといった、いわゆる安定した働き方は時代遅れになりつつある。今や優先順位は、完全に入れ替わっている。わたしたちの親の時代なら、献身的に働く、専門技術を磨く、組織に忠誠を尽くす、といった働き方に、企業はきちんと報いてくれた。しかし、現代の企業が報いるのは、不安定な雇用や変化に機敏かつ柔軟に対処できるリスクテイカーであり、短期の契約を勝ち取るための競争さえいとわない人たちだ。いとわない、とはいうものの、ほかに選択肢があるわけでもない。労働者を守る旧式の雇用習慣が廃れたため、企業は自由に雇用や解雇ができるし、非正規という形の雇用さえ可能だ。2005年から2015年にかけて、アメリカ経済に新規参入した職種のほとんどは非正規雇用の形をとっている。特に増えているのが、独立した請負業者やフリーランサー、契約社員だ。[5] この新式の流動的な労働市場のスローガンは「安心のしすぎは禁物」。そして、もうひとつ――「あなたは使い捨て」だ。

短期ベースで何の保証もない働き方を強いられる新世代にとって、労働の概念は以前とはまったく違う。彼らはみずからを組織の出世階段をのぼる人間ではなく、雇用市場で最高値で取り引きされるレンタル可能な資産としてとらえている。このようなルールのもとで、ワーキング・アイデンティティは、消費者としてのアイデンティティと同じく柔軟性が必須であり、常にリブランドされなくてはならない。そして、自分のとらえ方のもとになる常識的な論理が「ハッスル」、つまり、せっせと働いて金を稼ぐこと（ほかに何があるだろうか?）だ。ウーバーのギグワーカーや、マッキンゼー・アンド・カンパニーのコンサルタントたちのあいだでは、この「ハッスル」が横行しているが、これは教育機関における競争や、インスタグラムを介して利益を吸いあげる手法にも一貫して見られる。

「ひとつの仕事を続けることで十分な利益と安定が期待できる旧式の働き方は、とうの昔になくなりました」ヒラリー・クリントンはアメリカの大統領選に立候補したときに、ノースカロライナ州で聴衆に語った。彼女の意見は正しい。ある種の技術や取引において謙虚かつ献身的に働くこと、つまりわたしの祖父のような働き手が、誠実な仕事ぶりによって生計を立てることは、明らかに時代遅れのようだ。クリントンは続ける。「20代、30代の人たちは、まったく別の経済社会で成人しました」[6]

この別の経済社会で重視されるのは、いかに技術をきちんと身につけるかではなく、いかに早く片づけて次の仕事に取りかかれるか、だ。それも仕事には違いない。しかし、これは仕事をつくるための仕事だ。人類学者のデヴィッド・グレーバーは、これを労働者を遊ばせないでおくための「メイク・ワーク」と表した。つまり、根気強さと熟練を必要とする仕事に代わって、鼻歌交じりでさっさと片づけていくような、中身もなければ終わりもない仕事が増えている。[7] わたしたちは、ナイキの最近のキャンペーンのように「今日もこつこつ励む《ライズ・アンド・グラインド》」ことや、ラッパーの50セントが著書で語っているように「もっと頑張る《ハッスル・ハーダー》」こと、ファストファッションブランドのアンバサダー、モリー・メイ・ヘイグが言うように、万人に平等にあたえられた「1日24時間」を有効活用することを求められる。こうした文化から、わたしたちは「やめないかぎりは、どんな仕事をしてもいい」ことを学ぶ。休んだり、ペースを落としたり、何のために頑張るのか立ち止まって考えていたりしたら、社会から落ちこぼれてしまうからだ。

このようなプレッシャーがあると、必然的に、仕事と生活の調和《ワーク・ライフ・バランス》は崩れる。そして、仕事以外は何もできなくなっていく。エマの話でわかるように、余暇を過ごせばそのぶん利益が減ると考える場合、無為に時間を過ごすことに罪悪感を覚えてしまい、自由な時間を楽しめない。2016年の労働意識調査によれば、多くの労働者が旅行や休暇を控える理由として挙げたのは、雇い主に「献身的に仕事に打ち込む姿勢」を見せたいから、「代わりはいくらでもいる」と思われたくないから、休みをとることに「罪悪感」があるから、だった。[8]

あまり働かないでぶらぶらしていることに対しては、誰しも罪悪感がある。また、出世階段をのぼるにつれて、そうした罪悪感も強くなっていく。超富裕層が自分の労働時間の多さを、それが美徳でもあるかのように吹聴することなど、これまでにあっただろうか。とはいえ、それは彼らが――先ほどのマスク氏もその超富裕層のひとりだが――たくさん働きたくて働いているからではない。法律や金融、医療などの業界の、ほんのひと握りのエリートたちがその社会的な地位にとどまれるだけの収入を得るには、実際に涙ぐましいほどの労働時間が必要になるからだ。たとえば、あるロンドンの法律事務所の若手弁護士の場合、1日の平均労働時間は14時間だ。[9]また、ウォール街で働く銀行員の労働時間は「9時から5時まで」といわれるが、それは午前9時から翌日の午前5時までという意味だ。[10]

労働需要が高まるほど、労働者への要求も高まる。たとえば年次評価で「満足な《サティスファクトリー》」という評価がついても、すぐにそれが文字どおりの意味ではないとわかるだろう。近ごろは、企業が自社の厳しい基準を謳うのが流行にさえなっている。「我が社は非常に高いハードルを掲げています」イギリスのフィンテック企業のなかでも指折りの企業価値を誇るレボリュート社は、自社のウェブサイトで入社希望者に向けて、こう警告する。そして従業員が「完璧」な基準に届かない場合は、たとえ「痛みをともなっても厳しく正確に」評価する、と続けている。[11]

レボリュート社などのフィンテック企業は、従業員に完璧主義的な要求をしていることについて、たいていの企業よりもはるかにオープンであることは確かだ。とはいえ、このような要求は、大学を含めてほかの職場にも広がっている。教員が昇進するには、学生による5段階評価で常に4を超えなければいけないことは、わたしの同僚の多くが実証してくれている。平均4なら、翌年も生き残れる。3なら、すぐ研修を受けるように指導される。3未満だと、観察期間を生き延びて解雇をまぬがれるにはノーベル賞でもとるしかない。

　大学教員を例に挙げたのは、彼らは以前なら、こうした馬鹿げたプレッシャーからどうにか守られていたからだ。ところが今は違う。大学もサプライサイド経済の生存競争に適応していくなかで、民間企業のようなスタイルに再構築されはじめたのだ。これは、若い教員にとっては大打撃だ。彼らは本部が方針を変えるたびに、自身も臨機応変に変わらなければならない。そして、いつ失ってもおかしくない地位にとどまるためには、成果や生産性――イギリスの場合は、研究評価制度《REF》が呼ぶところの「アウトプット」――を常に示さなければならない。

　その競争は熾烈だ。かつては論文を1、2本発表すれば大学でのポジションは保証されたが、今では4本未満でも最終選考に残れば幸運なほうだ。それに追加の「オプション」も忘れてはならない。つまりセミナーの受講、夜間の講義、会議、情報交換のための会合、学生指導など、さまざまな無給の業務だ。あえてやらないという選択肢もある。だが、やらないと次々に不採用通知が届いて、このような活動がほかの無数の求職者たちをしのぐのに欠かせないことを思い知るだろう。

　実際に、大学教員のポストは非常に少ないので、こうした追加オプションをすべてこなしたとしても、その場所にずっと居座れるわけではない。1カ所にとどまろうと考えず、機会があればどこにでも行く覚悟が必要だ。それが、不安定な仕事のもうひとつの隠れた問題だ。つまり、流動的なことだ。今の時代、駆け出しのプロフェッショナルに問われるのは「この仕事をどのくらい希望していますか?」ではなく、「自分の人生をどれくらい保留にできますか」だ。ようするに、1カ所に落ち着かず、根を張らず、コミュニティに加わらず、長期的な人間関係を築かず、子どもを持たない――そうした覚悟があるかどうか、なのだ。わたし自身、人生のほとんどを保留にしてきた。たとえば2013年以来、2年ごとに引っ越して、3つの大陸の7つの都市で、それぞれ7つの仕事にたずさわった。極端な例だと思うかもしれないが、研究者ならさほど珍しくはない。

こうしたことは、どこの業界でもあることだ。一般的に、平均的な成人は生涯におよそ12回転職するといわれている。そして、そのほとんどは労働意欲を奪われる働き方、そう、ギグエコノミーだ。[12] これだけでも気が重くなる話だが、問題はほかにもある。家賃、住宅価格、借金、一般的な生活費の高騰。日々懸命に働いても、分配される見返りがあまりにも偏った不公平な経済システム。このハッスル・カルチャーでは、勤勉に働いて、健康や幸福も含めて自分にあるものすべてを代償にしても、その報いはほとんどない。イギリスの800万人の若い労働者――労働人口の4分の1――は、実質賃金が上がりつづける経済状況で働いたことがない。[13] ところが、彼らが働いてきた企業の利益は急増している。[14]

サプライサイド経済は、成長が見込めるきわめて有効な手段であることは間違いない。しかし、この経済が明示しないのは、そうした成長が企業と株主のみを潤わせ、それ以外の者がその代償を払っていることだ。つまり賃金の停滞、生活水準の低下、尽きることのない不安という代償だ。こう考えてみよう。成長しなければ倒産する現代の企業は、従業員を生産的に働かせたいと思ういっぽうで、できれば社会保険や健康保険、安定した出勤スケジュールといった義務にかかるコストは負担したくない。そのため、昔のように労働者を雇い入れるのではなく、契約を交わす。そして義務にかかっていたコストは、賃上げもせず労働者に肩代わりさせる。そして、こう褒めそやす。「あなたは今をときめくハスラー階級の一員だ」とんだ茶番劇だ。

かつては労働者のものだった安心が、いつの間にか企業の側に移ってしまった。その不当な仕打ち以上にわたしが関心を寄せているのは、そうした変化の心理的な影響であり、その最たるものがなぜ完璧主義なのか、という点だ。

不安定な雇用形態も、最初のうちは解放されたように感じるものだ。外から見れば夢のような働き方に思えるだろう。自分で自分の生活をコントロールし、自分の好きなときに好きな場所で働くことができる。高圧的な上司の要求からも解放され、自分の運命を自分の手で切り開くことができる。これは、まさしくエマが最初に仕事に就いたときに感じた高揚感だ。危険を顧みず、新しいスキルを身につけ、休息もとりながら、自分の限界を押し広げていく。しかし、そんな順調な期間のあと、エマを待っていたのは容赦のない現実だった。つまり、不安定な状態はずっと続くという現実だ。自分はやれるだけのことをやっていないのではないか――そんな不安が毎日、新たに湧きあがった。そして企業という場に活動拠点を移してからも、ろくに保証もないまま成果ばかりが求められ、一日たりともプレッシャーを感じない日はなかった。

雇用が不安定とは、どういう状態か。それは、安心を約束するものが欠けている状態だ。自分はまずまずの働きをしており、きちんとした成果も上げており、翌週も翌月も翌年も解雇されないという安心材料だ。これがないと、生活が非常に不安定なものに感じられる。常に解雇を恐れ、承認や肯定的なフィードバックを得ようと慎重になり、ありのままの自分をさらけ出せなくなる。しょっちゅう羞恥心にとらわれ、失敗すれば自分を責めずにはいられなくなる。「どうしてこんなに馬鹿なのか？」仕事をしていないと、とてつもない罪悪感に襲われ、私生活の場で人生を楽しめなくなる。

こうした精神状態を避けようとすると、必然的にさらに仕事にのめり込んでしまう。まわりから理想的な労働者に見えれば、不安定な働き方によるプレッシャーも和らぐからだ。しかし、それもつかの間だ。遅かれ早かれ、そのペースをさらに速める何かが訪れる。たとえばアップデートされた目標、不慮の障害、世界的なパンデミックなどだ。そして、ひとたびペースが速くなれば、あたかもテトリスのレベルが上がるときのように、そのペースはぐんと加速する。

これが延々と繰り返されていく。

ワーキング・アイデンティティが（経済社会を生き抜くのはもちろん）、この息つく暇もないレースにかかっているかぎり、わたしたちに休息はない。調査によれば、アメリカの成人の80

パーセントが「勤勉に働いている」と答え、怠けていると答えたのはわずか3パーセントだった。[15]勤勉に働くこと自体は、悪くない。問題は、そこから誰が利益を得ているか、だ。労働者か。それとも労働者と契約している企業か。労働者がどれほど仕事に打ち込もうと、不安定な労働形態には十分な保証がない。この経済は、個人の成功よりも、それに向かって骨身を削るほうを重視する。そして個人の成功は、明らかに軽視されている。

　いいかえれば、労働者が身をすり減らし、燃え尽きるまで働くことのみを尊ぶ経済システムの常識が、わたしたちの内面に染みついているのだ。

　そして、仕事という祭壇に我が身を捧げるほど、完璧主義は働くうえで欠かせないものになっていく。この傾向は、若者のあいだで流行っている言葉にも見られる。たとえば、広く拡散しているミームのなかに「成功するまでは成功しているふりをしよう」というスローガンがある。これは、現代のあらゆる職場に完璧主義が根づいている証拠といえるだろう。このスローガンを翻訳するとこうなる。「わたしは自分にまったく自信がないし、この仕事をこなせる力があるかどうかもわからない。でも、とにかくちゃんとやれているかのようにふるまおう」。わたしたちは自信のなさから、十分に励んで成果を出しているかどうか不安になり、こうした〝ごっこゲーム〟にのめり込む。だが、それは勝ち目のないゲームだ。成功を求めて努力を続けても、少しも前に進んだとは思えないからだ。

　不安定な雇用は、このような形で完璧主義をわたしたちに刻みつける。それは選択ではなく必然だ。自分には仕事をこなすだけの知性も技術も体力もなく、まして成功などできるわけがない、とわたしたちは思い込む。エマの場合も、このような不安が長年にわたって心に棲みついていた。だが彼女は、最後にはそれを追い出して、もっと違う何かをやろうと決めた。それは彼女にとって正しい決断だった。しかし、大多数の人はエマのように資金があるわけでもなく、別の選択肢だってない。実行可能な唯一の選択肢は、ほかの労働者とともに勤勉に働きつづけながら最善を望むことだ。

毎年、エマのような若者が何百万と労働人口に加わる。彼らの完璧主義はすでに高いが、そのレベルは不安定な雇用によってさらに高くなる。それを立証するデータはないものの、おそらく事実だ。ある調査によれば、18歳から29歳までの若者の40パーセントが、ワーク・ライフ・バランスや仕事上のストレスについて、「しばしば」または「ほぼ常に」懸念があると答えている[16]。ホワイトカラー層は全般的に、生活の質の評価を10段階のうち6と答えている[17]。また、半数を超える労働者が、疲労感がある、あるいは完全にバーンアウトの状態だと答えている[18]。

この傾向は長期にわたり、COVID-19のパンデミックによってさらに深刻化している。アメリカ心理学会の仕事と幸福に関する調査報告によると、2020年から2021年にかけて、アメリカの労働者のバーンアウトの割合が増えていたのだ。また、10人のうち8人が仕事関連のストレスがあると答え、3分の1が仕事への興味や意欲が湧かないと答え、3分の1が認知疲労、もう3分の1が精神的な疲労を訴えていた。また、ほぼ半数が肉体的な疲労があると答えた。これは２０１９年と比べて40パーセント近く高い数字だ。[19] こうした状況はアメリカにかぎらない。２０２２年の調査では、15カ国の約1万５０００人の従業員のうち、４人にひとりがバーンアウトを発症していたという。[20]

労働者のバーンアウトがあまりにも増えているため、ネット上では「静かな退職《クワイエット・クイッティング》」を推奨する運動が起きている。[21] この言葉は、ソーシャルメディア上で無数にシェアされ、自分の業務範囲を超えない働き方として称賛されている。このような動向は、ストレスや緊張が絶えない労働環境のせいで、労働に対する考え方が変化していることの表れだ。ひたすら金を稼ぐ《ハッスル》ことや骨身を削る《グラインド》ような労働は――それが不安定な雇用形態で、報酬も保証されず、自分の健康と幸福を犠牲にするようなものであればなおさら――自分を不必要に酷使する働き方だと人々は気づきはじめたようだ。

もちろん、この労働放棄という形で人々が抗議するのは、単に雇用の不安に耐えられないからではない。その不安がとてつもなく大きいからだ。最近のアメリカの調査によると、自分の雇用状態に安心感を持っている労働者は全体のわずか5分の1だった。[22] 近年の雇用がきわめて不安定なため、月給をもらう従業員の何と30パーセントが、不安定きわまりないフリーランスのほうが安定した働き方ができると言っている。これは、２０２１年だけで３８００万人のアメリカ人が離職した理由をいくらか説明している。[23] その離職者のうち30パーセントは、エマのようにみずからビジネスを立ち上げ、残りの大多数はフリーランスに転向した。今のペースでフリーランスが増えつづければ、2027年にはアメリカの労働者の大半がフリーランサーになるだろう。[24]

では自営なら、安定した働き方ができるのだろうか？　その問いに答えることにはあまり意味がない。というのも、何度も転職を繰り返すような、職歴リストの長い新しい世代にとって、安定というのはなじみのない概念だからだ。働くうえで不安定さが避けられない場合——それしか知らないのであれば——自分の裁量で仕事をしようとするのはしごく理にかなっている。「大量離職《グレート・レジグネーション》」や「静かな退職《クワイエット・クイッティング》」からわかるのは、人々が不安定な雇用に代わる選択肢は何もないと結論づけていることだ。ほかに道がないのであれば身を粉にして働くか、あるいは身を粉にするのを拒否するか、そのどちらかしかない。

だとすれば、完璧主義を必要としない形で働くときが来ているのかもしれない。ただし、それを実践するのは、サプライサイド経済においては容易ではない。また、自分を信頼する必要もある。自分はペースを落とせると信じ、必要な物さえあれば幸福になれると信じ、家族と過ごすために帰宅できると信じ、友人を訪ねることができると信じ、仕事をしないと失われるものについて気に病んだり罪悪感を覚えたりせず自由な時間を楽しめると信じるのだ。

完璧主義者にとって、これらは驚きの発見となるだろう。それでも実践すればするほど、「今のままで十分だ」と思えるようになる。また、それまでの自分を手放すこともできるはずだ。研究では、ワーク・ライフ・バランスに配慮する従業員は、燃え尽きてしまう従業員よりはるかに生産性が高いことがわかっている。[25] ペースを落として、それがよい結果につながれば、自信が育まれるはずだ。不安定な状況や「もっと励め」という内なる声に動じることなく、自分に休息を許す余裕が生まれるだろう。

あなたが組織の経営者なら、完璧主義の若者が増えていることに留意してほしい。あなたの組織に入ってくる若者たちは、自分が完璧さを求められていると思っているはずだ。初日に、それは違うと伝えてほしい。失敗しても咎められたり低い評価をつけられたりすることを恐れなくていい、安心感のある文化をつくることに努めてほしい。健全なリスクテイキングを奨励し、従業員が自身の考えを話すことを許し、創造性をうながして、それに報いてほしい。こんなことを訊いたら愚かだと思われる、といった心配は無用だと伝え、出る杭は打たれるなどと思わずにチャレンジすることを勧めてほしい。

ただし、完璧主義の傾向がある従業員がすぐに新しい環境になじむことは期待しないでほしい。完璧主義者には、リスクを回避する傾向がある。だから辛抱強く見守ってほしい。彼らに時間をあたえ、支えてほしい。緊張がほぐれるにつれて、強みが表に出はじめるだろう。その強みを最大限に活かせるようにしてほしい。完璧主義的な人は物事を深く考え、細かいところに気づくことができる。複雑な問題を前にしても、安心して取り組める雰囲気さえあれば解決できる。彼らが失敗したり、問題に対処しきれず先送りしたりしていたら、思いやりを持って介入してほしい。そして、「それで十分だ」と伝えてほしい。常にそれを伝えてほしい。

なぜなら、完璧にやるよりも、きちんとやり遂げることのほうが大切だからだ。

最近、わたしはエマに会うために、彼女のカフェに立ち寄った。相変わらず独特の魅力が漂っていたけれど、あまりに閑散としていたので驚いた。世界的なパンデミックによって売上が激減したことは見て明らかだった。「客足は減ったし、観光客の数も以前ほどではなくなりました。在宅勤務の人も増えているようですし、地元の人は外出を控えています」とエマは言った。パンデミックの前でも、さほど利益は多くなかった。とはいえ、エマは利益のためにお店をはじめたわけではない。収支はかろうじて、とんとんの状態のようだ。「貯金を取り崩して何とか生活しています。でも、それがいつまで続けられるかどうか……」

「広告の仕事に戻る気はありますか？」とわたしは訊いた。

「ええ、もしかしたら」と彼女は答えた。「でも、もう自分は要らない人間じゃないかとも思うんです。復帰できるかどうか自信はありません」

エマは復帰できるだろう。エマ自身も、心の底ではそれがわかっていると思う。だが、かつてすばらしい成功を収めた女性が、自信を持てずにいることは明らかだった。「何が新しくてどんなことが流行っているのか、もうわからないんですよ。戦略やブランディングについても、業界が何をめざしているのかさえわかりません」

エマは、毎日の激務から逃れるためにカフェをオープンした。しかし今、彼女は自分ではどうすることもできない状況を抱えている。それは彼女だけに降りかかったものではなく、そこから逃れることさえできない。今の時代の仕事は、何をするにしてもひどく不安定で、いつ崩れるかわからない土台に築かれている。そのため、挫折や障害、争い、病気、経済ショックが起きるたび、その程度にかかわらず、わたしたちは大打撃を食らう。そしてパンデミックは、現代の経済システムで仕事をはじめる人たちにとって、間違いなく壊滅的な打撃だ。

エマの体験や雇用不安についてさまざま語ってきたが、わたしの目的は労働環境がいかに悪化しているかを論じることでも、この世代がいかに厳しい状況にあるかを嘆くことでもない。ここで強調しておきたいのは、物事がいかにつながっているか、という点だ。あなたの望みを叶えると言いながら不安定な雇用や不定期の仕事、任期のある仕事、雇用主による保証のない仕事を強要する人間は誰もいない。それをするのは、わたしたちの経済だ。この経済は、できるだけ短期間で、できるだけ多くの成長を生むという最重要課題にしたがって、わたしたちに不安定な働き方を強いているのだ。

誰もが半永久的に不安を抱えているという事実に目を向ければ、あらゆるものがつながっていることに気づくだろう。雇用が不安定な理由は、学校や大学、ヘリコプターペアレントによって限界まで追いつめられたり、貪欲な広告業者によって「欠けている」という意識を植えつけられたりする理由と同じだ。ようするに、人の心を満たすよりも、みずからの成長を最優先する経済社会でわたしたちは生きているのだ。完璧主義は、その二次的な被害にすぎない。完璧主義とは、人々の不安に病的なほど依存する経済に払わねばならない代償なのだ。
だとすれば、わたしたちにいったい何ができるだろうか？

第4部　ありのままの不完全な自分を抱きしめるには

第12章　自分を受け入れる
あるいは完璧な人生ではないけれど〝このままで十分〟だと思うこと

「体験の流れが自分を運んでいくのに身を任せるとき、自分が最もよい状態にあることに私は気づきました。そのときその方向性は前進的なもののように思えます。けれどもそれが向かっていくゴールについては、私はかすかにしか気づくことができないのです」

カール・ロジャーズ【1】

［C・R・ロジャーズ著『ロジャーズが語る自己実現の道』諸富祥彦／末武康弘／保坂亨訳、岩崎学術出版社、2005年］

ポール・ヒューイットは臨床医として、完璧主義というきわめて難しい問題に取り組んでいるけれど、その目的は苦しんでいる完璧主義者を治療することではない。彼らにとって必要なものを受け入れさせることだ。先日、ポールは言った。「完璧主義のいちばんの問題点は、完璧主義者が自分の苦しみの原因を完璧主義だと認めようとしないことなんだ」そしてこう続けた。「たいていの完璧主義者は、ハイスペックで最高のパフォーマンスを発揮する有能な人物という仮面をかぶっていて、その下にある苦痛を隠すのがとてもうまいんだ」

完璧主義から脱却しつつあるわたしとしては、ポールに痛いところをつかれたような気がした。「わたしは不完全だ」という意識にとらわれていたり、完璧でなければ意味がないと思い込んでいたりすると、完璧主義こそが問題だとは夢にも思わない。それどころか、どんなに苦しい状況にあっても、完璧主義こそがこの社会で自分を支えてくれるものだと信じている。

社会もまた、完璧主義を問題視していない。背伸びをして気持ちを張りつめ、他者をしのぎ、もっと大きくてもっとすばらしいものを獲得しつづける――こうしたふるまいはみな、社会がわたしたちに「そうしろ」「そうすれば報われる」「それこそが人間の生き方だ」と教えるものだ。そのため、そうしたふるまいから生じる問題はすべて、強力な社会通念に覆い隠されてしまう。何かを成し遂げるには完璧主義が必要であり、それが名誉の証であり、わたしたちのお気に入りの欠点だ、という通念だ。

だが、完璧主義は名誉の証などではなく、自分を支えてくれるものでもない。これまで述べてきたように、完璧主義は「わたしは不完全だ」という思いから生じる。完璧主義者はその思いがあまりにも強いため、常に恥を抱えて生きている。恥とは、自分が持っていないもの、理想とは違う自分の姿、自分が成し遂げられなかったことから生じる恥だ。こんなものが成功の象徴といえるだろうか。これは、わたしたちを血の通った人間たらしめるもの、つまり、欠点を嫌悪することにほかならない。

これを知ることが慰めとなり、行動を起こすきっかけとなることをわたしは望んでいる。根本的な問題を認め、別の方向に最初の一歩を踏みだしてほしい。これから、その最初の一歩について語ろうと思う。だがその前に、完璧主義がどこから生じるかという点について、あと少し考察したい。慰めは、〝気づき〟という貴重なプロセスによっても得られるからだ。

今の個人主義的な文化では、完璧主義を個人の気質以外のものとしてとらえるのは難しい。とはいえ、わたしの研究が世間から注目されたのは、ある特異な発見をしたからだ。つまり、あらゆる人々のあいだに完璧主義が広がっていることだ。そのなかでも特に急増しているのが社会規定型の完璧主義、つまり周囲から完璧さを求められているという思い込みによる完璧主義だ。このふたつの事実が告げているのは、問題は個人にあるのではなく社会にある、ということだ。そして問題とは、前述したとおり、働きすぎや過剰消費へのプレッシャーだ。もっとたくさん、もっと大きく、もっといいものに際限なく固執しつづける文化のプレッシャーだ。

そして、この固執から生まれるあらゆる気質のなかで最たるものが完璧主義だ。完璧主義はわたしたちの内面に深くすり込まれているため、わたしたちはこの気質を備えていることが正常で、自然で、望ましいとさえ考えている。この、いわば魂のストックホルム症候群に苦しみながらも、わたしたちは現代の経済のシステムにどっぷりと浸かり、必然的に生じる不満を、そのシステムを築いた人たちとともに受け入れてきた。このストックホルム症候群は、おそらくサプライサイド革命がわたしたちの心にもたらした最も驚くべき、そして最も恐ろしい遺物だろう。この社会のありようは正常でもなく、自然でもないからだ。だが、別の選択肢はあった。そして、それは今もある。その選択肢については、次の章で語ろう。

ここではまず、完璧主義が社会的なプレッシャーから生まれるという点について考察を深めたい。遺伝子や幼少期の体験という要素はあるにせよ、それを差し引いた場合、つまり完璧主義は自分の外側の、より広い文化のプレッシャーが引き起こしているという点についてだ。だが、この考えには、どこか虚しさを感じるかもしれない。なぜなら、個人の力で完璧主義は治せないことを示唆しているからだ。しかし、完璧主義は個人の問題だから個人が自力で解決すべきだと考えるよりは、明らかに希望が持てるのではないだろうか。

間違いなく、多くの人が異論を唱えるだろう。彼らはこう反論するに違いない。「このシステム」に罪を着せるのは、自分が別人のように変われるという希望を消し去ることと同じだ、と。だが、そんなものは偽りの希望でしかない。その希望を、わたしは消し去りたいと思っている。

この文化において、人々の心に居座りつづける「自分は不完全だ」という認識は、ちょっとやそっとのポジティブ・シンキングでは振りはらえない。それはただの認識ではないからだ。文化による執拗な条件づけは、理にかなった正当な価値観として人々の内面に強く根づき、思考や感情と結びついているからだ。そのため、ライフハックやマインドフルネス・トレーニング、自己療法をいろいろと試したところで、その不安は居座りつづけるだろうし、経済がまさにその不安に依存していることを知ったところで、わたしたちの苦痛は減るどころか、さらに増すだろう。

　完璧主義から逃れたくても、個人の力ではとうてい無理だと知れば、あなたは悲観するだろう。その気持ちはよくわかる。しかし、それが無理な理由は、経済が人々の心に「自分は不完全だ」というコア・ビリーフを植えつけているからだと知れば、気持ちはまったく違うのではないだろうか。こんなことを言うと戸惑うかもしれないが、それを知れば気持ちが楽になるはずだ。

　では、なぜ気持ちが楽になるのか？

　それは、自分を苦しめているものが何なのか見きわめられれば、完璧さに執着することが、どんな形であれ自分のせいではないとわかるからだ。あなたは、そのままで十分だ。だが、あなたが暮らしている文化は、あなたを消耗させ、取り囲み、あなたがありのままの不可思議な存在として息をし、それを心から受け入れることを許してはくれない。

　これが理解できれば、そして、息を呑むほどすばらしいあなたという人間の価値を認めて愛することができれば、また、あなたがこうあるべきと考える何もかもが文化によって条件づけられた理想にすぎず、その理想は経済が成長するためだけのもので、そうした構造上の制約のなかで自分の行動を完全に変えるのは今のところ難しいとわかりさえすれば、この世界があなたに何を投げつけようと耐えられるだろう。それこそが本当の希望ではないだろうか。それは嘘偽りのない希望であり、この世界の現実と向き合う希望だ。変わるべきはあなたではないと気づかせ、個人の変容という偽りの約束であなたを惑わせることのない希望だ。

完璧主義のサイクルは断ち切ることができる。だがその前に、知識という武器で身を固めなければならない。知識を身につければ、個人の力ではどうにもならないものがあるとわかり、それを受容することができる。わたしたちの夢は突然打ち砕かれたり、計画どおりにいかなかったりすることが多い。そんなとき、経済が望むとおりのことをしてはいけない（リテール・セラピーと言う人がいただろうか？）。つまり、後悔や自己嫌悪に陥るのではなく、何が起きようと時間は変わらず前に進み、わたしたちは存在しつづけると考え、つくりものではない本物の現実のなかで満足して生きようとするのだ。

わたしが多くのページを割いて、人々が完璧主義に固執する理由を解説したのは、これが理由だ。ことわざにもあるとおり、知識は力だ。また、この上なく心を癒してくれることもある。わたし自身、その知識を得たからこそ完璧主義から脱却するなかで、受容という道を選ぶことができたのだ。動く、呼吸する、存在する、といった当たり前のことは、わたしたちがただ生きているだけで大切な存在であること——「そのままで十分」であることを告げている。これを受け入れてほしい。わたしたちには落ち度がないのに、経済が常に不安を注入しようとしていることを。それならそれでもいい。そうした現実のとなりに座りながらも、経済が求めるとおりの反応はしなくていい。何かを改善する必要もないし、完璧にもならなくていいのだ。

受容は諦めることではない。また、不当な仕打ちを黙って受け入れることでもない。あなたは社会に変化を望み、何らかの行動を起こすことができる。それでも社会は変わらないかもしれない。これは、わたしたちが挑むべき難題だ。では、この受容というふるまいについて、もっと詳しく見てみよう。まずは文化が何より固執しているもの——成長の話からはじめよう。

正直にいえば、本書を執筆するまで、わたしは精神的な成長という概念にひどく引かれていた。この「成長」という考え方が、完璧主義の特徴であるこだわりや、不合理な信念を矯正する強力な戦略に思えた。成長とは、つまるところ歩みやチャレンジ、学び、発展といった、ポジティブでコントロール可能なものに関わっている。「挫折をバネにして前に進む」とか「前よりうまく失敗する」といった姿勢をうながし、本当の意味で満たされた、充実した人生の土台を提供してくれる、そう考えていた。

だが、本書を執筆するにあたり、別の見方をするようになった。成長について考えれば考えるほど、そんなにすばらしいものだとは思えなくなってきたのだ。それはひとつには、たとえ成長が健全なものとされていても、常にそればかりを頭に置いて生きたくはないからだ。かたくなに成長を求めることには、何かを矯正するような抑圧的なものを感じる。しかし、もっと重要な点として、成長するための努力が、完璧をめざす努力よりも健全だと考えるのは的外れだ。成長こそすべての経済と同じく、成長こそすべてという考え方も、わたしたちを縛るという点では何も変わらない。ようするに、つまずく、挫折する、障害に出くわす、単にミスをする、といったごく普通の失敗体験を、成長を意味する別の何かに転じなければならないのだ。

「失敗によって自分をどんな人間か決めつけてはいけません」これは2009年にバラク・オバマが、学校に通うアメリカの子どもたちに向けて語った言葉だ。「失敗から学ばなくてはなりません」[2]

これは一見、賢明な助言に思える。だが、もっと深く考えてみよう。このメッセージは本質的に、明らかに非人間的なことを提唱している。なぜならそこには、失敗や欠点を楽観的なリマインダーとして、つまり自分は人間であり、過ちを犯すのが当たり前だと考えて受け流してはいけない、という含みがあるからだ。だが、それは違う。オバマの言葉からもうかがえる「前よりうまく失敗する」という教訓は、失敗を極度に警戒し、もし失敗したら成長という救済の形で復活し、失敗した事実がいつまでも残らないようにしろ、というものだ。

「前よりもうまく失敗する」という言葉は、失敗に魔法の粉をかけるようなものだ。失敗を滅菌し、ボウタイを結んで、襟元に「成長」という輝かしいバッジをつけて世界に送りだす。この「心地よい」決まり文句は、人間の弱さをあるがままにして、それを食べたり飲んだりすることと同じ大切なものとして生活に溶け込ませることを許さない。なぜ、わたしたちは常に成長してすぐれた人間でいなければいけないのか？　なぜ、失敗したら必ず挽回しなければいけないのか？　なぜそれを人間ならば当たり前の、ごく自然なものとして受け流してはいけないのか？

率直にいえば、成長という考え方は失敗を歓迎すると称しているものの、実際はまったく逆なのだ。

成長のあとにさらに成長があり、そのあとにより大きな成長があり、その過程で完璧主義はどんどん上塗りされていく。この心理は、成長こそすべての経済とまったく同じだ。だが、わたしたちは最大限の利益を得るために常に書きなおされるビジネスモデルではないし、最大限の能力を発揮するために繰り返し微調整される機械の歯車でもない。わたしたちは枯渇しうる人間だ。歳をとり、衰えていく。成長するための資源が無限にあるわけではない。

かりに超人的な忍耐力があったとしても、失敗から学べるものはそう多くないと自分に言い聞かせるべきだ。あなたは確かに失敗したけれど、何をすべきかちゃんとわかっていた。ただ頭が混乱していたり、睡眠不足だったり、自分より適任、あるいは恵まれた境遇の人が現れたりしたにすぎない。人生とはそういうものだ。何かしら悪いことは起きる。その悪いことが起きたとき、成長こそすべての心理は、まるきり逆の効果をもたらしてしまう。それは自分を慈しんで行う内省ではなく、自分に自己改善を強いて「成長」――それがどういうものであれ――するために、なおいっそうの努力を課し、完璧になるための檻《おり》に閉じこめてしまうものだ。

そして今この瞬間、わたしたちはその檻にとらわれている。だが、無意識のうちにとらわれてしまう檻はほかにもある。人々が完璧さにこだわるのは経済システムが成長に固執するからだ、というわたしの言葉をそのまま受けとれば、被害者意識という逆の意味での檻にとらわれるだろう。この意識も怒りや苦痛、恨みから来ており、その感情をどう正当化しようと、檻のなかで惨めさを嚙みしめるよりほかない。

ようするに、完璧主義から受容へと意識を変えるにあたり、単にひとつの檻から別の檻に移ることがないよう注意する必要がある。わたしたちの不安の多くは、確かにサプライサイド経済に起因する。また、富裕な権力者が、人々の心が満たされると崩れてしまうような社会にわたしたちを置いていることに反発する正当な理由もある。ただ、「このシステム」は個人の力では正せない。これは政治的な問題であり、解決するには集団の力が必要になる。

個人の力がおよぶのは、そうした知識を得てどう反応するか、だ。文化による条件づけという巨大な障壁を乗り越える術《すべ》さえわかれば、常に成長をめざして自分の不完全な心と身体を更新したり改善したりせずに、ありのままの自分を受容できるとわかるだろう。また、心と身体は好きな方向に、好きなペースで進めるとわかるだろう。もちろん、成長をめざして進んでいくときもある。それと気づかずゆっくりと成長に向かっているときもある。また、すっかり方向転換するときも、立ち止まって考え込むときも、時の流れに身を任せてただ歳をとるだけのときもあるだろう。

成長することばかり考えていたら、こうしたほかの現実を受け入れる余地はない。ペースを落とす、後退する、失敗する、といったことを自分に許し、たとえ居心地が悪くてもそうした体験とともに仲よく座っていてほしい。そうすれば、人間であることの本当の意味に気づけるだろう。なぜ成長することや、もっと大きくもっといいものを求めることが問題の解決策ではないのかも。


では、どうすればこのような受容の方向に舵を切れるだろうか？　この問題について考えれば考えるほど、わたしは語るべきものがたくさんあると知った。まず「このままで十分」の話をしよう。ただし、これも一筋縄ではいかない。「わたしはこのままで十分だ」と自分に言い聞かせたとしても、文化が「それは違う」と囁きつづけるため、心から今のままで十分だと思うのは難しい。つまり受容とは、ただ自分を受け入れるだけではない。わたしたちの文化がありのままの自分を受け入れることを妨げている、という事実を受け入れることでもある。

まずは、その事実を直視しなければ先に進めない。

カレン・ホーナイはこの事実を包み隠さず、文化の存在を患者に突きつけた。ホーナイは、いつでも真実をありのままに語った。完璧主義を必要とする文化では、完璧主義という鎧を脱ぐのはきわめて困難だ、という事実を患者に隠さなかった。「わたしたちの限界は主に、文化的・社会的に条件づけられている点にあります」ある講演の場で、彼女はこう語っている。[3]　ホーナイは、集団への帰属や自己肯定感、心の充足といった人間の本質的な欲求を満たすには、文化という流れに逆らわなければいけないと知っていた。それでも、生きていくには、その流れにうまく乗らなければならないときがあることも認めていた。

これが受容だ。つまり、自分や自分の限界を意識し、広い世界で起きる制御不可能な物事が内面の葛藤にどう影響するかはっきり意識したうえでの受容だ。ホーナイは、「脅威となりうる世界」で自分を受容するのは「困難な旅」であり、「完全には実現しないかもしれない」が、それでも「心から取り組む」ことには計り知れない価値がある、と述べた。[4] その旅に出かける覚悟があるのなら、また、完璧という仮面を外して理想像を手放し、他者に心を開く気持ちがあるのなら、ホーナイ自身がそうであったように、ありのままの自分、つまり「完璧」という仮面の下に隠れている本当の自分と一体になる喜びを少しずつ体験していくだろう。

やがて、意識的に取り組まなくてもそれと気づかずに、完璧主義を徐々に必要としなくなっていくはずだ。

ホーナイによれば、この旅をはじめるにあたり、必ず認めなければいけないことがあるという。それは、完璧主義の問題をもたらしているのは「標準の心理への適応」だという点だ。[5]「標準の心理への適応」というのは、わたしが「魂のストックホルム症候群」と呼ぶもののことだ。このような適応は有害だと認識しなければならない。そして、文化から教え込まれた衝動を捨て去り、代わりにホーナイのいう「健全な心理」を享受することを憶えなければいけない。[6]

「健全な心理」とは、自分と自分の感情のすべてを受け入れることだ。ホーナイは1930年代から1940年代にかけて、家父長制の文化への適応に苦しんだ結果、こうした受容への第一歩がきわめて困難で、成功する保証もまったくないまま踏みださなければならないことを学んだ。それでも彼女によれば、実践するうちに違いを感じるようになるという。

このプロセスを信頼し、自己の受容は未知の領域であることを知ってほしい。ときには失望するだろう。自分のすべてを受容することは、それまでかぶってきた仮面を外すことでもあるため、とうてい無理だと思うこともたびたびあるだろう。留意してほしいのは、貧困家庭やマイノリティーの集団の出身者の場合、仮面を外すのはきわめて困難だという点だ。ようするに、社会が「理想」とする型に自分を無理やりはめ込んできた人は、根気強く取り組む必要がある。初めてギターを手にした人がいきなり『ホテル・カリフォルニア』のイントロのリフを弾けるわけがない。これと同じように、自分の印象を操作したいという本能的な衝動が、一夜にして捨て去れるわけがない。

とはいえ、印象操作の下には、より根本的な不安が隠れている。まずは、その不安、つまり評価への恐れ、拒否への恐れ、失敗の恐怖と対峙しなければならない。

こうした不安に正面から向き合うことが次のステップであり、最も重要なステップでもある。きわめて難しい取り組みになるが、それでも踏みだしてほしい。いい方法を教えよう。自分を完璧に見せたいと思う状況をすべてリストアップするのだ。そのなかから居心地の悪さを感じるもの、つまり根本的な不安に挑むようなものを選んでみよう。たとえば、職場で自分から気さくに話しかける。自撮り写真にフィルターをかけない。ソーシャルメディアを使わない時間を設ける。失敗しても自分を責めず、思いやる。たとえ愚問だと思えても質問する。いつもなら気まずさを感じるような状況で発言する。送る決心がつかない求人の応募書類を送る。正当だと思う昇給や昇進を上司に申し入れる。無報酬の業務にはノーと言う。地位への執着を手放す。たとえ一番にはなれなくても大好きなことをする。

そして何が起きるか観察してみよう。どんな変化があっただろうか？　どんな感じがするだろうか？

このように、小さな一歩がもたらした不安を体験してほしい。その不安のとなりに座り、自分の感情を観察してほしい。ただし、それに反応しないこと。その感情を抑えたり、そこから別の感情を生じさせたりしてはいけない。ただ静観しよう。それをあるがままにしておくのだ。その恐れの感情が、何か重要なことを告げていると気づくだろう。あなたが必死に求め、あるいは失うのを恐れている他者の承認は、完璧な自分を演出するための小道具にすぎない。その気づきを噛みしめながら自問してほしい。「ありえない自分を演じることに、恐れを抱きながら生きるほどの価値があるだろうか？」

その恐れと対峙しつづけよう。本当の自分をさらけ出しても居心地の悪さを感じなくなったら、その自分を少しずつ受け入れていこう。あなたの手の届かない、あなたにはどうすることもできない力には屈せず、ただ受け流してほしい。この世の何もかもを完璧にしてやる、といわんばかりに絶え間なくあなたに囁いて操ろうとする力に抵抗してほしい。人生にはどんなことも起こりうる。友人や知人は、あなたを傷つける言動をとるだろう。上司や政治家の意思決定が、あなたの生活を一変させるかもしれない。また、自然災害や異常気象、命に関わるパンデミックは、「新しい常態《ニュー・ノーマル》」としてごく普通の出来事になっていくだろう。

そうした必然的な出来事はどれも予想できないし、もちろん制御もできない。こうしたものは思いも寄らないときに突然、降りかかってくる。それでも、わたしたちの本能は、心理学者のデイビッド・スメイルが「マジカル・ボランタリズム」と呼ぶもの、つまり人生は努力によって切り開けるという誤信にしがみつく[7]。そのため、自分を受け入れることだけでなく、自分には変えられないものがあるという事実も受け入れなければならない。つまり、他者の評価や拒絶、失敗への恐れと向き合い、そこから逃げないで、苦痛や落胆、困難な時期を自分にはどうすることもできない人生の一部として受け入れてほしい。そうすれば、不必要に苦しんだり、自己嫌悪を招いたりせずに済むだろう。

心理学者のタラ・ブラックは、これを「ラディカル・アクセプタンス」と呼ぶ[8]。「ラディカル」という言葉は、なぜ人生がもっとよくならないのか、よい人生にするにはどうすればいいのか、といったことで悩みつづけるのではなく、人生の状況をあるがままに受け入れることを表している。もちろん、その状況――そしてその状況がもたらす結果によっては、受け入れるのがきわめて難しい場合もある。それでも受け入れなければならない。多くの形で人生がうまくいかない場合、ラディカル・アクセプタンスはなおさら必要だ。

　はっきりさせておくが、ラディカル・アクセプタンスは諦めることでも、運命に屈することでもない。今起きていることをまるごと受け入れて、それでも努力しながら自分の道を切り開こうとすれば、その道においてすばらしいことが達成できる。その努力においても、体験の流れ、つまりその過程や学び、発展、喜び、自己発見などにできるかぎり身を任せなければならない。結果や評価、賞、地位、順位、そのほかわたしたちが上位になりたいと望むものや、直接コントロールできないさまざまな尺度にとらわれるのではなく。

　ラディカル・アクセプタンスを、ヨットの航海にたとえてみよう。あなたの力ですべてを修正したり、改善したり、完璧にしたりするのは不可能だという事実を受け入れれば、自分がどこに向かえばいいかがわかり、そこまでの進路を決められる。そしてマジカル・ボランタリズムを信じる人たちとは違って、その旅が困難かどうか、目的地まで長くかかるかどうかは状況次第であることを完全に理解したうえで出発できる。

　航海は人生と同じで、激しい風を受け、高波にもまれる。そのたびに、あなたは激しく翻弄《ほんろう》される。だが、追い風に助けられることもある。その幸運を最大限に利用して進もう。いっぽう、ただ前に進むためだけに全力を尽くさねばならないときもある。それも、ある程度は仕方がない。また、状況によっては、しばらくのあいだ潮の流れに身を任せるときもあるだろう。

このような現実を受け入れる取り組みを続けてほしい。そして耐えてほしい。なぜなら困難と向き合うすべての時間には——とりわけ追い風のときには価値があるからだ。それは決して簡単ではないだろう。疑念や絶望にとらわれているときには、ソーシャルメディアの誘惑や、執拗に現れる広告、学校や職場での競争のプレッシャーに屈してしまうだろう。そんなときは、完璧という仮面を再びかぶるだろう。

あなたは意欲を失うかもしれない。だが、憶えていてほしい。そのやるせなさにこそ意味がある。それは旅の目的地、つまり受容へとつながる道だ。そしてこの旅は、目的地で心地よく休息するためのものではない。挫折を味わうたびに、それを文化に逆らって生きることがどれだけ重大かを告げるリマインダーだと思ってほしい。だからこそ、いつも自分を大切にしてほしい。この試みがとてつもなく難しいことをわかってほしい。そして、成功していようといまいと、ただその状況を受け入れること、つまり今の状況とともにありのままの自分でいることが、あなたにできる最も勇敢な行動であることを知ってほしい。

そのまま続けよう。屈することなく。挫折から立ちあがってコースに戻るたびに少しずつ自信が育まれ、その先にある受容がだんだん見えてくるはずだ。そして自発的な喜びを、つまり本物の決断を下して、それに全責任を負うときに湧きあがる喜びを徐々に体験するはずだ。わたしを信じてほしい。別の誰か——完璧な誰かになろうとすることほど居心地の悪いものはない。また、自分自身の考えを持ち、自分の思いを感じ、自分の言葉を口にすることほど喜びをもたらすものもない。

カレン・ホーナイによれば、彼女の治療の目的は、まさにこのような自発的な喜びを患者が得ることだった。それは患者が自分を取り戻し、「真の統合や健全な一体感、調和を感じ（中略）身体と心、行動と思考・感情が一致し調和しているだけでなく、それらが深刻な内面的葛藤もなく機能している」状態だ[9]。ホーナイの患者のなかでも完璧主義の傾向のきわめて強い人物が、次のような手紙を書いている。

「わたしは今まで何も知らず、何も理解していませんでした。そのために何も愛せませんでした。その理由は単純で、信じられないようなものでした。つまり、わたしはここにいなかったのです！　40年以上も、わたしは自分から自分を追放していながら、それに気づきもしませんでした。今、これを理解しているだけですばらしいと思います。それは死んだような日々の終わりであり、また、人生のはじまりなのですから」

わたしたちもこの患者のように、完璧主義が自分を消耗させているという事実に気づくことができる。そして根気強く励みながら、自分自身を受け入れ、「人生のはじまり」をめざせる。ホーナイの患者が手紙で力強く述べているように。「人からどう見えるか、何を持っているか、何を成し遂げたかでわたしという人間は決まる」という考えが、「わたしはわたしであり、このままのわたしで十分だ」という考えに変わるのだ。そのとき、あなたはようやく完璧主義の罠から抜けだしたことを知るだろう。

完璧主義はきわめて深刻な問題を招くため、ポール・ヒューイットは完璧主義者を助けることに職業人生を捧げてきた。ポールが幾度となく気づいたのは、ほとんどの患者が自分の悩みのおおもとに完璧主義があるとは思っていなかったことだ。つまり、完璧主義から脱却するには、完璧主義が一般的に思われているような恩恵をもたらさないことを理解しなければならない。完璧主義は、わたしたちを有能で超機能的な理想の人物に仕立ててはくれないのだ。それは、不安と恥を覆い隠す仮面をあたえるものでしかない。

本書を通して、あなたがこの事実に納得してくれることを願っている。この、じつに不可思議な性質について新しい知識を得たあなたは、その知識で武装して別の道を歩こうと決めるだろう。その道を選べば、社会との関わり方やとらえ方がいくらか変わっていくに違いない。それについては、これまで十分に解説してきた。この章では、最も大切なこと――変化のための助言を伝えたい。ひとつは、完璧主義を取り組むべき問題として認識すること。ふたつ目は、わたしたちの経済と文化がそれを必要とし称えるせいでわたしたちが苦しんでいるのを認めること。3つ目は、その現実のなかでありのままの自分と、今の自分の人生を受容することを心から誓い、たとえ完全に受容できなくても、ときどきそれを体験して得る喜びは、それまでの挑戦に見合う以上の価値があると知ること。

最後に、大切なことを言わせてほしい。わたしたちは希望を抱くことができる。そして、すばらしい行動が起こせる。努力という行為は決して悪くはない。わたしが言いたいのは、わたしの祖父がしていたような努力をすべきだ、ということだ。努力は、体験そのものの流れや、その体験が社会に残すもののためであるべきだ。結果や他者の承認について気に病むためのものではないし、何が学べるか、どうすれば「前よりもうまく失敗」できるか、あるいは「成功」したか（あるいは「成功」しなかったか）について四六時中くよくよ悩むためのものでもない。「わたしはわたしだ。そして今のままのわたしで十分だ」と、いつも自分に言い聞かせてほしい。

それが、完璧主義の罠から逃れるためにわたしたち個人ができることだ。では、社会の集団としてはどうだろうか？

第13章　完璧主義を脱した社会へ
あるいは誰もが〝今のままで十分〟だと思う社会で生きること

「向き合うものすべてを変えられるわけではないが、向き合わなければ何も変えられない」

ジェイムズ・ボールドウィン【1】

最後の章は、多くの点で、いちばん書くのが難しかった。わたしは臨床医ではないし、自分の完璧主義の手綱をさばききれているわけでもない。そんなわたしが、生き方を助言するなど、おこがましいことだと思う。ただ、そのいっぽうで、完璧主義に苦しむ読者に希望をあたえ、この問題に取り組むうえで心に留めてほしいことを伝えたいとも思った。忍耐強く取り組めば、自分とこの社会を「受容」できる。それによって、今まで自分を押さえつけていた多くの縛りが、ゆっくりと少しずつ解かれていくだろう。そして、喜びを見いだす瞬間が次第に増えていくはずだ。それは、誰かを愛していると気づいたとき胸にあふれる喜びであり、自分が大いなる自然の一部だと気づいたときにほとばしる喜びであり、子どものいる場所ならどこでも目にする喜び――ありのままの自分で、ただ心のままに生きることの喜びだ。こうした喜びは、心が満たされたとき湧きあがる。そして、それは確かに、わたしたちの手の届くところにある。

ところが、あいにく、この世界は、それが手に入らないような仕組みになっている。その現実に気づいて、〝自分〟が変わろうと思うだけなら、問題解決はやはり個人が責任を負う形でしかできない。確かに、この世界の縛りを解くために個人ができることはある。前述したように、勇気を出す、自分の弱さを隠さない、ありのままの自分をさらけ出す、執着を手放す、セルフ・コンパッションを心がける、失敗を受け入れる、自分軸で生きる、などだ。このほかにも、できることはすべてやるべきだ。ただ、こうしたことを実践しても、事実は変わらない――経済が、わたしたちをこれまで以上に締めつけ、これからも完璧という名のファンタジーにどっぷりと浸からせて、常に何かを欲しがるようにあおりつづけるという事実は。これは、個人の力ではどうにもならない。ところが、わたしたちはそれを認めないで、完璧主義に走ってしまう。そして、完璧でありたいという思いにとらわれて苦しみ、それを克服できない自分を責めてしまうのだ。

わたしは、こうした縛りに抵抗し、「受容」によって身を守ることができると述べた。もちろん、何かしらできることをするほうが、何もしないよりはいい。

だが、そこで終わらないでほしい。わたしたちは、ひとつの社会を共有して生きている。その社会による締めつけをどうにかするなら、集団で取り組まなければならない。完璧主義者は、政治家や経済学者、社会計画にたずさわる人たちの目には、理想的な労働者や消費者に見えるかもしれない。しかし、人々の関心が労働と消費にしか向かず、その社会で完璧主義者がどんどん増えているという現状は、何かが完全に間違っていることを告げている。友情、無条件の愛、慈悲の心、思いやり、誠意など、人生で大切なものは失われ、逆に不満や自己否定、落ち込み、不安、不機嫌といったネガティブな感情ばかりが蔓延しているのは、社会が機能不全に陥っていることの表れだ。そして、これは明らかに政治の問題だ。

わたしは本書で、完璧主義が文化的現象だと説いてきた。欠乏のトレッドミルで走りつづけるかぎり、わたしたちは完璧さに執着し、心や人間関係は蝕まれていく。そのトレッドミルでさらに必死に、さらに追い立てられて走りながら、わたしたちは不完全だと思い込まされているものを完璧にしようと躍起になっている。今、必要なのは、走りつづけることではない。この世界的に重要な時期において必要なのは、そのトレッドミルからどうやって降りるか、だ。

これを認めないかぎり、完璧主義の問題は解決しないだろう。玩具や装置《ガジェット》をいくつか手に入れるよりも、自分や自分の属するコミュニティ、生態系を回復させることを優先しないかぎりは。他者と対立せず互いに歩み寄り、資源を大切にして消費を抑えないかぎりは。人や自然に害をあたえる営みから利益を得ることを拒まないかぎりは。別の言い方をすれば、経済の成長は望ましいことだとはいえ、わたしたちの健康と幸福がその代償なら、絶対に必要だとはいいきれないと気づかないかぎりは。

このような社会を想像することができて、それこそが心から望む社会だと思えるなら、少なくとも変化の可能性はある。可能性は、希望の青写真だ。社会が今の形である必要はない。別の形にもなれるはずだ。

この章は、その未来像を描くための、いわば思考実験だ。つまり、優先順位を根本から変えて、人間と地球の限界を超えない範囲で繁栄する社会とは、どのようなものか考察したい。何が変わり、どんな政治が行われるだろうか？　わたしの提案は何もかも網羅しているわけではなく、絶対にこうあるべきだ、というものでもない。ただ心をオープンにして、いくつか、あるいはすべてが実現したらどうなるか想像してほしい。今よりも豊かに暮らせるだろうか？　今よりも幸福になれるだろうか？　完璧主義は、依然として、お気に入りの欠点のままだろうか？

どんな代償を払っても成長を求めるのは有害であり、持続不可能だ——そのため、成長にとらわれない方向に舵を切らなければならない

国内総生産《GDP》の数値により不朽の名声を手にした経済成長は、地上における全能の神だ。わたしたちはそれをぴかぴかの台座に載せ、ほかのどんな政策よりも高く掲げて崇めている。経済が成長するために必要なものは、たとえ人間や環境を犠牲にしても必ず手に入れる。たとえばCOVID－19によるパンデミックのさなか、わたしは、イギリス政府が封じ込め政策にかかる費用便益を分析したことを、新聞の記事で知った。政治の中心地《ホワイトホール》の高みから見下ろす経済学者は、ロックダウンしない場合の経済的な「利益」は、年間の死者数が5万人までなら正当化されると算定した。ようするに、経済成長のためなら5万人の死は「許容できる」ということだ。[2]

経済成長という視点で公衆衛生上の危機を評価するのは、いかにもこの時代らしいやり方だ。だが、公衆衛生だけの話ではない。社会に存在する収益化可能なものはひとつ残らず、GDPを少しでも増やすために切り売りされている。もし宇宙人が地球にやって来たら、人間は経済のためだけに存在していると考えても不思議はないだろう。わたしたちは経済のことを、まるで生きて呼吸する物であるかのように話す。常に栄養が必要な、知覚を持った生き物は自分たちではなく、経済であるかのように。

「何が経済を元気にするには何をすべきか?」とわたしたちは問う。そして、こうも言う。「経済を落ち込ませているのか?」

経済成長が悪いことだと言っているわけではない。社会の発展過程の初期、農業中心の時代において、経済成長は貧困や苦難を終わらせ、死を回避する唯一の手段だった。この25年のあいだに、世界で10億を超える人々が極度の貧困から抜けだしたが、それは経済成長が広範におよんだからでもある。[3] 今日、先進国が途方もない豊かさを享受しているのも、急激な経済成長の賜物といえるだろう。まさに目をみはるサクセスストーリーだ。

ところが、成長が十分なレベルに達して欠乏の不安がなくなると、全体的な豊かさの水準もそこで頭打ちとなり、成長と生活水準の相関関係は弱まっていく。西欧社会がこのところずっと直面している状況がこれだ。問題は欠乏ではなく、それを維持している点にある。つまり、適切に分配すれば誰でも十分な生活水準を保てるところまで豊かさのレベルが達しているのに、さらに経済が成長しつづけるように欠乏を維持しているのだ。やり方はごく簡単だ。政治家や経済学者、投資家、広告主など、経済に関わる者たちが一丸となって社会に欠乏を生みだせばいい。「持っていない」とか「足りない」という焦燥感をつくりあげる多くの手法については、これまで述べた。

ここで、わたしは問いたい。欠乏の不安が解消された今、成長への依存をいくらか減らしてもいいのではないだろうか? だが、これを問うことは、多くの点で無意味だ。なぜなら、成長への依存を減らすことは選択肢ではなく、必須課題だからだ。理由は第1に、人口の高齢化や技術革新の減速、きわめて高い負債比率、COVID－19の長期的な影響などの構造的な傾向は、先進国の経済がすでに失速している（そして失速しつづける）ことの表れであるためだ。[4] 第2に、経済成長が、エネルギー消費と強い相関関係にあるためだ。[5] つまり、GDPを1単位産出するごとに、そのぶんの化石燃料を燃やさなければならない。ところが、その化石燃料は、二酸化炭素排出量を増やし、世界各地に被害をおよぼしている気候変動をさらに加速させてしまう。[6]

そのため、本当に問うべきは、わたしたちはいつか正気に戻るのか、という問いだろう。オランダの経済学者で、サステナビリティの研究者でもあるガヤ・ハリントンは、『地球規模の崩壊を予測する世界モデルのデータ検証』というレポートで、わたしたちが今すぐ変わらないと何が起きるかを示す、ぞっとするような分析を公表した。具体的にいうと、ハリントンは数種類の成長シナリオにより、世界の食料供給や天然資源のキャパシティ、環境などへの影響をモデリングした。その結果、どのシナリオも環境破壊による社会の「崩壊パターン」につながり、革新的な技術を導入した、かなり楽観的なシナリオでもそれは避けられず、社会の崩壊が「緩やかに進行する」だけであることがわかった。[7] ハリントンは経済成長について、こう結論づけている。「人類にとって、成長の限界は意識的に選択するまでもなく、いずれ限界に達する」[8]

同様の崩壊パターンは、金融システムにも起こりうる。イギリスの経済学者アン・ペティフォーは「世界経済は混乱している」と指摘したが、それは国や企業、一般家庭の債務が持続不可能なレベルにあるためだ。相当深刻なレベルなので、わたしたちはみずからを窮地に追い込んでいるといっていい。「金融システムは機能不全に陥っており、緊急の資本注入をやめれば、今や絶望的にそれに依存しているこのシステムは崩壊する」とペティフォーは述べている。[9]

そして、是が非でも成長を追い求めることに疑問を抱くべき理由は、ほかにもある。わたしたちが耐えられる精神的な不安には限界がある。みんなが「今のままで十分だ」と思えないのなら、このまま過度に励んで働きつづけるなら、ペースを落として心の充足を味わうことが許されないのなら、やがては人類もまた崩壊パターンに屈するだろう。社会規定型の完璧主義が急増しているのは、この結末を予告する指標なのかもしれない。

ペティフォーによれば、「唯一の解決策は、システムそのものの手術だ」そうだ。「手術」とは、つまり経済の完全なリセットだ。イギリスの経済学者ケイト・ラワースは、このリセットについて、また、成長がすべてではない新しい経済のルールとはどんなものかについて考えてきた。その、成長にとらわれない経済を、ラワースは「ドーナツ経済」と呼ぶ。これは、まさに方向転換のためのロードマップだ。[10] ドーナツ経済とは、成長に上限と下限を設ける持続可能なリング型の概念だ。ドーナツの輪の内側の線を越えて真ん中の穴に落ちれば、人間の基本的なニーズを満たせない。外側の線を越えると、生態系を維持できなくなり、人間と環境に深刻な害がおよぶ。

ラワースの分析によれば、すでにわたしたちは、このドーナツの輪からかなりはみ出している。

多くの人が、経済の拡大によって環境汚染や地球温暖化が進み、生物の多様性が損なわれるのを憂慮しているが、そうした人たちの多くは、実際にこのドーナツ経済を求めている。ラワースが提案するのは、環境を守るための境界線となる外側の輪を設け、経済成長をリングのなかでのみ変動させるという持続可能なシステムだ。GDPは、「絶えず変化する経済に応じて」そのリング内で上下する。重要な点は、成長の変動をただ容認するのではなく、政策としてその変動を管理し、柔軟に対応することだ。

さあ、遠慮せずに言ってほしい。そんな非現実的なものを信じるほど自分はおめでたくない、と。そう言うのは、あなたが初めてではない。ただ、ハリントンやペティフォー、ラワースのような人たちの話に、少なくとも耳は傾けるべきだ。なぜなら、彼女たちの言葉は警告だからだ。成長とは、いわば毒入りの聖杯で、それを唯一無二の政策として追求しつづければ、わたしたちは試練の道を歩むよりほかない。生態系や金融システム、人間の壊れやすさにこれまで以上に何度も直面して、問題解決に奮闘せざるをえなくなるだろう。

だが、ラワースのドーナツ経済は、わたしたちがその道を歩まなくてもいいことを教えている。もちろん先進国は、定常状態の、成長にとらわれない経済をめざせる。それにより、環境保全の技術が追いつく頃まで気候変動を遅らせられる。また、ずっと欠乏の剣の下で生きてきたわたしたちの心の傷も癒える。そのとき、わたしたちは「今のままで十分」だと気づくだろう。必要のない物を欲しがらなくても、必要なものはちゃんと手に入ることを。そして、社会の激しい競争から離れ、家庭やコミュニティで満ち足りた時間を過ごせるだろう。人生で本当に大切なもの、つまり心身の健康や人とのつながり、心の充足に目を向けることができるはずだ。

ＧＤＰは成長を測る指標として不十分だ――そのため、ほかの指標でも算定する必要がある

民主的な国家には、進歩の度合いを測る指標や基準が必要だ。とはいえ、豊かな国の場合、経済成長は、先ほど述べた理由により、ふさわしいとはいえない。では、何を指標とすべきだろうか？　わたしは「人間と社会の進歩」だと考える。

なぜなら、「モノとサービス」ではなく「人間と社会の進歩」を優先すれば、新たな政策が提案されるたびに、何がその代償になったかを問えるからだ。従業員が有給休暇をとる権利を奪われた場合、何が人間と社会の代償となったのか？　病院が民間セクターに外部委託された場合は？　公共図書館が不動産開発業者に売却された場合は？　そこにGDPを引きあげるだけの価値はあるのか？　その政策によって人間がさらに生きづらくなり、心の充足も失われるのではないか？

イギリスの経済学者リチャード・レイヤードは、「人間と社会の進歩」こそ公共政策の基準であるべきだと考えている[11]。レイヤードの研究では、経済成長はウェルビーイングと相関しないため、メンタルヘルスや幸福、健康長寿など、人間へのメリットを優先させる政策をとるべきだと

わかる。このレイヤードの研究が発端となって、利益より人を優先させて繁栄をはかろうとする国際的なイニシアティブが、さまざま策定されている。

そうしたイニシアティブのなかで最も注目すべきは、国連による「人間開発指数」だろう。毎年、国連は各国の社会的な進歩の度合いを、人間開発の3つの面から算定してランクづけしている。その3つとは、「健康に長生きすること」「教育を受けること」「適切な生活水準に達していること」だ。このほか、国連より規模は小さいながらも「地球幸福度指数」「世界幸福度報告書」「社会進歩指標」などが、同様の国際的指標を算出している。

なぜ、こうした指標が重要なのか？　それは、ここ数十年の経済成長がいかに空虚か教えているからだ。たとえば2010年以降、アメリカ合衆国のひとりあたりのGDPは8000ドル増えているのに、人間開発のスコアはまったく伸びていない。[12]ようするに、総額10兆ドル相当の成長を遂げようと、人間と社会は何も進歩しないのだ。確かに経済は成長はしている。だが、人間に何の恩恵もないのであれば、まったく意味はない。

こうした理由で、人間開発の指標が、さまざまな国の政治に影響をあたえはじめている。ニュージーランドは、幸福とウェルビーイングの指標を政策に活用した、最初の高所得国となった。ブータンには「国民総幸福量」という指標があり、政策を実施するかどうかを判断する基準になっている。アメリカのメリーランド州とバーモント州には「真の進歩指標」がある。これは、GDPからマイナスの影響のコストを差し引いたものだ。また、カナダは「カナダ幸福度指数」

を開発している。このほかにも、世界各地でさまざまな指標が検討されている。とはいえ、今のところ、経済成長より人間の繁栄を優先させている先進国はひとつもない。それでも、少なくとも正しい方向をめざそうという動きがあることは確かだ。

自動化の加速によって労働形態は大きく変わるだろう——その変化を受け入れ、不安を意義と目的に置き換える機会にしなければならない

およそ100年前、イギリスの経済学者ジョン・メイナード・ケインズは、自分の孫の世代には、いったいどんな可能性が待ち受けているだろうと思いを巡らせていた。1930年に発表したエッセイ『我が孫たちの経済的可能性（Economic Possibilities for our Grandchildren）』（未邦訳）のなかで、ケインズはいくつか予測している。そのひとつは、テクノロジーの進歩により、ロボットが重労働を受け持つようになって、彼が「経済的な問題」だと考える労働の苦役は、世界からなくなる、というものだ。[13] 彼は正しかった。研究者の予測では、ロボットや人工知能（AI）などのテクノロジーによって、今後10年のうちに仕事のおよそ半数が自動化されるという。[14]

そのエッセイで、ケインズはもうひとつ、もっと有名な予測をしている。経済の生産性が大きく伸びれば、未来の世代はほとんど働く必要がなくなる、というものだ。彼は「1日3時間、あるいは週15時間の労働」で、成果と日常業務《ルーティン》への基本的な欲求は十分に満たされると述べている。

しかし、この予測は大きくはずれた。テクノロジーは、仕事を早く終わらせてはくれなかった。実際に起きたのは、ほんのひと握りの企業が世界を手中に収めることを、政治家や富裕層が容認したことだった。

そして、わたしたちは、テクノロジーの進歩で生まれた余暇を楽しむどころか、さらに働いてその時間を埋めている。食器洗浄機は、人間がもっと働くための時間を生みだした。洗濯機も、人間がもっと働くための時間を生みだした。セントラルヒーティングは、薪を集めて割る手間を省き、やはり、もっと働くための時間を生みだした。そして何より不吉なことに、今、とてつもない量の時間が、AIの出現によって生みだされようとしている。

もちろん、その時間が、もっと働くために使われることはないだろう。それほど遠くない未来に、ホワイトカラーの労働者は、AIが自分たちの仕事の大半をこなせることを知る。そうなれば、わたしたちは、「もっと働く」のをやめるだろう。なぜなら、まったく働かなくなるからだ。

いうまでもなく、わたしたちは働かなければならない。みんなが一斉に働くのをやめたら、社会はたちまち崩壊してしまう。しかし、ケインズは先ほどのエッセイを、未来の世代に向けた福音として記し、いつの日か労働が虚しい苦行ではなくなる日が来ると告げた。彼は、自動化による生産性の向上が、広く共有される社会を思い描いた。長時間労働から解放され、天職と思える仕事に打ち込み、生計のためではなく、情熱を燃やし夢を叶えるために働けるようになる社会だ。

当然ながら、仕事が好きで、もっと働きたい人はいる、という声は上がるだろう。なぜ、その権利を奪うのか、と。わたしは、そうすべきだと言っているわけではない。じつは、ケインズも、そうは思っていなかった。もし、たくさん働くことがあなたに意義と目的をあたえるなら、とことん働こう。どうか好きなだけ働いてほしい。

わたしが言っているのは、本末転倒になってはいけないということだ。たくさん働きたくて、それができる能力もあるからといって、職場全体を巻き込むほど働き方が歪められてはならない。休息もなく、ただ生きるためだけに必死で働く日々から解放されてこそ、人間は進歩したといえるのではないだろうか。

そのため、「適切な」労働時間を60時間から40時間に移行することに同意できるなら、その40時間から、ケインズが推奨した15時間に移行することもできるはずだ。

もっと働きたい人たちも、もちろん働ける。ようは、自動化とAIの進歩により、働く必要がなくなる、ということだ。少なくとも理論的には。労働時間の短縮が実現するかどうかは、自動化の恩恵をどこにあたえるかによる。一般人にあたえて、家庭やコミュニティで過ごす時間を増やすか、それとも株主にあたえて、株の評価を上げ配当を増やすか。自動化はこれまでも、またこれからも、優先順位の問題なのだ。ケインズは、自動化が生活の質の向上のために活用される、と考えた点で甘かった。

また、労働時間が多いほど生産性が上がる、という俗説もある。だが、話はそれほど単純ではない。週4日勤務を推奨する国際的なイニシアティブや、より柔軟な就労形態に移行する流れが、その証拠だ。[15] 実際に、こうした指針を定める企業は増えており、従業員の幸福度が上がり、ストレスが減り、病気休暇の日数が減り、生産性が向上する、などの効果が出ている。[16] ごく最近の調査では、週4日勤務を実施した企業33社において、従業員の燃え尽き症候群が、週5日と比べて3分の1減り、疲労と睡眠不足は10パーセント近く減ったことがわかった。[17] また、ワーク・ライフ・バランスも改善し、人生の満足度が高まり、驚いたことに企業収益も増加したという。収益に関して、その効果は明らかだ。日本マイクロソフト社が、試験的に週4日勤務を実施して休日を増やしたところ、何と40パーセントも生産性が向上した。[18] ここで、ちょっと想像してみよう。わたしたちがテクノロジーを、株主の利益を増やすために使うのではなく、ケインズが予言したように、全人類を不要な仕事の労苦や虚しさから解放するために使っている社会を。そこでわたしたちは、どれだけ多くの時間を、ものづくりや創造、イノベーションに費やしているだろうか。どれだけ多くの時間を、新しいことに挑戦したり、新しい人間関係を築いたり、新たに生まれた余暇を満喫したりすることに費やしているだろうか。

世の中がそう簡単に変わると言うつもりはない。それでも完璧主義から脱却し、不安定な雇用や、働きすぎによる心身の不調から解放されたいと本気で思うなら、これは絶対に必要だ。だが、絶対に必要なものが、もうひとつある。格差の是正だ。モノとサービスよりウェルビーイングを優先することも、労働時間の短縮も、余暇をもっと楽しむことも、どうにかして格差を縮めないかぎり実現しないからだ。

格差は社会の深刻な病《やまい》だ――そのため、わたしたちは総力を挙げてこれをなくさなければならない

「今すぐわたしたちに課税を」これは、２０２２年にスイスのダボス会議に集結した政財界のリーダーに向けて、抗議活動に参加した億万長者たちが訴えた言葉だ。[19] 彼らは、アメリカの上位１パーセントが、下位92パーセントの総額よりも多くの資産を手にしていると訴えた。抗議運動のポスターには、アメリカの超富裕層50人が下位半数の国民資産の総額よりも多くの富を独占している、とある。アメリカの数値は明らかに極端な例ではあるものの、格差が急速に広がっていることは現代社会の経済の大きな特徴だ。億万長者たちは訴える。「多くの国が〝生活費危機〟に陥っているときに、こんなことがあっていいのか？」

あっていいはずがない。だが、これはサプライサイド経済の避けられない結果といえるだろう。数十年におよぶ利益への迎合、たとえば富裕層への減税、規制緩和、金融化、グローバル化、脱労働組合などは、経済拡大の利益が富裕層に蓄えられるという不均衡な状態をもたらした。２０２０年以降に生じた世界の富の3分の2は、１パーセントの超富裕層に吸いあげられている。[20] そして、不公平は、収入と資産にかぎらない。富裕層は、より長く健康に生きている。広大な家を所有し、自由診療を利用し、年に二度、ことによると三度も長期休暇をとり、最も決定的な点と

して、自分の人生のみならず他者の人生まで意のままにできるほどの権力を手にしている。

問題は、こうした格差が生まれる原因が、急速な経済成長だけではないことだ。フランスの経済学者トマ・ピケティによると、経済成長が乏しい、あるいはまったくない場合にも、格差は広がるという。ピケティの研究によれば、不動産の賃貸収入や、株式の配当金など、富裕層の収益率が経済成長率を上まわると、長い期間を経て格差が広がるという。[21] 彼の説が正しいと仮定し、それを示唆するエビデンスも豊富にあるとなれば、今の成長の鈍化は、長期的にはさらに格差を広げてしまうだろう。収入や富、権力を均等に分配するための強力な予防策をとらないかぎり。

ピケティは最新作『資本とイデオロギー』〔山形浩生／森本正史訳、みすず書房、2023年〕で、そうした予防策をいくつか提案している。[22] そのうち最も目を引くのは、10億ドルを超える個人資産に、最高で90パーセントもの税率を課すグローバルな富裕税だ。ほかにもある。相続と所得の累進課税として、1950年代から1970年代までと同様に、80パーセントを超える最高限界税率を課すことだ。また彼は、その税収を基金として積み立て、25歳になった人すべてに資金を提供し、投資や起業を促進することを提案している。

ピケティの考えでは、累進課税による税収の使い道は、資産と権力の再分配だけではない。環境保護にも使われる。「気候変動の問題は、あらゆるレベルで社会の格差を縮める力強い動きがないかぎり、解決は難しいだろう」と彼は『ル・モンド』紙で述べている。[23] その理由は、「全世界の富裕層の上位10パーセントが、地球全体の二酸化炭素排出量のほぼ半分を占め、1パーセントの超富裕層だけで最貧困層の半分の排出量を超えている」ためだという。課税によって億万長者を消滅させることにより、「超富裕層の購買力が大幅に低下し、それだけで地球全体の排出量削減に多大な影響をあたえるだろう」と彼は続ける。

累進課税は、前述のダボス会議において、まさに億万長者たちが訴えていたものだ。とはいえ累進課税だけで、収入と富を公平に分配することはできない。ほかの予防策も必要だ。２０２０年に、学術誌『レビュー・オブ・ポリティカル・エコノミー』に掲載された論文で、政治経済学者のティルマン・ハートリー、イェロン・ファン・デン・ベルフ、ヨルゴス・カリスが、いくつかの策を提案している。[24] たとえば、企業利益をより均等に分配するための労働組合の促進、変動金利の上限設定、家賃規制《レントコントロール》、雇用の安定をはかる労働者保護の強化、ベーシック・インカム、地税、炭素税、住宅や医療、教育など公共の利益に投じる資金の増額などだ。どれも格差を是正する効果がある。格差を是正すれば、人間のニーズを満たすために経済のパイを拡大しなければならないという緊急課題のプレッシャーもなくなるはずだ。億万長者が百万長者を宇宙に送りだしているのを見れば、先進国のパイはもう十分に大きいとわかる。そこに欠乏はなく、あるのは不平等だけだ。

そのため、そろそろ経済のパイをどのように切り分けるか考えてもいい頃だ。そうすれば、ＧＤＰに頼って魔法のように解決してもらおうと思わなくても、貧困や不安をなくし、地球の劣化に歯止めをかけ、幸福やウェルビーイングを高め、社会の進歩をうながすことはできるはずだ。

それを実現するためのものとして、わたしはある政策に注目したい。ベーシック・インカムだ。ベーシック・インカムには、格差を大幅に縮める効果がある。だが、それだけではない。これは、欠乏を維持して成長する経済社会の呪縛ともいえる完璧主義までも大幅に軽減するからだ。

ベーシック・インカムは本物の自由をあたえてくれる——そのため、これを生活保護に代えて実施しなければならない

公平な社会の最低限の前提は、人が無条件で存在する権利を持つことだ。自分の存在の正当性を主張したり、存在する権利を得たりする必要はない。また、快適な場所で食べたり眠ったりするために自分を証明する必要もない。誰もが自由に自分を表現し、自由に自己探求のリスクを冒せるべきであり、たとえ失敗しても飢えたり貧困に陥ったりすることがあってはならない。

これがベーシック・インカム、つまり、すべての人に収入を保証する中央集権型の経済プログラムの理念だ。具体的にいうと、生活に必要な最低限の金額が、全国民に一律に支給される。このような権利は、現代の文化からすれば、異質に思えるかもしれない。だが、ベーシック・インカムという考えは、決して新しいものではない。じつはキリスト教の教義にあり、世界の多くの先住民コミュニティで導入されている。

ベーシック・インカムは、個人の自由を広げる。つまり、誰もが他者に経済的に依存すること

なく暮らせる。起業家は、一文無しになることを恐れず、自由にリスクが冒せる。クリエイティブな仕事をする人は、生活に必要な金額が保証されるので、好きなだけ創作に打ち込める。働く人はベーシック・インカムのほかに賃金が支給されるので、足りない場合はそれで補える。

経済成長に依存するのと同じく、ベーシック・インカムは必要不可欠になるだろう。これまで述べたように、ＡＩなどのテクノロジーによる大変革によって、今まさに人間の仕事が奪われはじめている。この傾向は、将来に向けて加速していくだろう。こうした前例のない変革が進むなかで、需要を支えて経済を安定させるには、無条件の支援が不可欠だ。

とはいえ、ベーシック・インカムのメリットは、経済の安定にとどまらない。誰もが無条件で他者と同じ資源を託されれば、世の中にはびこる不安は消え、格差も縮まる。ベーシック・インカムは、あらゆる人の人生に同じ出発点をあたえる。つまり、誰もが貧困ラインより上から人生をはじめられる。それによって揺るぎない基盤が提供され、「足りない」ことを恐れる慢性的なストレス、そして完璧主義も和らぐはずだ。

じつのところ、それがベーシック・インカムの最大のメリットかもしれない。なぜなら、人間の生きる目的を根本から変えてしまうからだ。つまりベーシック・インカムは、いつ困窮するかわからない砂地のような足場ではなく、もっと強固な足場を提供してくれる。そこでわたしたちは本来の意欲を取り戻し、個人的に意味があり社会的にも役に立つ形でこの世界を探究し、新しいことに挑戦し、社会貢献できる。ベーシック・インカムの世の中では、収入のために働くのではなく、収入があるから働くという形になる。そのため、まだ努力が足りないという罪悪感や、十分にないという羞恥心から解放されて、のびのびと生きられる。

ベーシック・インカムを試験的に実施した地域では、有望な結果が出ている。ドイツの政策アドバイザーのクラウディア・ハールマンによると、ナミビアでこの制度が試験的に導入されたときは、作業効率が10パーセント、学校の出席率が90パーセント増加した。また、子どもの栄養失調は30パーセント減少し、犯罪は42パーセント減少した。[25] カナダの経済学者イブリン・フォゲットも、有名なマニトバ・ベーシック・アニュアル・インカム実験のデータで、同様の発見をしている。[26] 年間収入の保証制度によって、その地域の住民のメンタルヘルスが劇的に改善し、若者の就学時間が増え、病院の入院件数も10パーセント近く減っていた。

実際に、ベーシック・インカムがメンタルヘルスにあたえる影響は、かなり大きい。ブラジルの1億人を対象にした12年にわたる研究では、無条件で現金を給付された人は、非受給者に比べて自殺の発生率が61パーセント低いことがわかった。[27] こうした無条件の給付は、心理療法と比較する形でも調査が行われている。それによると、専門家の治療に比べて大幅な改善が見られたという。[28]

ベーシック・インカムの有効性は、このほかにもたくさん報告されている。たとえば、約40の研究論文を分析した最近のレビューによると、社会保障の拡大がメンタルヘルスの改善と相関し、縮小はメンタルヘルスの悪化と相関していたという。[29] こうした理由により、カナダ医師会やカナダ公衆衛生協会、カナダ慢性疾患予防連盟など、いくつかの公的、専門的な医療団体が、公式にベーシック・インカムを支持している。

ベーシック・インカムに求められるものは、主に貧困の緩和だ。確かに、その点では、かなり可能性がある。だが、そうした再分配的な意味を超えたメリットがあるとわたしは思う。現代人にとって、金の悩みは避けて通れない。普段から、わたしたちの頭は、対面を保つための金があるかどうか、生活費をやりくりできるかどうか、という恐れで占められ、そのために悪夢にうなされることさえある。ベーシック・インカムは、そうした恐れからわたしたちを解放してくれる。競争や職場のヒエラルキーはなくならないだろうし、それはそれで仕方がない。ただ、自分の正当性を主張しつづける必要はなくなり、恐れも消えるはずだ。人を見きわめるときは、その人が何を所有しているかや、どんな価値があるかではなく、どんな人かで判断するようになるだろう。いいかえるなら、ただ生きるだけのために完璧をめざす必要がなくなるのだ。

あなたが本書を読んでいるなら、おそらく数年前のわたしのような状態だと思う。完璧でありたいという強い欲求に悩まされ、なぜこんな気持ちになるのかといぶかっているのではないだろうか。だからこそ、わたしがたどった道を、あなたにもたどってほしい。人間なら誰でも過ちを犯すことや、その人間であるあなたがどれだけ尊い存在か知ってほしい。そして、完璧さへの執着について、これまでとは違ったとらえ方をしてほしい。そうした執着は、抑えられない衝動や強迫観念などではなく、他者との関係や文化がもたらす抵抗しがたい圧力から生まれていることに。エーリッヒ・フロムのこの言葉のように。「オオカミの群れの中ではオオカミであれという世の中の圧力に抵抗することが、むつかしい」[30]〔『生きるということ』佐野哲郎訳、紀伊國屋書店、1977年〕

わたしたちは、欠点のまったくない、他者よりもすぐれた人間になることにこだわる文化のなかで育った。その文化は「おまえには欠けているものがある」と囁きつづけ、一瞬たりとも黙ってはくれない。この文化では、完璧になろうとする集団的な競争が、ほぼ無意識のうちに行われている。だが、きわめて大局的ながら、そこから脱出する道はある。社会の価値観を変えることができれば、そして、この章で述べた変化を実際に起こすことができれば、自分自身で何かする必要も、考える必要もなく、完璧主義の縛りは難なく解けるだろう。

言うのは簡単でも、実行するのは難しい。だが、希望はあるだろうか？　もちろん、ある。若者たちは、経済や気候政策、社会問題において、親たちが「ごく当たり前に」歩いてきた今までの道をたどってはいない。彼らは変化を渇望している。[31]

この渇望を示すエビデンスを、わたしは大学の廊下やプレゼンテーション、イベント、学会、周辺のバーやカフェなどで見聞きしている。そして、若者たちの姿に深く感じ入っている。彼らは、ただ打ちひしがれてはいない。生まれてからずっとすり込まれてきた「世の中のありよう」を拒否しつづけている。彼らは表立った行動はとらないにせよ、サプライサイド革命をうながした思想と同じく急進的な思想によって、改革を主張しつづけている。こうした若者たちは、わたしより20歳近くも年下だというのに、わたしがかなりの年月を経てようやく理解したことをすでに理解している。壊れているのは社会であって、自分たちではないことを。

この真実を忘れないかぎり、わたしたちは迷わないだろう。若者の未来を守るために、わたしたちは手を貸すことができる。彼らとともに、また、彼らのために闘うことができる。ともに行動し、ともに計画を立てることができる。ともに希望を抱くことができる。しかし、ともに急がなければならない。日は沈みかけているのに、権力者たちが進路を変える兆しはこれっぽっちも見えないからだ。このまま彼らに任せておけば、人類にとって本当に持続可能なものを生みだすよりも、ぐらつくシステムを支えながら自分たちのために最後の数兆まで絞りつくそうと、残された人的資源や天然資源を浪費しつづけるに違いない。

そして運動は、地上でしか起こせない。本書の無機質な紙の上ではなく。だから外に出て、他者と団結し、運動を起こし、あなたが変化を要求していることを、声や票で権力者に訴えてほしい。時は来た。風向きは徐々に変わりつつある。民主主義は完全に消えておらず、まだわたしたちの手のなかにある。

その民主主義の力で、わたしたちは、今のままで十分だと思える社会を――人間と地球の限界を尊重する社会を、少しずつ築いていけるはずだ。

そして、ある晴れた日、精いっぱい首を伸ばして、できるだけ目を細めて遠くを見やれば、そこに道らしきものが続いているのを知るだろう。その道の上に長い列が見える。聡明で、思慮深く、思いやりがあり、寛大な、人間らしさにあふれた、ちょうどあなたのような人たちが、希望の明るい光に向かって歩いているのが。それは、いつも不安を感じなくていい社会で生きられる希望だ。豊かさを分かち合う社会で、今のままで十分だと思える社会で生きられる希望だ。

あなたがこの地球に存在することに、そして本書を読んでくれたことに、わたしは永遠に感謝したい。

本書を読んで、あなたが自分の完璧主義を深く理解できるように願っている。より広い視野でそれをとらえ、それが本当はどこから生じるのか知ってほしい。遺伝子や幼少期の体験は重要であり、その影響は見過ごせない。だが、それ以上にわたしたちを苦しめているのは、現代社会の耐えがたい重荷、つまり「完璧であれ」という不可能な要求によるプレッシャーだ。このプレッシャーを避けることはできない。また、いっときも収まらない。そして、絶えず「今のままではだめだ」とわたしたちを急き立てる。だから、知ってほしい。そのプレッシャーが、〝いかなる代償を払っても成長すべき〟経済から生じていることを。そして政治を変え、このプレッシャーから解放されるための政策を実現するために立ちあがってほしい。

読者よ、わたしたちは今のままで十分だ。あなたが誰であろうと。ウェリングボローのハインド・ホテルで働く孤独な夜勤のポーターも、くたくたに疲れた水力発電所のエンジニアも、金の心配をしながらトイレの床の汚物をこすり落としている清掃員も、高リスクの金融商品を売ることに疲弊した銀行員も。わたしたちの傷つきやすい身体のなかには、みな同じ骨や肉があり、同じ血が流れている。すべての人が同じ人間だということを受け入れられれば、そして完璧な人などおらず、誰も完璧になれるはずがないとわかれば、望んだり、欲しがったり、あこがれたり、自分を常に更新したり、改善したりすることが、その場かぎりの無意味なふるまいだと気づくだろう。そして、人間の不完全さのなかに目をみはるほど生き生きとした精神があり、そこから活力がとめどなくあふれ出ていることも知るだろう。そこからわたしたちを遠ざけているものが、あらゆる場に欠乏を生みだす文化であることも。それでも、その精神と活力は確かにある。わたしたちのなかに。それらを使うことが許されるならいつでも手が届くところに。

あなたには美しく不完全な自分と、美しく不完全なこの地球を愛し、そのなかで満たされた心とともに生きる権利がある。そのために闘おう。

謝辞

本書は、あやうく日の目を見ずに終わるところだった。月単位でたびたび作業を先送りしたり、あれやこれやと言葉を変えてみたり、構成を組み直したり、読点を足したり削ったり、出だしのフレーズを変えてからまた戻したり、そうこうするうちに2年以上も締切りを過ぎてしまった。そんなわたしの煮えきらなさがにじみ出ている乱文を、エージェントのクリス・ウェルヴィラブトは見事なまでに整えてくれた。わたしが慌てふためいて送りつけた数えきれないほどの「まだできてないんだ！」というメッセージやEメールにも真摯《しんし》に対応してくれた。おそらく彼は教訓を得たことだろう――完璧主義者に完璧主義の本を書かせるなんて馬鹿なことはするもんじゃない、と。

この企画をわたしが思いつくよりずっと前から検討し、途中で投げださずに最後まで力を尽くしてくれたクリスに心からお礼を申し上げる。

我慢強い編集者たち――『コーナーストーン・プレス』社のヘレン・コンフォードと『スクリ

ブナー』社のリック・ホーガンにも、ありがとうと伝えたい。ずいぶんと時間はかかったものの、わたしたちは目的地にたどり着いた。あなたがたの助言（忍耐はいうまでもなく）のおかげで文章が抜群に読みやすくなった。編集においては、ほかにも世話になった人たちがいる。ヘイゼル・アドキンズ、エミリー・へリング、ロブ、イザベル、カティア、ヴァネッサ、そしてオリビアは、丁寧に原稿を読み込んで、思いやりのあるコメントをくれた。

博士課程の指導教官で、親しい友でもあるアンドリュー・ヒルの指導なくして、本書は存在しえなかっただろう。完璧主義について理解を深めるにあたり、支援と協力を惜しまなかった彼には深く感謝している。また、もうひとりの指導教官、ハワード・ホールの名もぜひ挙げさせてほしい。最初にわたしに期待をかけて一人前の研究者に育ててくれた恩は決して忘れないだろう。

研究者という職業にたずさわるなかで、わたしを大いに啓発してくれる博士課程の学生や教員、サポートスタッフの名前を順不同で挙げさせてほしい。サンドラ・ジョフチェロヴィッチ、クリス・ハント、ギャリス・ジョウェット、サラ・マリンソン゠ハワード、ポール・アップルトン、マリアンヌ・イザーソン、ダニエル・マディガン、アンドリュー・パーカー、ムスタファ・サルカール、レイチェル・アーノルド、ポール・ドーラン、ブラッドリー・フランクス、サナ・ノルディン・ベイツ、リアム・ディレイニー、キャサリン・サビストン、マイク・マッケナ、マーティン・ジョーンズ、マーク・ビーチャム、チャンパ・ハイドブリンク、ニコス・ドウマニス、アンソニー・ペイン、ショーン・カミング、マイケル・バトソン、ジョーン・デューダ、マイケル・ムトゥクリシュナ、ミリアム・トレッシュ、パトリック・ゴドロー、アニーカ・ペトレルラ、クリス・ニミック、リチャード・ライアン、マリア・カブシャヌ、ロバート・ヴァレラン、ニコラス・レマイヤ、ジェニファー・シーヒー＝スケッフィントン、イエンス・マドセン、アレックス・ガレスピー。

本書の主役ともいうべきポール・ヒューイットとゴードン・フレットには本当に感謝している。ふたりは貴重な時間を割いてわたしに完璧主義を語り、ほかの誰もあたえられない英知を分けあたえてくれた。また、常にわたしを応援してくれた（4Wカフェのコーヒーが大のお気に入りの）マーティン・スタンデイジにも、ありがとうと伝えたい。そして、フレッド・バッソにもお礼を申し上げる。彼は哲学を半分しか理解していないわたしがまくし立てる言葉にもきちんと耳を傾け、本書の草稿に目を通し、経済と哲学の講義のあと、LSEの近くのパブで放課後の議論も交わしてくれた。

リアム、ステュアート、ピーターの友情を心からありがたく思う。

最後になるが、家族にはとりわけ感謝している。みんなの揺るぎない支えと助言、愛（と本書の大部分を執筆した仕事部屋）はこれまで、そして今もこの上ない癒しであり、本書に、そしてわたし自身に言葉では言い表せない力をあたえてくれた。ほうぼうを転々とする多忙きわまる生活のなかで、あなたたちだけが唯一変わらない存在だ。みんなを心から愛している。

完璧主義《かんぺきしゅぎ》の罠《わな》　資本主義経済《しほんしゅぎけいざい》が招《まね》いた新《あら》たな災厄《さいやく》

2024年11月30日　初版1刷発行

著者 ———— トーマス・クラン
訳者 ———— 御船由美子《みふねゆみこ》
翻訳協力 ———— 株式会社リベル
装丁 ———— 秦浩司
本文デザイン ———— キンダイ
組版 ———— 萩原印刷
印刷所 ———— 萩原印刷
製本所 ———— 国宝社
発行者 ———— 三宅貴久
発行所 ———— 株式会社光文社
〒112-8011　東京都文京区音羽1-16-6
電話 ———— 編集部 03-5395-8289
書籍販売部 03-5395-8116
制作部 03-5395-8125

落丁本・乱丁本は制作部へご連絡くだされば、お取替えいたします。

Printed in Japan ISBN978-4-334-10477-1

原注

第１章　わたしたちのお気に入りの欠点

【1】Gino, F. (2015). The Right Way to Brag About Yourself. *Harvard Business Review*. Available online: https://hbr.org/2015/05/the-right-way-to-brag-about-yourself

【2】Pacht, A. R. (1984). Reflections on perfection. *American Psychologist, 39* (4), 386–390.

【3】Horney, K. (1937). *The Neurotic Personality of Our Time*. New York, NY: W. W. Norton & Company（『ホーナイ全集第２巻　現代の神経症的人格』我妻洋訳、誠信書房、1973 年）

【4】Cohen, J. (2021). The Perfectionism Trap. *The Economist*. Available online: https://www.economist.com/1843/2021/08/10/the-perfectionism-trap

第２章　そのままで十分だと言ってくれ

【1】Sullivan, H. S. (1953). *The Interpersonal Theory of Psychiatry*. New York, NY: Norton.（ハリー・スタック・サリヴァン著『精神医学は対人関係論である【新装版】』中井久夫／宮﨑隆吉／高木敬三／鑪幹八郎訳、みすず書房、2022 年）

【2】American Psychiatric Association. (2013). *Diagnostic and Statistical Manual of Mental Disorders* (5th ed.). Arlington, VA: American Psychiatric Association.（『DSM-5-TR 精神疾患の診断・統計マニュアル』髙橋三郎／大野裕監訳、染矢俊幸／神庭重信／尾崎紀夫／三村將／村井俊哉／中尾智博訳、医学書院、2023 年）

【3】Hewitt, P. L. & Flett, G. L. (1991). Perfectionism in the self and social contexts: conceptualization, assessment, and association with psychopathology. *Journal of Personality and Social Psychology, 60* (3), 456–70.

【4】McRae, D. (2008). I'm striving for something I'll never achieve – I'm a mess. *The Guardian*. Available online: https://www.theguardian.com/sport/2008/oct/28/victoriapendleton-cycling

【5】Dinh, J. (2011). Demi Lovato Tells Teens That 'Love Is Louder' Than Pressure. MTV. Available online: https://www.mtv.com/news/46d7mo/demi-lovato-love-is-louder

【6】Isaacson, W. (2011). *Steve Jobs*. New York, NY: Simon & Schuster.（ウォ

ルター・アイザックソン著『スティーブ・ジョブズⅠ・Ⅱ』井口耕二訳、講談社、2011年)

【7】Greenfield, R. (2011). The Crazy Perfectionism That Drove Steve Jobs. *The Atlantic*. Available online: https://www.theatlantic.com/technology/archive/2011/11/crazy-perfectionism-drove-steve-jobs/335842/

【8】Gladwell, M. (2011). The Tweaker: The real genius of Steve Jobs. *New Yorker*. Available online: https://www.newyorker.com/magazine/2011/11/14/the-tweaker

【9】Tate, R. (2011). What Everyone Is Too Polite to Say About Steve Jobs. *Gawker*. Available online: https://www.gawkerarchives.com/5847344/what-everyone-is-too-polite-to-say-about-steve-jobs

【10】これは、ポールとゴードンの多次元完全主義尺度の簡略版として作成した非公式の質問紙だ。彼らの尺度は厳しく検証されているが、ここに挙げている質問項目は科学的に検証したものではなく、あくまでも具体例として示したにすぎない。

第3章　わたしたちを殺さない試練

【1】Woolf, V. (1979). *The Diary of Virginia Woolf, Volume One: 1915–1919*. Boston, MA: Mariner Books.

【2】Hewitt, P. L., Flett, G. L. & Mikail, S. F. (2017). *Perfectionism: A Relational Approach to Conceptualization, Assessment, and Treatment*. New York, NY: Guilford Publications.

【3】Limburg, K., Watson, H. J., Hagger, M. S. & Egan, S. J. (2017). The relationship between perfectionism and psychopathology: A meta-analysis. *Journal of Clinical Psychology, 73* (10), 1301–1326.

【4】Smith,M.M.,Sherry,S.B.,Chen,S.,Saklofske,D.H.,Mushquash, C., Flett, G. L. & Hewitt, P. L. (2018). The perniciousness of perfectionism: A meta-analytic review of the perfectionism–suicide relationship. *Journal of Personality, 86* (3), 522–542.

【5】Smith, M. M., Sherry, S. B., Rnic, K., Saklofske, D. H., Enns, M. & Gralnick, T. (2016). Are perfectionism dimensions vulnerability factors for depressive symptoms after controlling for neuroticism? A meta-analysis of 10 longitudinal studies. *European Journal of Personality, 30* (2), 201–212.

【6】Hewitt, P. L. & Flett, G. L. (1991). Perfectionism in the self and social

contexts: conceptualization, assessment, and association with psychopathology. *Journal of Personality and Social Psychology, 60* (3), 456–470.

【7】 Hill, R. W., Zrull, M. C. & Turlington, S. (1997). Perfectionism and interpersonal problems. *Journal of Personality Assessment, 69* (1), 81–103.

【8】 Hill, R. W., McIntire, K. & Bacharach, V. R. (1997). Perfectionism and the big five factors. *Journal of Social Behavior & Personality, 12* (1), 257–270.

【9】 Nealis, L. J., Sherry, S. B., Lee-Baggley, D. L., Stewart, S. H. & Macneil, M. A. (2016). Revitalizing narcissistic perfectionism: Evidence of the reliability and the validity of an emerging construct. *Journal of Psychopathology and Behavioral Assessment, 38* (3), 493–504.

【10】 Habke, A. M., Hewitt, P. L. & Flett, G. L. (1999). Perfectionism and sexual satisfaction in intimate relationships. *Journal of Psychopathology and Behavioral Assessment, 21* (4), 307–322.

【11】 Haring, M., Hewitt, P. L. & Flett, G. L. (2003). Perfectionism, coping, and quality of intimate relationships. *Journal of Marriage and Family, 65* (1), 143–158.

【12】 Flett, G. L., Hewitt, P. L., Nepon, T., Sherry, S. B. & Smith, M. (2022). The destructiveness and public health significance of socially prescribed perfectionism: A review, analysis, and conceptual extension. *Clinical Psychology Review, 93,* 102130.

【13】 Smith, M. M., Sherry, S. B., Chen, S., Saklofske, D. H., Mushquash, C., Flett, G. L. & Hewitt, P. L. (2018). The perniciousness of perfectionism: A meta-analytic review of the perfectionism–suicide relationship. *Journal of Personality, 86* (3), 522–542.

【14】 Sutton, J. (2021). Even the bleakest moments are not permanent. *The Psychologist.* Available online: https://www.bps.org.uk/psychologist/even-bleakest-moments-are-not-permanent

【15】 Hill, A. P. (2021). Perfectionistic tipping points: Re-probing interactive effects of perfectionism. *Sport, Exercise, and Performance Psychology, 10* (2), 177–190.

【16】 Curran, T. & Hill, A. P. (2018). A test of perfectionistic vulnerability following competitive failure among college athletes. *Journal of Sport and Exercise Psychology, 40* (5), 269–279.

【17】 Sturman, E. D., Flett, G. L., Hewitt, P. L. & Rudolph, S. G. (2009).

Dimensions of perfectionism and self-worth contingencies in depression. *Journal of Rational-Emotive & Cognitive-Behavior Therapy, 27* (4), 213–231.
【18】Dang, S. S., Quesnel, D. A., Hewitt, P. L., Flett, G. L. & Deng, X. (2020). Perfectionistic traits and self-presentation are associated with negative attitudes and concerns about seeking professional psychological help. *Clinical Psychology & Psycho therapy, 27* (5), 621–629.

第４章　わたしはやり遂げられないことをはじめた

【1】Burns, D. D. (2008). *Feeling Good: The New Mood Therapy.* New York, NY: Harper Collins. (デビッド・D・バーンズ著『いやな気分よ、さようなら　コンパクト版　自分で学ぶ「抑うつ」克服法』野村総一郎、夏苅郁子、山岡功一、小池梨花訳、星和書店、2013 年)
【2】Hamachek, D. E. (1978). Psychodynamics of normal and neurotic perfectionism. *Psychology: A Journal of Human Behaviour, 15* (1), 27–33.
【3】Greenspon, T. S. (2000). 'Healthy perfectionism' is an oxymoron!: Reflections on the psychology of perfectionism and the sociology of science. *Journal of Secondary Gifted Education, 11* (4), 197–208.
【4】Pacht, A. R. (1984). Reflections on perfection. *American Psychologist, 39* (4), 386–390.
【5】Stoeber, J., Haskew, A. E. & Scott, C. (2015). Perfectionism and exam performance: The mediating effect of task-approach goals. *Personality and Individual Differences, 74,* 171–176.
【6】Stoeber, J., Chesterman, D. & Tarn, T. A. (2010). Perfectionism and task performance: Time on task mediates the perfectionistic strivings–performance relationship. *Personality and Individual Differences, 48* (4), 458–462.
【7】Harari, D., Swider, B. W., Steed, L. B. & Breidenthal, A. P. (2018). Is perfect good? A meta-analysis of perfectionism in the workplace. *Journal of Applied Psychology, 103* (10), 1121–1144.
【8】Ogurlu, U. (2020). Are gifted students perfectionistic? A meta-analysis. *Journal for the Education of the Gifted, 43* (3), 227–251.
【9】Madigan, D. J. (2019). A meta-analysis of perfectionism and academic achievement. *Educational Psychology Review, 31* (4), 967–989.
【10】Harari, D., Swider, B. W., Steed, L. B. & Breidenthal, A. P. (2018). Is perfect good? A meta-analysis of perfectionism in the workplace. *Journal of*

Applied Psychology, 103 (10), 1121–1144.

【11】Adapted from: Gaudreau, P. (2019). On the distinction between personal standards perfectionism and excellencism: A theory elaboration and research agenda. *Perspectives on Psychological Science, 14* (2), 197–215.

【12】Hill, A. P. & Curran, T. (2016). Multidimensional perfectionism and burnout: A meta-analysis. *Personality and Social Psychology Review, 20* (3), 269–288.

【13】Gaudreau, P., Schellenberg, B. J., Gareau, A., Kljajic, K. & Manoni-Millar, S. (2022). Because excellencism is more than good enough: On the need to distinguish the pursuit of excellence from the pursuit of perfection. *Journal of Personality and Social Psychology, 122* (6), 1117–1145.

【14】Gaudreau, P., Schellenberg, B. J., Gareau, A., Kljajic, K. & Manoni-Millar, S. (2022). 同上

【15】わたしたちは実験が終わると、この「失敗」は実験のための嘘だったことを被験者に明かす。たいていはそこで、ののしり言葉が返ってくる。

【16】Curran, T. & Hill, A. P. (2018). A test of perfectionistic vulnerability following competitive failure among college athletes. *Journal of Sport and Exercise Psychology, 40* (5), 269–279.

【17】Hill, A. P., Hall, H. K., Duda, J. L. & Appleton, P. R. (2011). The cognitive, affective and behavioural responses of self-oriented perfectionists following successive failure on a muscular endurance task. *International Journal of Sport and Exercise Psychology, 9* (2), 189–207.

【18】Sirois, F. M., Molnar, D. S. & Hirsch, J. K. (2017). A meta-analytic and conceptual update on the associations between procrastination and multidimensional perfectionism. *European Journal of Personality, 31* (2), 137–159.

【19】Hewitt, P. L., Flett, G. L. & Mikail, S. F. (2017). *Perfectionism: A Relational Approach to Conceptualization, Assessment, and Treatment.* New York, NY: Guilford Publications.

第５章　隠れたエピデミック

【1】Flett, G. L., & Hewitt, P. L. (2020). The perfectionism pandemic meets COVID-19: Understanding the stress, distress and problems in living for perfectionists during the global health crisis. *Journal of Concurrent Disorders, 2*

(1), 80–105.
【2】 Georgiev, D. (2023). How Much Time Do People Spend on Social Media? *Review 42.* Available online: https://review42.com/resources/how-much-time-do-people-spend-on-social-media/
【3】 Flannery, M. E. (2018). The Epidemic of Anxiety Among Today's Students. *NEA News.* Available online: https://www.nea.org/advocating-for-change/new-from-nea/epidemic-anxiety-among-todays-students
【4】 The Association of Child Psychotherapists. (2018). *Silent Catastrophe: Responding to the Danger Signs of Children and Young People's Mental Health Services in Trouble.* Available online: https://childpsychotherapy.org.uk/sites/default/files/documents/ACP%20SILENT%20CATASTROPHE%20REPORT_0.pdf
【5】 Royal College of Psychiatrists. (2021). *Country in the grip of a mental health crisis with children worst affected, new analysis finds.* Available online: https://www.rcpsych.ac.uk/news-and-features/latest-news/detail/2021/04/08/country-in-the-grip-of-a-mental-health-crisis-with-children-worst-affected-new-analysis-finds
【6】 Survey reported in Flett, G.L. & Hewitt, P.L. (2022). *Perfectionism in childhood and adolescence: A developmental approach.* Washington: American Psychological Association.
【7】 Girlguiding U K . (2016). *Girls' Attitudes Survey.* Available online: https://www.girlguiding.org.uk/globalassets/docs-and-resources/research-and-campaigns/girls-attitudes-survey-2016.pdf
【8】 Flett, G. L. & Hewitt, P. L. (2022). *Perfectionism in childhood and adolescence: A developmental approach.* Washington: American Psychological Association.
【9】 Curran, T. & Hill, A. P. (2019). Perfectionism is increasing over time: A meta-analysis of birth cohort differences from 1989 to 2016. *Psychological Bulletin, 145* (4), 410–429.
【10】 Smith, M. M., Sherry, S. B., Vidovic, V., Saklofske, D. H., Stoeber, J. & Benoit, A. (2019). Perfectionism and the five-factor model of personality: A meta-analytic review. *Personality and Social Psychology Review, 23* (4), 367–390.
【11】 Haidt, J. & Twenge, J. (2021). *Adolescent mood disorders since 2010: A*

collaborative review. Unpublished manuscript, New York University.
【12】このほかの完璧主義の学説に興味のある読者は、ヨアヒム・ストーバーの名著『The Psychology of Perfectionism（仮題：完璧主義の心理学）』［London: Routledge、2017 年、未邦訳］が参考になるだろう。

第 6 章　完璧主義が強い人と弱い人

【1】Mead, M. (1939). *From the South Seas.* New York, NY: Morrow.
【2】Plomin, R. (2018). *Blueprint: How DNA Makes Us Who We Are.* Cambridge, MA: MIT Press.
【3】Iranzo-Tatay, C., Gimeno-Clemente, N., Barberá-Fons, M., Rodriguez-Campayo, M. Á., Rojo-Bofill, L., Livianos-Aldana, L., . . . & Rojo-Moreno, L. (2015). Genetic and environmental contributions to perfectionism and its common factors. *Psychiatry Research, 230* (3), 932–939.
【4】Quote in: Seelye, K. Q. (2019). Judith Rich Harris, 80, Dies; Author Played Down the Role of Parents. *New York Times.* Available online: https://www.nytimes.com/2019/01/01/obituaries/judith-rich-harris-dies.html
【5】Harris, J. R. (1998). *The Nurture Assumption: Why Children Turn Out the Way They Do.* New York, NY: Simon & Schuster.（ジュディス・リッチ・ハリス著『子育ての大誤解　重要なのは親じゃない　上・下』石田理恵訳、早川書房、2017 年）
【6】Harris, J. R. (1995). Where is the child's environment? A group socialization theory of development. *Psychological Review, 102* (3), 458–489.
【7】Harris, J. R. (1998). *The Nurture Assumption: Why Children Turn Out the Way They Do.* New York, NY: Simon and Schuster.（ジュディス・リッチ・ハリス著『子育ての大誤解　重要なのは親じゃない　上・下』前掲書）
【8】これはきわめて重要なことなので強調しておきたい。幼少期のトラウマは完璧主義に深く影響する。実際に症例報告や無数の臨床研究をとおして、完璧主義が虐待への対処メカニズムであることが立証されている。わたしは臨床心理学者ではないため、こうした問題を専門的に語ることはできない。また、率直にいって、それを試みるべきでもない。本書では完璧主義を文化的現象、つまり、あらゆる人を苦しめる集団的な問題として光を投じている。幼少期のトラウマと完璧主義との関係に興味のある読者には『がんばっていても不安なあなたへ　完璧主義からの解放』［アン・W・スミス著、和歌山友子訳、ヘルスワーク協会、2000 年］と『*Perfectionism: A Relational Approach to*

conceptualization, Assessment, and Treatment（仮題：完璧主義　概念化・評価・治療のための関係アプローチ』［ポール・L・ヒューイット、ゴードン・L・フレット、サミュエル・F・ミカイル著、2017年、未邦訳］をお勧めしたい。
【9】Paris, B. J. (1996). Karen Horney: *A Psychoanalyst's Search for Self-Understanding.* New Haven, CT: Yale University Press.
【10】Paris, B. J. (1996). 同上
【11】Horney, K. (1937). *The Neurotic Personality of Our Time.* New York, NY: W. W. Norton & Company. (『ホーナイ全集第2巻　現代の神経症的人格』前掲書)
【12】Horney, K. (1937). 同上
【13】Horney, K. (1937). 同上
【14】Horney, K. (1950). *Neurosis and Human Growth.* New York, NY: W. W. Norton & Company. (『ホーナイ全集第6巻　神経症と人間の成長』榎本讓／丹治竜郎訳、誠信書房、1998年)
【15】Horney, K. (1975). *The Therapeutic Process: Essays and Lectures.* New Haven, CT: Yale University Press.
【16】Kaufman, S. B. (2020).Finding Inner Harmony: The Underappreciated Legacy of Karen Horney. *Scientific American.* Available online: https://blogs.scientificamerican.com/beautiful-minds/finding-inner-harmony-the-underappreciated-legacy-of-karen-horney/

第7章　わたしが持っていないもの

【1】Adorno, T. W. (1974). *Minima Moralia.* London, UK: Verso. (Th.W.アドルノ著『ミニマ・モラリア［新装版］』三光長治訳、法政大学出版局、2009年)
【2】US Census Data. In Oberlo. (2022). *US Retail Sales* (2013 to 2024). Available online: https://www.oberlo.ca/statistics/us-retail-sales
【3】eMarketer. (2022). Total Retail Sales Worldwide (2021to2027). *Oberlo.* Available online: https://www.oberlo.ca/statistics/total-retail-sales
【4】Fischer, S. (2021). Ad industry growing at record pace. *Axios Media Trends.* Available online: https://www.axios.com/2021/12/07/advertising-industry-revenue
【5】Jacobson, M. F. & Mazur, L. A. (1995). *Marketing Madness: A Survival*

Guide for a Consumer Society. New York, NY: Routledge.
【6】わたしたちイギリス人は「強い経済なくして強い国民保険サービスはない」と言われつづけている。
【7】Morgan, T. (2013). *Life After Growth.* Petersfield: Harriman House.
【8】完全な崩壊を招かない経済システムを構築する手段としては支離滅裂だと思うだろうが、これは借金を推進して永遠に成長を続けるという合意の大まじめな論理なのだ。
【9】Roper-Starch Organization. (1979). *Roper Reports 79–1.* The Roper Center, University of Connecticut, Storrs.
【10】Roper-Starch Organization. (1995). *Roper Reports 95–1.* The Roper Center, University of Connecticut, Storrs.
【11】Pew Research Center. (2007). *A Portrait of Generation Next: how young people view their lives, futures and politics.* Retrieved from https://www.pewresearch.org/politics/2007/01/09/a-portrait-of-generation-next/
【12】Easterlin, Richard A. (1974). Does Economic Growth Improve the Human Lot? Some Empirical Evidence. In *Nations and Households in Economic Growth,* edited by David, P. A. & Melvin, W. R. 89–125. Palo Alto: Stanford University Press.
【13】Myers, D. G. (2000). The Funds, Friends, and Faith of Happy People. *American Psychologist, 55* (1), 56–67.
【14】Kahneman, D. & Deaton, A. (2010). High income improves evaluation of life but not emotional well-being. *Proceedings of the National Academy of Sciences of the USA.* 107 (38), 16489–16493. 年収を10万ドルとしているのは、カーネマンが提唱した幸福度が頭打ちになる年収額7万5000ドルを現在の価値に換算したためだ。
【15】Phillips, A. (2011). *On Balance.* London: Picador.
【16】Brown, B. (2012). *Daring Greatly: How the Courage to Be Vulnerable Transforms the Way We Live, Love, Parent, and Lead.* New York, NY: Penguin.（ブレネー・ブラウン著『本当の勇気は「弱さ」を認めること』門脇陽子訳、サンマーク出版、2013年）
【17】Germer, C. K. & Neff, K. D. (2013). Self-compassion in clinical practice. *Journal of Clinical Psychology, 69* (8), 856–867.
【18】Kernis, M. H. (2000). Substitute needs and the distinction between fragile and secure high self-esteem. *Psychological Inquiry, 11* (4), 298–300.

【19】Neff, K. D. (2023). Self-Compassion: Theory, Method, Research, and Intervention. *Annual Review of Psychology,* 74, 193–218.
【20】MacBeth, A. & Gumley, A. (2012). Exploring compassion: A meta-analysis of the association between self-compassion and psychopathology. *Clinical Psychology Review, 32* (6), 545–552.
【21】Albertson, E. R., Neff, K. D. & Dill-Shackleford, K. E. (2015). Self-compassion and body dissatisfaction in women: A randomized controlled trial of a brief meditation intervention. *Mindfulness, 6* (3), 444–454.

第８章　彼女が投稿したもの

【1】これは、2021年12月に上院委員会が開催した「プロテクティング・キッズ・オンライン」というタイトルの公聴会で、インスタグラムの責任者アダム・モッセーリが証言した内容の一部を引用したものだ。証言は次のウェブページの動画で視聴できる。https://www.commerce.senate.gov/2021/12/protecting-kids-online-instagram-and-reforms-for-young-users
【2】Statista. (2022). *Meta: annual revenue and net income 2007–2023.* Available online: https://www.statista.com/statistics/277229/facebooks-annual-revenue-and-net-income
【3】Statista. (2022). *Meta: monthly active product family users 2023.* Available online: https://www.statista.com/statistics/947869/facebook-product-mau
【4】Wells, G., Horwitz, J. & Seetharaman, D. (2021). Facebook Knows Instagram Is Toxic for Teen Girls, Company Documents Show. *The Wall Street Journal.* Available online: https://www.wsj.com/articles/facebook-knows-instagram-is-toxic-for-teen-girls-company-documents-show-11631620739
【5】Wells, G., Horwitz, J. & Seetharaman, D. (2021). 同上
【6】Wells, G., Horwitz, J. & Seetharaman, D. (2021). 同上
【7】Wells, G., Horwitz, J. & Seetharaman, D. (2021). 同上
【8】Twenge, J. M., Haidt, J., Lozano, J. & Cummins, K. M. (2022). Specification curve analysis shows that social media use is linked to poor mental health, especially among girls. *Acta Psychologica, 224* (4), 103512.
【9】Freitas, D. (2017). *The Happiness Effect: How social media is driving a generation to appear perfect at any cost.* Oxford: Oxford University Press.
【10】Etherson, M. E., Curran, T., Smith, M. M., Sherry, S. B. & Hill, A. P. (2022). Perfectionism as a vulnerability following appearance-focussed social

comparison: A multi-wave study with female adolescents. *Personality and Individual Differences, 186,* 111355.

【11】Twenge, J. M. (2017). Have smartphones destroyed a generation? *The Atlantic*. Available online: https://www.theatlantic.com/magazine/archive/2017/09/has-the-smartphone-destroyed-a-generation/534198/

【12】Salinas, S. (2018). Sheryl Sandberg delivered a passionate, defiant defense of Facebook's business. *CNBC*. Available online: https://www.cnbc.com/2018/04/26/facebooks-sheryl-sandbergs-brilliant-defense-of-the-ad-business.html

【13】Statista Research Department. (2022). *Global Facebook advertising revenue 2017–2027*. Available online: https://www.statista.com/statistics/544001/facebooks-advertising-revenue-worldwide-usa/

【14】Davidson, D. (2017). Facebook targets 'insecure' young people. *The Australian*. Available online: https://www.theaustralian.com.au/business/media/facebook-targets-insecure-young-people-to-sell-ads/news-story/a89949ad016eee7d7a61c3c-30c909fa6

【15】Levin, S. (2017). Facebook told advertisers it can identify teens feeling 'insecure' and 'worthless'. *The Guardian*. Available online: https://www.theguardian.com/technology/2017/may/01/facebook-advertising-data-insecure-teens

【16】Fairplay for Kids. (2021). *How Facebook still targets surveillance ads to teens*. Available online: https://fairplayforkids.org/wp-content/uploads/2021/11/fbsurveillancereport.pdf

【17】Fairplay for Kids. (2021). *Open Letter to Mark Zuckerberg*. Available online: https://fairplayforkids.org/wp-content/uploads/2021/11/fbsurveillanceletter.pdf

【18】Sung, M. (2021). On TikTok, mental health creators are confused for therapists. That's a serious problem. *Mashable*. Available online: https://mashable.com/article/tiktok-mental-health-therapist-psychology

【19】Wells, G., Horwitz, J. & Seetharaman, D. (2021). Facebook Knows Instagram Is Toxic for Teen Girls, Company Documents Show. *The Wall Street Journal*. Available online: https://www.wsj.com/articles/facebook-knows-instagram-is-toxic-for-teen-girls-company-documents-show-11631620739

【20】Brailovskaia, J., Delveaux, J., John, J., Wicker, V., Noveski, A., Kim, S., . .

. & Margraf, J. (2023). Finding the “sweet spot” of smartphone use: Reduction or abstinence to increase well-being and healthy lifestyle?! An experimental intervention study. *Journal of Experimental Psychology: Applied, 29* (1). Advance online publication. Available online: https://doi.org/10.1037/xap0000430

【21】Heller, A. S., Shi, T. C., Ezie, C. E. C., Reneau, T. R., Baez, L. M., Gibbons, C. J., & Hartley, C. A. (2020). Association between real-world experiential diversity and positive affect relates to hippocampal–striatal functional connectivity. *Nature Neuroscience, 23* (7), 800–804.

【22】Wier, K. (2020). Nurtured by nature, *Monitor on Psychology*, 51, 50.

【23】O’Neill, E. (2015). ‘Why I Really Am Quitting Social Media’. YouTube. Video online: https://www.youtube.com/watch?v=gmAbwTQvWX8&t=579s

【24】Flett, G. L. & Hewitt, P. L. (2022). *Perfectionism in childhood and adolescence*. Washington: American Psychological Association.

【25】Min, S. (2019). 86% of young Americans want to become a social media influencer. *CBS News*. Available online: https://www.cbsnews.com/news/social-media-influencers-86-of-young-americans-want-to-become-one

第９章　あなたは、まだそこに達していない

【1】Sandel, M. J. (2020). *The Tyranny of Merit*. London, UK: Allen Lane.（マイケル・サンデル著『実力も運のうち　能力主義は正義か？』鬼澤忍訳、早川書房、2021 年）

【2】Burns, J. & Campbell, A. (2017). Social mobility: The worst places to grow up poor. *BBC News*. Available online: https://www.bbc.co.uk/news/education-42112436

【3】The White House. (2013). *Remarks by the President on Investing in America’s Future*. Office of the Press Secretary: Speeches and Remarks. Available online: https://obamawhitehouse.archives.gov/the-press-office/2013/10/25/remarks-president-investing-americas-future

【4】Markovits, D. (2019). How Life Became an Endless, Terrible Competition. *The Atlantic*. Available online: https://www.theatlantic.com/magazine/archive/2019/09/meritocracys-miserable-winners/594760/

【5】Markovits, D. (2019). 同上

【6】Semuels, A. (2016). Poor at 20, Poor for Life. *The Atlantic*. Available

online: https://www.theatlantic.com/business/archive/2016/07/social-mobility-america/491240/
【7】Desilver, D. (2018). For most U. S. workers, real wages have barely budged in decades. *Pew Research Centre*. Available online: https://www.pewresearch.org/fact-tank/2018/08/07/for-most-us-workers-real-wages-have-barely-budged-for-decades/
【8】De Botton, A. (2005). *Status Anxiety*. London, UK: Vintage Books.（アラン・ド・ボトン著『もうひとつの愛を哲学する　ステイタスの不安』安引宏訳、集英社、2005 年）
【9】Jacobs, D. (2015). *Extreme Wealth is Not Merited*. Oxfam Discussion Papers. Available online: https://www-cdn.oxfam.org/s3fs-public/file_attachments/dp-extreme-wealth-is-not-merited-241115-en.pdf
【10】Geisz, M. B. & Nakashian, M. (2018). *Adolescent Wellness: Current Perspectives and Future Opportunities in Research, Policy, and Practice*. Robert Wood Johnson Foundation. Available online: https://www.rwjf.org/en/library/research/2018/06/inspiring-and-powering-the-future--a-new-view-of-adolescence.html
【11】Resmovits,J. (2015).Your kids take 112 tests between pre-K and high school. *Los Angeles Times*. Available online: https://latimes.com/local/education/standardized-testing/la-me-edu-how-much-standardized-testing-report-obama-20151023-story.html
【12】Hausknecht-Brown, J., Dunlap, N., Leira, M., Gee, K. & Carlon, A. (2020). Grades, friends, competition: They stress our high schoolers more than you might think. *Des Moines Register*. Available online: https://www.desmoinesregister.com/story/news/2020/04/20/sources-of-high-school-stress-iowa-how-to-help-grades-social-fitting-in/5165605002/
【13】Anderson, J. (2011). At Elite Schools, Easing Up a Bit on Homework. *The New York Times*. Available online: https://www.nytimes.com/2011/10/24/education/24homework.html
【14】Top Tier Admissions. & Termont, C. (2020–2024). Admission Statistics for the Class of 2024. Available online: https://toptieradmissions.com/counseling/college/2024-ivy-league-admissions-statistics/
【15】Wallace, J. (2019). Students in high-achieving schools are now named an 'at-risk' group, study says. *The Washington Post*. Available online: https://www.

washingtonpost.com/lifestyle/2019/09/26/students-high-achieving-schools-are-now-named-an-at-risk-group/
【16】 Luthar, S. S., Kumar, N. L. & Zillmer, N. (2020). High-achieving schools connote risks for adolescents: Problems documented, processes implicated, and directions for interventions. *American Psychologist, 75* (7), 983–995.
【17】 Markovits, D. (2019). *The Meritocracy Trap.* New York: Penguin Press
【18】 Flett, G. L. & Hewitt, P. L. (2022). *Perfectionism in childhood and adolescence.* Washington: American Psychological Association.
【19】 Vaillancourt, T. & Haltigan, J. D. (2018). Joint trajectories of depression and perfectionism across adolescence and childhood risk factors. *Development and Psychopathology, 30* (2), 461–477.
【20】 Sandel, M. J. (2020). *The Tyranny of Merit.* London, UK: Allen Lane.（マイケル・サンデル著『実力も運のうち　能力主義は正義か？』前掲書）
【21】 Rimer, S. (2003). Social Expectations Pressuring Women at Duke, Study Finds. *The New York Times.* Available online: https://www.nytimes.com/2003/09/24/nyregion/social-expectations-pressuring-women-at-duke-study-finds.html
【22】 Wilgoren, J. (2000). More Than Ever, First-Year Students Feeling the Stress of College. *The New York Times.* Available online: https://www.nytimes.com/2000/01/24/us/more-than-ever-first-year-students-feeling-the-stress-of-college.html
【23】 Schwartz, K. (2017). Anxiety Is Taking A Toll On Teens, Their Families And Schools. *KQED.* Available online: https://www.kqed.org/mindshift/49454/anxiety-is-taking-a-toll-on-teens-their-families-and-schools
【24】 Mental Health Foundation. (2018). Stressed nation: 74% of UK 'overwhelmed or unable to cope' at some point in the past year. Available online: https://www.mentalhealth.org.uk/about-us/news/stressed-nation-74-uk-overwhelmed-or-unable-cope-some-point-past-year
【25】 Adams, R. (2022). Thousands of students drop out of university as pandemic takes its toll. *The Guardian.* Available online: https://www.theguardian.com/education/2022/mar/17/thousands-of-students-drop-out-of-university-as-pandemic-takes-its-toll
【26】 Schleicher, A. (2018). PISA 2018: Insights and Interpretations. *OECD.* Available online: https://www.oecd.org/pisa/PISA%202018%20Insights%20

and%20Interpretations%20FINAL%20PDF.pdf

【27】Clark, K. (2022). D. C. schools should step up amid a perfect storm of mental health challenges. *The Washington Post.* Available online: https://www.washingtonpost.com/opinions/2022/02/18/dc-schools-should-step-up-amid-perfect-storm-mental-health-challenges

【28】Goodman, C. K., & Moolten, S. (2022). 'The perfect storm': Worries mount that Florida's colleges face a mental health crisis like no other. *South Florida Sun Sentinel.*

【29】Kacmanovic, J. (2022). Why tween girls especially are struggling so much. *The Washington Post.* Available online: https://www.washingtonpost.com/health/2022/08/08/tween-girls-mental-health

【30】Allstate Corporation. (2016). Americans Say Hard Work And Resiliency Are The Most Important Factors In Success, Ahead of The Economy And Government Policies. Available online: https://www.prnewswire.com/news-releases/americans-say-hard-work-and-resiliency-are-the-most-important-factors-in-success-ahead-of-the-economy-and-government-policies-300210377.html

【31】しかし、イギリスの人口の約25パーセントはこのような貧困家庭だ。

【32】いくつか例を挙げよう。教育に費用をかけられない。家庭教師を雇えない。金を用立てたり事業資金を援助（救済も）してくれたりする裕福な親がいない。大学の同窓生のネットワークがない。電話で頼みごとをしたり、インターンシップを紹介してもらったりできるコネがない。低賃金の仕事や非正規の雇用。学生ローン。光熱費や医療、家賃など生活費の高騰。いくら預金してもゼロ金利とインフレでほぼ利益はないという現状。オフィスから1時間以内の家は、どれもオリガルヒやマネーロンダラーや裕福な家庭の出身者しか買えないような高額のものばかり。

【33】Deloitte (2022). The Deloitte Global 2022 Gen Z & Millennial Survey. Available online: https://www2.deloitte.com/content/dam/Deloitte/global/Documents/deloitte-2022-genz-millennial-survey.pdf

第10章　完璧主義は家庭ではじまる

【1】Fromm, E. (1944). Individual and social origins of neurosis. *American Sociological Review, 9* (4), 380–384.

【2】Doepke, M. & Zilibotti, F. (2019). *Love, money, and parenting: How economics explains the way we raise our kids.* Princeton, NJ: Princeton

University Press.（マティアス・ドゥプケ／ファブリツィオ・ジリボッティ著『子育ての経済学　愛情・お金・育児スタイル』鹿田昌美訳、慶應義塾大学出版会、2020年）
【3】Doepke, M. & Zilibotti, F. (2019). 同上
【4】Ramey, G. & Ramey, V. A. (2010). The rug rat race. *Brookings Papers on Economic Activity, 41* (1), 129–199.
【5】Challenge Success. (2021). *Kids under pressure: A look at student well-being and engagement during the pandemic.* https://challengesuccess.org/wp-content/uploads/2021/02/CS-NBC-Study-Kids-Under-Pressure-PUBLISHED.pdf
【6】Doepke, M. & Zilibotti, F. (2019). *Love, money, and parenting: How economics explains the way we raise our kids.* Princeton, NJ: Princeton University Press.（マティアス・ドゥプケ／ファブリツィオ・ジリボッティ著『子育ての経済学　愛情・お金・育児スタイル』前掲書）
【7】Curran, T. & Hill, A. P. (2022). Young people's perceptions of their parents' expectations and criticism are increasing over time: Implications for perfectionism. *Psychological Bulletin,* 148 (1-2), 107–128.
【8】Fleming, D. J., Dorsch, T. E. & Dayley, J. C. (2022). The mediating effect of parental warmth on the association of parent pressure and athlete perfectionism in adolescent soccer. *International Journal of Sport and Exercise Psychology,* 21 (7) 1–17.
【9】Curran, T., Hill, A. P., Madigan, D. J. & Stornæs, A. V. (2020). A test of social learning and parent socialization perspectives on the development of perfectionism. *Personality and Individual Differences, 160,* 109925.
【10】Ko, A. H. C. (2019). *Parenting, attachment, and perfectionism: a test of the Perfectionism Social Disconnection Model in children and adolescents.* Doctoral dissertation, University of British Columbia.

第11章　ハッスルと言う勿れ

【1】Tolentino, J. (2017). The Gig Economy Celebrates Working Yourself to Death. *The New Yorker.* Available online: https://www.newyorker.com/culture/jia-tolentino/the-gig-economy-celebrates-working-yourself-to-death
【2】Umoh, R. (2018). Elon Musk pulls 80- to 90-hour work weeks–here's how that impacts the body and the mind. *CNBC.* Available online: https://www.cnbc.com/2018/12/03/elon-musk-works-80-hour-weeks--heres-how-that-

impacts--your-health.html
【3】Giattino, C., Ortiz-Ospina, E. & Roser, M. (2020). *Working Hours*. Published online at OurWorldInData.org. Retrieved from: https://ourworldindata.org/working-hours
【4】McGregor, J. (2014). The average work week is now 47 hours. *The Washington Post*. Available online: https://www.washingtonpost.com/news/on-leadership/wp/2014/09/02/the-average-work-week-is-now-47-hours/
【5】Kopf, D. (2016). Almost all the US jobs created since 2005 are temporary. *Quartz*. Available online: https://qz.com/851066/almost-all-the-10-million-jobs-created-since-2005-are-temporary/
【6】Gimein, M. (2016). The fallacy of job insecurity. *The New Yorker*. Available online: https://www.newyorker.com/business/currency/the-fallacy-of-job-insecurity
【7】Graeber, D. (2013). On the Phenomenon of Bullshit Jobs. *STRIKE! Magazine*. Available online: http://gesd.free.fr/graeber13.pdf
【8】Carmichael, S. G. (2016). Millennials Are Actually Workaholics, According to Research. *Harvard Business Review*. Available online: https://hbr.org/2016/08/millennials-are-actually-workaholics-according-to-research
【9】Ames, J. (2022). US law firms exact pound of flesh from juniors with 14-hour days. *The Times*. Available online: https://www.thetimes.co.uk/article/us-law-firms-exact-pound-of-flesh-from-juniors-with-14-hour-days-f5tfz0s07
【10】Markovits, D. (2019). *The Meritocracy Trap*. New York: Penguin Press.
【11】Makortoff, K. (2023). Fintech firm Revolut assembles behavioural team after after criticism of its corporate culture. *The Guardian*. Available online: https://www.theguardian.com/business/2023/jan/16/fintech-revolut-psychologists-criticism-corporate-culture-uk-banking-licence
【12】US Bureau of Labour Statistics (2023). Number of jobs, labor market experience, marital status, and health for those borh 1957–1964. Available online: https://www.bls.gov/news.release/pdf/nlsoy.pdf
【13】Office for National Statistics. (2022). Average weekly earnings in Great Britain: March 2022. *ONS Statistical Bulletin*. Available online: https://www.ons.gov.uk/employmentandlabourmarket/peopleinwork/employmentandemployeetypes/bulletins/averageweeklyearningsingreatbritain/march2022/pdf

【14】 Office for National Statistics. (2022). Average weekly earnings in Great Britain: March 2022. *ONS source dataset: GDP first quarterly estimate time series (PN2)*. Available online: https://www.ons.gov.uk/economy/grossdomesticproductgdp/timeseries/cgbz/pn2
【15】 Malesic, J. (2022). Your work is not your god: welcome to the age of the burnout epidemic. *The Guardian.* Available online: https://www.theguardian.com/lifeandstyle/2022/jan/06/burnout-epidemic-work-lives-meaning
【16】 GFK Custom Research North America. (2011). A Disengaged Generation: Young Workers Disengaged by Pressures of Work Worldwide. *PR Newswire.* Available online: https://www.prnewswire.com/news-releases/a-disengaged-generation-young-workers-disengaged-by-pressures-of-work-worldwide-122581838.html
【17】 De Neve, J-E. & Ward, G. (2017). Does Work Make You Happy? Evidence from the World Happiness Report. *Harvard Business Review.* Available online: https://hbr.org/2017/03/does-work-make-you-happy-evidence-from-the-world-happiness-report
【18】 Threlkeld, K. (2021). Employee Burnout Report: COVID-19's Impact and 3 Strategies to Curb It. Indeed. Available online: https://uk.indeed.com/lead/preventing-employee-burnout-report
【19】 Abramson, A. (2022). Burnout and stress are everywhere. *Monitor on Psychology, 53,* 72.
【20】 Brassey, J., Coe, E., Dewhurst, M., Enomoto, K., Giarola, R., Herberg, B., & Jeffery, B. (2022). Addressing employee burnout. *McKinsey Health Institute.* Available online: https://www.mckinsey.com/mhi/our-insights/addressing-employee-burnout-are-you-solving-the-right-problem
【21】 Ellis, L. & Yang, A. (2022). If Your Co-Workers Are 'Quiet Quitting,' Here's What That Means. *The Wall Street Journal.* Available online: https://www.wsj.com/articles/if-your-gen-z-co-workers-are-quiet-quitting-heres-what-that-means-11660260608
【22】 DiRenzo, Z. (2022). Even in a hot labor market, workers are worried about job security. *CNBC.* Available online: https://www.cnbc.com/2022/05/21/even-in-a-hot-labor-market-workers-are-worried-about-job-security.html
【23】 Kaplan, J. & Kiersz, A. (2021). 2021 was the year of the quit: For 7 months, millions of workers have been leaving. *Business Insider.* Available

online: https://www.businessinsider.com/how-many-why-workers-quit-jobs-this-year-great-resignation-2021-12

【24】Pofeldt, E. (2017). Are We Ready For A Workforce That is 50% Freelance? *Forbes Magazine.* Available online: https://www.forbes.com/sites/elainepofeldt/2017/10/17/are-we-ready-for-a-workforce-that-is-50-freelance/

【25】Beauregard, T. A. & Henry, L. C. (2009). Making the link between work-life balance practices and organizational performance. *Human Resource Management Review, 19* (1), 9–22.

第12章　自分を受け入れる

【1】Rogers, C. R. (1995). *On Becoming a Person.* Boston, MA: Mariner Books.（C. R. ロジャーズ著『ロジャーズが語る自己実現の道』諸富祥彦／末武康弘／保坂亨訳、岩崎学術出版社、2005年）

【2】The White House. (2009). *Remarks by the President in a National Address to America's Schoolchildren.* Office for the Press Secretary: Speeches and Remarks. Available online: https://obamawhitehouse.archives.gov/the-press-office/remarks-president-a-national-address-americas-schoolchildren

【3】1935年　の「National Federation of Professional and Business Women's Clubs」での講演『*Women's Fear of Action*』より抜粋。1996年に出版されたバーナード・J・パリス によるカレン・ホーナイの伝記『*Karen Horney: A psychoanalyst's search for self-understanding*（仮題：カレン・ホーナイ　精神分析医による自己理解のための探究）』(Yale University Press、未邦訳）に収録されている。

【4】Horney, K. (1950). *Neurosis and Human Growth.* New York, NY: W. W. Norton & Company, inc（『ホーナイ全集第6巻　神経症と人間の成長』榎本譲／丹治竜郎訳、誠信書房、1998年）

【5】Horney, K. (1950). 同上

【6】Horney, K. (1950). 同上

【7】Smail, D. (2005). *Power, Interest and Psychology: Elements of a Social Materialist Understanding of Distress.* Ross-on-Wye: PCCS Books.

【8】Brach, T. (2003). *Radical Acceptance.* New York: Bantam Books.（タラ・ブラック著『ラディカル・アクセプタンス　ネガティブな感情から抜け出す「受け入れる技術」で人生が変わる』マジストラリ佐々木啓乃訳、金剛出版、2023年）

【9】Horney, K. (1950). *Neurosis and Human Growth.*（『ホーナイ全集第6巻 神経症と人間の成長』前掲書）

第13章 完璧主義を脱した社会へ

【1】Baldwin, J. (1962). As Much Truth as One Can Bear. *The New York Times.* Available online: https://www.nytimes.com/1962/01/14/archives/as-much-truth-as-one-can-bear-to-speak-out-about-the-world-as-it-is.html
【2】Parsley, D. (2021). Boris Johnson 'privately accepts' up to 50,000 annual Covid deaths as an acceptable level. *Independent.* Available online: https://inews.co.uk/news/boris-johnson-privately-accepts-up-to-50000-annual-covid-deaths-as-an-acceptable-level-1170069
【3】World Bank (2018). Decline of Global Extreme Poverty Continues but Has Slowed: World Bank. Available online: https://www.worldbank.org/en/news/press-release/2018/09/19/decline-of-global-extreme-poverty-continues-but-has-slowed-world-bank
【4】Burgess, M. G., Carrico, A. R., Gaines, S. D., Peri, A., & Vanderheiden, S. (2021). Prepare developed democracies for long-run economic slowdowns. *Nature Human Behaviour, 5* (12), 1608–1621.
【5】Garrett, T. J., Grasselli, M., & Keen, S. (2020). Past world economic production constrains current energy demands: persistent scaling with implications for economic growth and climate change mitigation. *PLOS One,* 15 (8), e0237672.
【6】Paulson, S. (2022). Economic growth will continue to provoke climate change. *The Economist.* Available online: https://impact.economist.com/sustainability/circular-economies/economic-growth-will-continue-to-provoke-climate-change
【7】ここでハリントンが言っているのは、今の時点で確かな「グリーン」ソリューションはなく、このまま指数関数的な成長を追求すれば、いつか必ず「崩壊パターン」に陥る、ということだ。経済学者のティム・モーガンもこれと同様の見方をしている。彼は『The Dynamics of Global Repricing』というエッセイで、「産業時代の主要な成長刺激剤――石油、天然ガス、石炭による低コストのエネルギー供給は終わりのときを迎えている」と述べている。そして「再生可能エネルギーへの移行は必須だが、風力タービンや、太陽電池パネル、バッテリーを基盤とする経済が、今日の化石燃料を基盤とする経済と同等

の規模になる保証はない。おそらく今よりも小さくなるだろう」と続ける。テクノロジーは間違いなく「成長の問題」へのひとつの答えであり、重要な要素だ。しかし、これは多くの人が考えるような特効薬ではない。持続可能な未来への道を切り開くだけでなく、崩壊パターンを回避するには定常経済が必要だと、どこかの時点で判断すべきだ。これを存亡の危機としてとらえるのではなく、優先順位を改めて、経済のバランスを整えなおす機会だと考えるべきだろう。

【8】Herrington, G. (2021). Data Check on the World Model that Forecast Global Collapse. *The Club of Rome.* Available online: https://www.clubofrome.org/blog-post/herrington-world-model/

【9】Pettifor, A. (2021). Quantitative easing: how the world got hooked on magicked-up money. *Prospect.* Available online: https://www.prospectmagazine.co.uk/magazine/quantitative-easing-qe-magicked-up-money-finance-economy-central-banks

【10】Raworth, K. (2017). *Doughnut Economics: seven ways to think like a 21st-century economist.* New York: Random House Business.（ケイト・ラワース著『ドーナツ経済学が世界を救う　人類と地球のためのパラダイムシフト』黒輪篤嗣訳、河出書房新社、2018 年）

【11】Layard, R. (2020). *Can We Be Happier?: Evidence and Ethics.* London, UK: Pelican.

【12】Tønnessen, M. (2023). Wasted GDP in the USA. *Humanities and Social Sciences Communications, 10* (681). Available online: https://doi.org/10.1057/s41599-023-02210-y

【13】Keynes, J. M. (1930). Economic Possibilities for our Grandchildren. *Essays in Persuasion.* New York: W. W. Norton.

【14】McKinsey & Co. (2023). The economic potential of generative AI: the next productivity frontier. Available online: https://www.mckinsey.com/capabilities/mckinsey-digital/our-insights/the-economic-potential-of-generative-ai-the-next-productivity-frontier

【15】Veal, A. J. (2022). The 4-day work-week: the new leisure society? *Leisure Studies, 42* (1), 1–16.

【16】Henley Business School. (2019). *Four Better or Four Worse?: A White Paper from Henley Business School.* Available online: https://assets.henley.ac.uk/v3/fileUploads/Journalists-Regatta-2019-White-Paper-FINAL.pdf

【17】Schor, J. B., Fan, W., Kelly, O., Guolin, G., Bezdenezhnykh, T., & Bridson-Hubbard, N. (2022). *The four day week: Assessing global trials of reduced work time with no reduction in pay.* https://static1.squarespace.com/static/60b956cbe7bf6f2efd86b04e/t/6387be703530a824fc3adf58/1669840498593/The+Four+Day+Week-+Assessing+Global+Trials+of+Reduced+Work+Time+with+No+Reduction+in+Pay+%E2%80%93+F+%E2%80%93+30112022.pdf
【18】Davis, W. (2022). A big 32-hour workweek test is underway. Supporters think it could help productivity. *NPR.* Available online: https://www.npr.org/2022/06/07/1103591879/a-big-32-hour-workweek-test-is-underway-supporters-think-it-could-help-productivity
【19】Neate, R. (2022). Millionaires join Davos protests, demanding 'tax us now'. *The Guardian.* Available online: https://www.theguardian.com/business/2022/may/22/millionaires-join-davos-protests-demanding-tax-us-now-taxation-wealthy-cost-of-living-crisis
【20】Christensen, M.-B., Hallum, C., Maitland, A., Parrinello, Q., & Putaturo, C. (2023). *Survival of the Richest: How we must tax the super-rich now to fight inequality.* Oxford: Oxfam
【21】Piketty, T. (2014). *Capital in the Twenty-First Century.* Cambridge, MA: Harvard University Press.（トマ・ピケティ著『21世紀の資本』山形浩生／守岡桜／森本正史訳、みすず書房、2014年）
【22】Piketty, T. (2020). *Capital and Ideology.* Cambridge, MA: Harvard University Press.（トマ・ピケティ著『資本とイデオロギー』山形浩生／森本正史訳、みすず書房、2023年）
【23】Piketty, T. (2019). The illusion of centrist ecology. *Le Monde.* Available online: https://www.lemonde.fr/blog/piketty/2019/06/11/the-illusion-of-centrist-ecology/
【24】Hartley, T., Van Den Bergh, J. & Kallis, G. (2020). Policies for equality under low or no growth: A model inspired by Piketty. *Review of Political Economy, 32* (2), 243–258.
【25】Haarmann, C., Haarmann, D. & Nattrass, N. (2019). The Namibian basic income grant pilot. In *The Palgrave International Handbook of Basic Income,* 357–372. Cham, Switzerland: Springer Nature.
【26】Simpson, W., Mason, G. & Godwin, R. T. (2017). The Manitoba basic annual income experiment: Lessons learned 40 years later. *Canadian Public*

Policy, 43 (1), 85–104.

【27】 Machado, D., Williamson, E., Pescarini, J., Rodrigues, L., Alves, F. J. O., Araújo, L., Ichihara, M. Y. T., Araya, R., Patel, V. & Barreto, M. L. (2021). The impact of a national cash transfer programme on reducing suicide: a study using the 100 million Brazilian cohort. Lancet. Available online: https://papers.ssrn.com/sol3/papers.cfm?abstract_id=3766234

【28】 Haushofer, J., Mudida, R., & Shapiro, J. P. (2020). The comparative impact of cash transfers and a psychotherapy program on psychological and economic well-being. National Bureau of Economic Research Working Paper No. w28106. Available online: https://ssrn.com/abstract=3735673

【29】 Simpson, J., Albani, V., Bell, Z., Bambra, C., & Brown, H. (2021). Effects of social security policy reforms on mental health and inequalities: a systematic review of observational studies in high-income countries. *Social Science & Medicine,* 272,113717.

【30】 Fromm, E. (1976). *To Have or To Be?* New York, NY: Harper & Row. (エーリッヒ・フロム著『生きるということ』佐野哲郎訳、紀伊國屋書店、1977 年)

【31】 Burn-Murdoch, J. (2022). Millennials are shattering the oldest rule in politics. *Financial Times.* Available online: https://www.ft.com/content/c361e372-769e-45cd-a063-f5c0a7767cf4